Die Sehnsucht nach dem Meer wecken
Marketing-Basics für Praktiker

Manfred Schwarz/Jürgen Wulfestieg

Die Sehnsucht nach dem Meer wecken

Marketing-Basics
für Praktiker

berufsstrategie

 Eichborn.

Autoren

Manfred Schwarz arbeitet seit über 15 Jahren als Journalist, Werbe- und PR-Texter und Autor zahlreicher Bücher. Zuvor war er bei namhaften Agenturen wie Scholz & Friends tätig.

Jürgen Wulfestieg arbeitet seit mehr als 20 Jahren im Marketing, zuerst bei Henkel in Düsseldorf, später bei Beiersdorf in Hamburg und seit 1990 als Marketing- und Vertriebschef bei Nordwest Lotto und Toto in Hamburg.

1   2   3   04 03

© Eichborn AG, Frankfurt am Main, Mai 2003
Umschlaggestaltung: Christina Hucke
Lektorat: Michael Schickerling, München
Satz: Greiner & Reichel, Köln
Druck und Bindung: Fuldaer Verlagsagentur, Fulda
ISBN 3-8218-3875-2

Verlagsverzeichnis schickt gern:
Eichborn Verlag, Kaiserstraße 66, D-60329 Frankfurt am Main
www.eichborn.de

Inhalt

Ein paar Worte vorweg

>»Enten legen ihre Eier in aller Stille.
Hühner gackern dabei wie verrückt. Was ist die Folge?
Alle Welt isst Hühnereier.«
HENRY FORD

Gute Ideen allein reichen nicht! Sie müssen erfolgreich umgesetzt werden. Wer Marketing-Know-how im Berufsalltag beherrscht, kennt das Instrumentarium, um seine Projekte innerhalb des Unternehmens erfolgreich zu vertreten, andere davon zu überzeugen und von den eigenen Plänen zu begeistern. Er wird die Produkte oder Dienstleistungen des Unternehmens gewinnbringend beim Kunden anbringen, innovativ denken und zielorientiert handeln – und nicht zuletzt die eigene Karriere erfolgreich nach vorne bringen.

In diesem Buch lesen Sie, was sich hinter der viel zitierten »Marketing-Denke« verbirgt. Es ist kein akademisches Lehrbuch, sondern erklärt Produktverantwortlichen, Führungskräften und Entscheidern, aber auch Selbstständigen alles, was sie im Business-Alltag über Marketing, Werbung und PR wissen müssen.

Marketing ist weit mehr als Werbung und bunte Bilder. Denn es geht dabei nicht nur um Gestaltungsfragen, sondern um eine unternehmerische Denkweise, die den Markt und damit den Kunden in den Mittelpunkt aller Überlegungen stellt. Deshalb behandelt dieses Buch auch Aspekte wie Preis, Distribution, Produkt- oder Programmstrategien. Sie erhalten zu allen Marketing- und Kommunikationsthemen, die für Sie wichtig sind, wertvolle Anregungen sowie erprobte Tipps und Tricks. Dazu gehören klare Antworten auf wichtige Fragen wie: Welche Eigenschaften muss ein Produkt haben, damit es auf dem Markt eine Chance hat? Wie briefe ich eine Agentur? Wie erkenne ich gute Werbung? Checklisten helfen zusätzlich bei der täglichen Marketing- und Kommunikationsarbeit. Anhand des konkreten Beispielprojekts »Indiasan« werden die Inhalte noch anschaulicher.

Zuerst werden die wichtigsten Begriffe und Werkzeuge des Marketings erläutert. Praxisorientiert werden dann alle Themen von der Marketing- und Werbeplanung über die Ideenfindung und Gestaltung bis hin zur Arbeit mit Agenturen behandelt. Das Buch orientiert sich dabei immer an zwei Zielgruppen: denen, die Marketing selbst machen, und denen, die die Arbeit der Profis aus der Marketingabteilung und in Agenturen verstehen wollen, um ihre Ideen dort besser zu vertreten. Somit kann dieses Buch ebenso als Einstieg ins

Thema wie auch als Nachschlagewerk – auch mit einem ausführlichen Lexikon – für die tägliche Praxis genutzt werden.

Auf Abbildungen von Beispielen aus Werbung und PR haben wir bewusst verzichtet, da diese schnell veralten. Im Kapitel »Noch mehr Informationen: Literaturhinweise und andere Tipps« finden Sie jedoch Internet-Links zu unzähligen Beispielen.

> **T**
> **I**   **… fürs Eigenmarketing**
> **P**   Abgerundet wird das Angebot dieses Buchs durch viele Tipps fürs
> **P**   Eigenmarketing. Darin finden Sie bewährte Anregungen eines erfah-
> **.**   renen Personalentwicklers rund um das Thema Marketing in eigener
> Sache. Sie können dieseTipps sowohl bei der Bewerbung als auch im
> Berufsalltag nutzen.

Wenn wir von Produkten sprechen, meinen wir immer auch Dienstleistungen, auch wenn es nicht immer explizit gesagt wird. Alle im Buch vorgestellten Ideen und Techniken können Sie also auf Waschpulver genauso anwenden wie auf Leasing-Angebote. Als Beispiel werden Sie immer wieder auf ein fiktives Produkt stoßen: Indiasan, eine Sportlotion.

An dieser Stelle möchten wir auch Dank sagen: an Reinhard Ramge für seine hilfreichen und umfassenden Tipps zum Eigenmarketing, an Sven Vogel für seine Unterstützung beim Thema Public Relations, vor allem seinen Pressemitteilungen zu Indiasan, an Katja Hoffmanns für ihren Input aus der PR-Praxis, an Rudolf Goebel für sein praxiserprobtes Werbe-Know-how und das Indiasan-Werbeanschreiben sowie an Karsten Siemer für sein aufmerksames redaktionelles Auge. Besonderer Dank gilt dem Eichborn Verlag, der uns ermöglicht hat, dieses Buch zu schreiben.

Viel Spaß beim Lesen und beim Ausprobieren der Marketing-Denke wünschen

Manfred Schwarz und *Jürgen Wulfestieg*

Grundbegriffe

Hauptelemente des Marketings

Das lesen Sie in diesem Kapitel

- ▶ Das ist Marketing-Denke
- ▶ Marketing-Basics
- ▶ Was muss ein Produkt oder eine Dienstleistung können?

>>Marketing ist viel zu wichtig,
um es der Marketingabteilung zu überlassen.<<
DAVID PACKARD

Das ist Marketing-Denke

Warum soll jemand ausgerechnet mein Produkt, meine Dienstleistung bevorzugen? Dies ist die wichtigste Frage, auf die das Marketing eine Antwort geben muss. Wer sie beantworten kann, wer sich in all seinem unternehmerischen Tun immer an Markt und Kunden, also an der Zielgruppe, orientiert, der beherrscht die >>Marketing-Denke<<.

Marketing ist weit mehr als Werbung, bunte Bilder und flotte Sprüche. Es ist eine unternehmerische Art zu denken, die den Markt und damit den Kunden in den Mittelpunkt aller Überlegungen stellt. Somit ist Marketing der Ausgangspunkt für eine Vielzahl von unternehmerischen Aktivitäten wie der Entwicklung von Produkt- oder Programmstrategien, der Preisgestaltung oder dem Vertrieb. Marketing ist auch der Mittler zwischen Ihren Produkten und den Erwartungen Ihrer Zielgruppe. Über das Marketing stehen Sie im Dialog mit Ihrem Markt und Ihren Kunden. Das verschafft Ihnen einen Zeitgewinn bei der Entwicklung neuer Produkte. Denn wer den Markt im Auge behält, kann jederzeit marktgerecht agieren. So hilft Ihnen das Marketing, Ihre unternehmerische Zukunft zu sichern. Es hat dabei stets Fragen im Blick wie: Was will der Markt? Was will der Kunde? Was machen meine Wettbewerber?

Aber Marketing-Denke setzt schon viel früher an, lange bevor das Produkt zum Kunden kommt: Wenn Sie eine Idee in Ihrer Firma zunächst durchsetzen müssen, damit sie realisiert wird. Ihr Produkt ist also erst einmal eine Idee, und Ihre Zielgruppe setzt sich aus Ihren Chefs und Kollegen zusammen.

Für beide Stufen des Marketings – Verkauf der Idee und Verkauf der endgültigen Produkte – begleitet Sie in diesem Buch ein fiktives Produkt.

B E I S P I E L   **Indiasan: die asiatische Regenerationslotion**

Indiasan wurde von der fiktiven Firma Wulf AG Hamburg entwickelt. Es gehört zur Produktgattung Kosmetika. Indiasan ist eine Sportlotion, die nach dem Fitnesstraining oder anderen sportlichen Aktivitäten auf den Körper und die beanspruchten Muskeln aufgetragen wird. Die Lotion hat eine regenerierende, durchblutende und Haut straffende Wirkung. Bei Frauen wird die Cellulite-Haut zurückgebildet, bei Männern wird insbesondere das Muskelgewebe straffer. Die Wirkung der Lotion beruht auf den besonderen und einmaligen Wirkstoffen der (fiktiven) indischen Büschelbeere. Mit Indiasan haben wir ehrgeizige Ziele: Im Marktsegment Sportkosmetik des Teilmarktes Ganzkörperkosmetik wollen wir Marktführer werden. Dort gibt es noch keinen klassischen Markenartikel. Die Strategie: Über die Einzigartigkeit der Produktleistung und mit den Mitteln der Marketinginstrumente wollen wir eine Marke aufbauen.

Facetten des Marketings

Anhand von Indiasan lernen Sie im Laufe des Buchs, wie vielfältig Marketing sein kann. Marketing ist:

▶ technologisch, wenn es um die Entwicklung neuer Produkte oder deren Verpackung geht;

▶ strategisch, wenn Sie das gesamte Marketing, eine Werbe- oder PR-Kampagne planen;

▶ kreativ, wenn Sie Ideen für Produkte, Services und Kampagnen entwickeln;

▶ kommunikativ, wenn Sie diese Ideen über Werbung und PR kommunizieren;

▶ eine Frage der Perspektive(n), um die Sichtweise Ihrer Kunden und Ihrer Wettbewerber einnehmen zu können;

▶ eine Sache für Macher, wenn es um die Umsetzung aller Ideen und Maßnahmen geht;

▶ eine Frage von Teamwork, denn einer allein kann nicht alle diese Aspekte abdecken;

▶ eine Art zu denken, die sich jederzeit am Markt und am Kunden orientiert.

In diesem Buch lernen Sie diese Facetten und Aspekte der Marketing-Denke an konkreten Beispielen kennen. Dabei geht es vor allem um Produkt- und Dienstleistungsmarketing, Unternehmensmarketing wird nur am Rande berührt.

TIPP

... fürs Eigenmarketing

Heute gibt es kaum noch feste und sichere Arbeitsplätze auf Lebenszeit. Deshalb nehmen die Kämpfe um gute Jobs und Projekte zu, und sehr viele Arbeitnehmer betreiben Jobhopping. Auch Selbstständige und die so genannten Ich-AGs sehen sich ständig ändernden Rahmenbedingungen ausgesetzt. Für alle gilt es, die eigene Position – sei es am Arbeitsplatz oder gegenüber Kunden und Geschäftspartnern – gegen interne wie externe Konkurrenz zu verteidigen und auszubauen.

Dabei sollten Sie nicht darauf vertrauen, dass andere Ihre gute Leistung von alleine bemerken und würdigen. Denn oft führt die Matrixstruktur bei abteilungsübergreifenden Projekten dazu, dass Ihr unmittelbarer Vorgesetzter nichts von Ihren Erfolgen mitbekommt. Sorgen Sie also lieber selbst dafür, dass Sie und Ihre Leistungen für Vorgesetzte, Kollegen, Mitarbeiter, Kunden und Geschäftspartner jederzeit sichtbar sind.

Hierfür ist Eigenmarketing notwendig. Das hat nichts mit dem eitlen Verhalten eines Pfaus zu tun oder mit der charmanten Kollegin, die ihren Chef einwickelt. Wichtige Voraussetzungen für gutes Eigenmarketing sind zum einen ein gutes Produkt, also Ihr Know-how und Ihre Leistungen, und zum anderen Ihre Zielgruppe. Die Kernfrage des Eigenmarketings lautet deshalb: Welchen Nutzen haben meine Firma, meine Kunden oder meine Geschäftspartner von mir und meinen Fähigkeiten?

Marketing-Basics

Der Begriff Marketing stammt aus dem Englischen: »Market« bedeutet »Markt« und das Verb »to market« steht für »Handel treiben« und »vermarkten«. Marketing als Denkweise bedeutet also, dass alle Beteiligten in einem Unternehmen – von der Geschäftsführung über die eigentliche Marketingabteilung bis zur Produktentwicklung – ihre Aktivitäten an den Bedürfnissen des Marktes ausrichten, um die Unternehmensziele zu erreichen. Marketing soll den Absatz fördern und umfasst alle Maßnahmen rund um den Verkauf und den Vertrieb von Waren und Dienstleistungen. Mit anderen Worten: Marketing ist die systematische Ausrichtung aller Unternehmensaktivitäten am Marktgeschehen und an den Bedürfnissen der Zielgruppe und steht für eine klare Kundenorientierung.

Marktfaktoren

Zuerst ein Blick auf die Bühne, auf der sich alles abspielt: den Markt. Laut Brockhaus ist der Markt »der ökonomische Ort des Tausches eines wirtschaftlichen Gutes, ohne dass eine örtlich oder zeitlich feststehende Marktveranstaltung vorzuliegen braucht. In Marktwirtschaften treffen auf dem Markt Angebot und Nachfrage aufeinander; der Ausgleich vollzieht sich über den Preis.«
Vier Faktoren bestimmen im Wesentlichen das Geschehen am Markt:

- ▶ Verbraucher,
- ▶ Handel und Vertrieb,
- ▶ Wettbewerb,
- ▶ Staat und Gesellschaft.

Ein kurzer Blick darauf gibt Ihnen einen ersten Eindruck vom komplexen Spielfeld des Marketings.

Verbraucher

Als Anbieter von Produkten oder Dienstleistungen benötigen Sie das Vertrauen Ihrer Kunden. Diesen Grundsatz dürfen Sie nie aus den Augen verlieren. Da Verbraucher langsam lernen und schnell vergessen, sollte Ihr Verhalten möglichst langfristig und konsequent angelegt sein und sprunghafte Änderungen ausschließen. Ohne Vertrauen geht nichts voran.

Eine Ihrer wichtigsten Aufgaben ist, stets die Bedürfnisse (Motive) und das Verhalten der Sie interessierenden Verbrauchergruppen zu erkennen. Dazu sollten Sie den persönlichen Kontakt zu Ihren Kunden suchen und den Markt kontinuierlich beobachten, was nicht zwangsläufig kostspielige Marktforschung bedeuten muss.

**T
I
P
P**

... fürs Eigenmarketing

Eigenmarketing ist immer eine Vertrauenssache und zielt darauf ab, eine mittelfristige Bindung aufzubauen. Schließlich arbeiten Mitarbeiter und Chefs eine ganze Weile zusammen, dasselbe gilt für Beziehungen mit Geschäftspartnern. Ehrlichkeit und Offenheit sind hierfür die beste Basis.

Handel und Vertrieb

Handel und Vertrieb sind Ihre wichtigsten Verbündeten im Kampf um den Kunden – es sei denn, Sie vertreiben Ihre Waren ausschließlich per Online-Versand, per Haus- oder Partyverkauf. Für Sie ist es deshalb wichtig, einen guten Draht zu Vertrieb und Außendienst zu haben, denn er entscheidet über den Erfolg Ihres Produkts im Handel.

Wettbewerb

Um erfolgreich zu sein, müssen Sie ständig Ihre Wettbewerber beobachten und deren Motive, Methode und Ziele verstehen. Übertreffen können Sie Ihre Wettbewerber nur, wenn Sie kreativer und strategischer nachdenken sowie zielgerichteter, kundenorientierter und schneller handeln als diese.

Nicht nur für die eigene Karriere gilt: Als fairer Wettbewerber imitieren Sie nicht. Doch wer auf den Schultern anderer steht, kann weiter sehen. Lernen Sie also von anderen – auch von deren Fehlern.

Staat und Gesellschaft

Als Anbieter eines Produkts oder dessen Verantwortlicher sind Sie Marktteilnehmer und damit auch Teil der gesamten Gesellschaft. Deshalb sollten Sie wichtige gesellschaftliche Veränderungen und Trends verfolgen und und bei Ihren Aktivitäten berücksichtigen, zum Beispiel in Sachen Umweltschutz. Nutzen Sie dabei jede Gelegenheit zur aufklärenden Vertrauensgewinnung. Dies ist besonders bei PR ein wichtiger Aspekt.

> **TIPP**
>
> **... fürs Eigenmarketing**
>
> Sie und Ihr Kunde, Sie und Ihr Chef, Sie und Ihre Kollegen, Sie und Ihre Geschäftspartner: Sie müssen Verbündete werden. Daraus können sogar Beziehungen entstehen, die über den Beruf hinausgehen. Gute Kollegen, Kunden und Geschäftspartner, die Sie unterstützen, gewinnen Sie in jedem Fall. Beide Seiten sollten wechselseitig profitieren. So schaffen Sie die Basis für Win-win-Situationen.
>
> Ein Beispiel: Versuchen Sie, Ihre Ideen Ihrem Chef so zu verkaufen, als wäre er der Urheber. Bauen Sie dazu in Ihre Gesprächsführung Sätze ein wie »Wenn ich Sie richtig verstehe, ...?« Ihr Gesprächspartner wird so Ihre Idee eher zu seiner eigenen Sache machen, für sie kämpfen und gemeinsam mit Ihnen von ihr profitieren. Schließlich beruhen alle geschäftlichen Beziehungen auf gemeinsamen Interessen.

Von Visionen zu Konzepten

Der Begriff Marketing entstand bereits in den fünfziger Jahren in den USA. In Deutschland wurden die Prinzipien des Marketings in den sechziger Jahren zunächst in der Konsumgüterindustrie und im Handel eingesetzt, unter anderem bei Lebensmitteln und Bekleidungsartikeln (Konsumgütermarketing). Heute dominiert das Marketing alle Wirtschaftsbereiche, das heißt auch Investitionsgüter wie Industrieanlagen, Werkzeugmaschinen oder Nutzfahrzeuge (Investitionsgütermarketing), Dienstleistungsunternehmen wie Transportdienste, Gewinnspiele und Finanzdienstleistungen (Dienstleistungsmarketing) oder den Arbeitsmarkt (Personalmarketing). Unter »social marketing« (Soziomarketing) schließlich versteht man den Einsatz von Marketingtechniken für immaterielle Güter oder für nicht kommerzielle Institutionen wie Parteien, Verbände, Sport- und Kultureinrichtungen.

Mission und Vision

Bevor Sie an Marketing denken, müssen Sie wissen, wo Sie stehen und wohin Sie wollen. Das heißt: Sie müssen Ihre philosophische Grundhaltung als Unternehmen, Ihre Mission und Ihre Vision formulieren. Mit Ihrer Mission und Ihrer Vision geben Sie die Richtung an, in die sich Ihr Unternehmen entwickeln soll. Diese grundlegenden Fragen sind für alle am Markt Agierenden wichtig – also für Angestellte ebenso wie für Selbstständige.

► Die Mission drückt aus, wie Ihr Unternehmen gesehen werden soll und welchem Auftrag und Ziel Sie sich verbunden fühlen. Beispiel: Wir bieten unseren Kunden nur Produkte an, die auf dem neuesten Stand der Forschung sind.

► Die Vision drückt aus, wo Sie Ihr längerfristiges, übergeordnetes Ziel sehen. Beispiel: Wir wollen in fünf Jahren auf allen Kontinenten mit unserem Unternehmen vertreten sein.

Es geht also um sinngebende, langfristige Ziele, keinesfalls um Illusionen. Mission und Vision sind mehr als nur die Zusammenfassung der wichtigsten Unternehmensziele. Diese sollten dennoch damit im Einklang stehen und zueinander passen. Nur dann sind Ihre Mission, Vision und Ziele glaubwürdig.

Marketingkonzept

Die erste und grundlegende Komponente des Marketings ist das Marketingkonzept. Es spiegelt die Unternehmensphilosophie wider, die in der Mission und der Vision formuliert wurde. Das Marketingkonzept passt Ihr Produktprogramm entsprechend Ihrer Wettbewerbsposition an die Bedürfnisse der Abnehmergruppen an. Diese werden anhand verschiedener Kriterien ausgewählt wie Haushaltseinkommen, Konsumgewohnheiten, Alter oder Lifestyle (Marktsegmentierung).

Marktforschung

Zum übergeordneten Marketingansatz gehört zunächst eine Analyse des Marktes, auf dem Sie Ihre Produkte und Dienstleistungen anbieten wollen. Marktforschung wird auch eingesetzt, um latent vorhandene, aber noch unbekannte Bedürfnisse der Verbraucher zu erkennen oder um die kreative Entwicklung neuer wettbewerbsfähiger Produkte zu unterstützen. Ohne Marktkenntnisse können Sie kein Produkt durchsetzen; doch dazu ist nicht immer kostspielige Marktforschung notwendig.

Marketinginstrumente

Eine weitere wichtige Komponente des Marketings ist der aktive und kreative Einsatz verschiedener absatzpolitischer Instrumente zum Erschließen und Beeinflussen eines Marktes oder Teilmarktes. Die marketingpolitischen Instrumente umfassen:

- ▶ Produkt und Dienstleistung: Was zeichnet sie aus, was müssen sie bieten?
- ▶ Kommunikation: Wie bringe ich meine Botschaft in die Zielgruppe?
- ▶ Preise und Konditionen: Wie teuer muss und darf mein Angebot sein?
- ▶ Distribution: Wie bringe ich mein Angebot zum Kunden?

Der zeitlich und inhaltlich abgestimmte Einsatz der Marketinginstrumente wird als Marketing-Mix bezeichnet. Erfolgreiches Marketing bedeutet also immer, alle vier Faktoren zu betrachten und so auf die Bedürfnisse der Zielgruppe abzustimmen, dass sie diese Menschen in allen Aspekten ansprechen und begeistern. Denn erst die ganzheitliche Betrachtung und das Zusammenwirken aller Elemente sorgt für den dauerhaften Erfolg: Das Ganze ist eben mehr als die Summe seiner Teile.

T
I
P
P **... fürs Eigenmarketing**

Betrachten Sie Ihr persönliches Marketing stets als Ganzes. Das heißt, Sie orientieren sich nicht an einem starren Ursache-Wirkungs-Denken, sondern betrachten Ihre persönlichen Marketing-Kernelemente:

▶ Ihre Produktleistung sind Ihr Know-how, Ihre Fähigkeiten und anderes; Ihre Verpackung ist die Art, wie Sie sich kleiden und geben.

▶ Ihre Kommunikation ist zum Beispiel Ihr persönlicher Stil bei Präsentationen.

▶ Ihr Preis ist Ihr Gehalt oder Honorar.

▶ Und schließlich entspricht die Distribution Ihrer Bewerbung oder Akquise.

Alle Aspekte werden Sie im Laufe des Buches näher kennen lernen. Lernen Sie, ein Marketing-Stratege in eigener Sache zu werden. Und vergessen Sie nie: Wenn Sie Ihre eigenen Ziele von der Unternehmensstrategie Ihres Arbeitgebers oder Geschäftspartners ableiten, machen Sie es Ihrem Chef einfacher, eine Beförderung zu bewilligen, oder Ihrem Partner leichter, neue Aufträge zu erteilen.

Was muss ein Produkt oder eine Dienstleistung können?

Dieses Kapitel legt den Fokus auf einen der Hauptakteure dieses Buches: auf das Produkt und seine Eigenschaften. Wie muss es beschaffen sein, damit es ein Erfolg wird?

Ein wichtiger Grundsatz, den Sie nie aus den Augen verlieren dürfen, lautet: Neue Produkte sollten nicht nur für Sie und Ihr Unternehmen, sondern auch für den Handel und für den Verbraucher neu sein. Außerdem muss sich ein Produkt für Ihr Unternehmen rechnen und Gewinne einfahren.

Entscheidende Produkt-Dimensionen

Wenn Sie vor der Entscheidung stehen, ein neues Produkt im Markt einzuführen, hilft Ihnen ein kleines Modell, die Vielzahl der Gesichtspunkte auf die wesentlichen Aspekte zu reduzieren. Als Orientierungshilfe bietet es Ihnen feste Bezugspunkte für Ihr unternehmerisches Handeln.

Vier Voraussetzungen sind für ein neues Produkt und für Produktverbesserungen relevant:

- ► Verbraucherbedürfnis,
- ► Produkt(qualität),
- ► Timing,
- ► Kommunikation.

Verbraucherbedürfnis

Das Produkt muss der Befriedigung eines wichtigen Verbraucherbedürfnisses dienen. Zum Beispiel kommt Faltencreme dem Bedürfnis nach Jugendlichkeit entgegen, ein Porsche dem nach Status, ein Schlankheitsmittel dem nach Fitness und Attraktivität.

Produkt(qualität)

Die Produktqualität muss mindestens so gut sein wie die vergleichbarer Angebote. In der Regel sollte Ihr Produkt sogar besser sein. Allerdings ist dies ein Problem, wenn die reine Produktleistung nicht mehr differenzierbar ist, beispielsweise bei Bieren. Deshalb müssen Argumente in die Kommunikation eingebaut werden, zum Beispiel: »mit Felsquellwasser gebraut.«

Timing

Der Zeitpunkt der Einführung neuer Produkte oder der Erinnerung an bestehende Produkte muss stimmen. Schlankheitsmittel werden verstärkt im Frühjahr gekauft, Sekt und Champagner zum Jahreswechsel, Gardinenwaschmittel zum Frühjahrsputz. Timing in diesem Sinne hat auch eine technologische Seite: Neue Software muss beispielsweise zu aktueller Hardware kompatibel sein.

Darüber hinaus gehört zum Timing auch ein Blick auf die Voraussetzungen im Markt. Zum Beispiel wurde das Tumbler-Dufttuch für Wäsche in Deutschland zu früh eingeführt, so dass diese Innovation auf einen zu kleinen Markt traf: Erst 5 Prozent der deutschen Haushalte verfügten seinerzeit über einen Wäschetrockner, während in den USA fast 90 Prozent ein solches Gerät nutzten. Deshalb war das Dufttuch in den USA ein Erfolg, in Deutschland aber ein Flop.

Kommunikation

Die Kommunikation muss so gestaltet sein, dass sie beim Verbraucher ein Produktbild (Image) schafft, das das Produkt als bessere Lösung zur Befriedigung seiner Bedürfnisse erscheinen lässt als vergleichbare Produkte des Wettbewerbs.

T I P P ... fürs Eigenmarketing

Diese fünf häufigsten Fehler sollten Sie unbedingt vermeiden:

▶ Mund halten: Sie sollten sich ohne Zaudern und Zögern zu Wort melden, wenn Sie etwas zu sagen haben. Das kann auch bedeuten, dass Sie eine Diskussion durch kluge Fragen kompetent voranbringen. Aber tragen Sie auch nicht zu dick auf: Blender werden schnell entlarvt.

▶ Die falschen Worte einsetzen: Begriffe wie »eigentlich«, »in gewisser Weise« oder »ein bisschen« relativieren den Inhalt Ihrer Aussagen – auch wenn Sie dies gar nicht beabsichtigt haben. Damit berauben Sie sich der Wirkung Ihrer Argumente und stellen sich selbst »ein bisschen« in den Schatten.

▶ Lob abwiegeln: Wenn Sie gelobt werden, sollten Sie das auch akzeptieren. Tun Sie dies nicht, vermitteln Sie Ihrem Gegenüber das Gefühl, alles, was Sie tun, sei selbstverständlich. Lernen Sie, Erfolge anzunehmen und zu feiern. Und ein Dankeschön für den Lobenden bestätigt und erfreut diesen.

▶ Chancen verpassen: Wenn Ihr Chef oder Geschäftspartner eine Aufgabe vergibt, mit der Sie sich profilieren können, sollten Sie annehmen. Wer solche Chancen nicht nutzt, wird auch künftig nicht mehr angesprochen.

► Kontaktmöglichkeiten nicht nutzen: Suchen Sie den Kontakt zu Vorgesetzten sowie Personalabteilung und -entwicklung – auch in den Pausen oder nach Feierabend. Hier können Sie Beziehungsnetze aufbauen und pflegen. Netzwerke sind einer der wichtigsten Bausteine im Selbstmarketing. Eine gute Möglichkeit, auf sich aufmerksam zu machen, ist zum Beispiel der Betriebsausflug. Setzen Sie sich direkt zum Chef und anderen Vorgesetzten.

Machen Sie sich nicht kleiner als Sie sind, und versuchen Sie nicht, nur der umgängliche Kollege zu sein. Ihr Ziel sollte ein Mittelweg zwischen Beliebtheit Ihrer Person und Anerkennung Ihrer Leistungen sein. Damit schützen Sie sich davor, dass Ihr Chef Ihnen irgendwann einmal sagt, Sie seien zwar der Beste, aber einen anderen Kandidaten für die Beförderung habe er nicht verprellen können.

Aufgabe

Bedürfnisse wecken

Das lesen Sie in diesem Kapitel

- ▶ Was will Ihr Kunde?
- ▶ Menschliche Grundbedürfnisse
- ▶ Fünf Grundmotivationen und -typen

>»Wenn du ein Schiff bauen willst,
dann trommle nicht Männer zusammen,
um Holz zu beschaffen, Aufgaben zu vergeben
und die Arbeit einzuteilen, sondern lehre sie
die Sehnsucht nach dem weiten, endlosen Meer.«
ANTOINE DE SAINT-EXUPÉRY

Was will Ihr Kunde?

Das Zitat von Saint-Exupéry lässt sich auch so lesen: Wer in anderen Sehnsüchte – oder weniger poetisch: Bedürfnisse – wecken will, muss einiges über den Menschen wissen. Das ist eine Voraussetzung für den Erfolg eines neuen Produktes – und dafür, mit Menschen richtig zu kommunizieren, sie zu verstehen und von ihnen verstanden zu werden. Das gilt auch, wenn Sie Kollegen und Vorgesetzte für Ihre Idee gewinnen und darauf einschwören möchten.

Konkret geht es in diesem und im folgenden Kapitel darum, ein Gefühl für Verbraucherbedürfnisse und deren Bedeutung zu bekommen. Denn sie sind ein entscheidendes Kriterium bei der Entscheidung, ob ein Produkt eingeführt werden soll: Ein Produkt ist nur markttauglich, wenn der Markt es haben will. In der Konsequenz heißt das, dass ein Produkt nur eingeführt werden darf, wenn es der Befriedigung eines wichtigen Verbraucherbedürfnisses dient, zum Beispiel Jugendlichkeit, Sicherheit oder Anerkennung. Im Marketing geht es also nicht darum, Menschen ein Bedürfnis einzureden oder sie zu manipulieren, sondern darum, sie besser zu verstehen, um ihnen ein Angebot machen zu können, das zu ihren bereits vorhandenen Bedürfnissen und Wünschen passt.

Charakter von Verbraucherbedürfnissen

Ein Bedürfnis steht für eine Wunschvorstellung, die entweder auf die Beseitigung von Unlust oder auf den Gewinn von Lust zielt. Das Verbraucherbedürfnis kann somit entweder eine negative oder eine positive Komponente haben. Verbraucherbedürfnisse können folgende Merkmale aufweisen:

▶ Sie sind nach innen gerichtet (zum Beispiel Sicherheitsschuh oder Vitamintabletten) oder nach außen gerichtet (zum Beispiel neuester Modetrend).

▶ Sie haben einen mehr individuellen (etwa Essgewohnheiten) oder einen sozial-normativen Charakter (wie die »richtige« Handy-Marke oder Kleidung bei Jugendlichen), wobei sie sowohl einem Anpassungs- als auch einem Differenzierungsbedürfnis dienen können.

▶ Sie tragen emotionale (wie bei einem Cabrio) oder rationale Züge (wie beim Familienkombi).

Weitere Charakteristika sind: Verbraucherbedürfnisse können aktuell oder latent vorhanden, wichtig oder unwichtig, durch Produkte besetzt oder nicht besetzt sein.

Mit Bedürfnissen Produkte positionieren

Bedürfnisse eignen sich gut, um ein Produkt im Markenfeld zu positionieren, indem Sie etwa die Werbung auf ein wichtiges Bedürfnismerkmal der Zielgruppe ausrichten. Denn jeder Konsument ordnet Produkte bewusst oder unbewusst aufgrund von Eigenschaften, Nutzen, Wahrnehmungen und Urteilen. Anders gesagt: Die Positionierung eines Produkts findet in den Köpfen der Kunden statt.

In Überflussgesellschaften reicht es nicht, in der Werbung die Befriedigung von Grundbedürfnissen wie Wärme oder Sättigung zu versprechen. Gefordert sind emotionale Zusatzerlebnisse, die mit dem eigentlichen funktionellen Aspekt des Produkts wenig oder gar nichts zu tun haben. So kaufen wir zum Beispiel Kleidung nicht nur, um uns zu wärmen, sondern auch um unseren persönlichen Kleidungsstil zu pflegen. Bei vielen Gütern wird der emotionale Zusatznutzen sogar zum wichtigsten Grund für die Wahl einer bestimmten Marke. Allenfalls in wirtschaftlich angespannten Zeiten wird auch heute noch anders geworben, zum Beispiel mit dem Preis-Leistungs-Verhältnis.

Welches Bedürfnis steht im Vordergrund?

Die Schaffung und Vermittlung spezifischer emotionaler Produkt- und Markenerlebnisse ist ein wichtiges Ziel des Marketings. Sie helfen Ihnen, Ihre Kunden stärker emotional an Ihr Unternehmen zu binden. Zugleich fördern sie die Marktsegmentierung. Dies eröffnet Ihnen weitere Möglichkeiten: Sie können Ihr Produkt noch besser profilieren und von Konkurrenzprodukten absetzen.

Deshalb ist es eine Ihrer Grundaufgaben zu prüfen, welche Bedürfnisse und Emotionen im Vordergrund stehen sollen: Soll der neue Tablet-PC als universell mobiler Computer für Berufstätige präsentiert werden oder als leichtes Zweitgerät für jedermann? Als Statussymbol des modernen Business-Menschen oder als Volksgerät, das es jedem ermöglicht, auch unterwegs auf das Internet zuzugreifen?

Aber wie erkennt man, was ein wichtiges, tragfähiges Verbraucherbedürfnis ist? Auf alle Fälle muss es sich um ein Bedürfnis handeln, das bei ausreichend vielen Verbrauchern aktuell oder latent (und damit verstärkbar) vorhanden ist. Die Forschung hat mehrere Ansätze entwickelt, die Bedürfnisse und Motivationen von Menschen zu beschreiben. Zwei davon lernen Sie im Folgenden kennen. Dabei werden die Begriffe »Bedürfnis«, »Interesse« und »Motiv« synonym verwendet.

Menschliche Grundbedürfnisse

Der amerikanische Psychologe Abraham Harold Maslow entwickelte bereits in den fünfziger Jahren eine Motivationstheorie. Er beschrieb darin den Prozess, den ein Mensch bei der Erfüllung seiner Bedürfnisse durchläuft: von den Grundbedürfnissen wie Essen, Trinken und Wohnen bis hin zur Selbstverwirklichung als höchstem Bedürfnis. Da Maslow unsere Bedürfnisse hierarchisch ordnete und in Pyramidenform darstellte, spricht man auch von der Maslowschen Bedürfnispyramide.

| Bedürfnis nach Selbstverwirklichung |
| Ich-Bedürfnisse (Anerkennung, Prestige) |
| Soziale Bedürfnisse (Freundschaft, Liebe) |
| Sicherheitsbedürfnis |
| Physiologische Bedürfnisse (Essen, Trinken, Schlafen) |

Die Maslowsche Bedürfnispyramide

Maslow unterscheidet folgende Begriffe:

► Bedürfnisse: Sie sind innerhalb einer Hierarchie von unterschiedlichem Rang.

► Hierarchie: Der Mensch versucht, die wichtigsten Bedürfnisse zuerst zu befriedigen. So haben physiologische Bedürfnisse Vorrang.

► Befriedigung: Gelingt es dem Menschen, ein wichtiges Bedürfnis zu befriedigen, so wirkt es eine Zeitlang nicht mehr als Motivator. Er wendet dann seine Aufmerksamkeit dem nächst wichtigen Bedürfnis zu.

Allein das Konzept der Hierarchie zeigt, dass diese Theorie nicht weit genug trägt: Motivationen treten nicht immer in der Reihenfolge der Pyramide auf. Zudem zeigt die Erfahrung, dass es durchaus Menschen gibt, bei denen nur eines der Motive prägend ist. Deshalb ist ein differenzierterer Blick nötig.

Fünf Grundmotivationen und -typen

Professor Dr. Werner Correll von der Universität Gießen entwickelte einen eigenen Ansatz in der Motivations- und Überzeugungspsychologie. Aufbauend auf den fünf Grundmotiven Maslows geht er davon aus, dass jeder Mensch zwar diese Motive in sich trägt, jedoch eines dieser Motive von Geburt oder durch Erziehung einen besonders ausgeprägten und die Persönlichkeit bestimmenden Einfluss hat.

Soziale Anerkennung

Das erste der fünf Grundmotive ist unser Streben nach sozialer Anerkennung. Wir möchten – das ist der Kern dieser Motivation – in unserer Gruppe keinesfalls der Letzte sein. Es geht also um das Streben nach Prestige und Überlegenheit, nach Status und Geltung.

Sicher möchte niemand völlig unbedeutend sein, aber genauso klar ist, dass dieses Motiv nicht bei jedem an der Spitze seiner Erwartungen steht. Vielen ist es vielleicht sogar wichtiger, gerade nicht an der ersten und damit exponierten Stelle zu stehen, weil es dort zu gefährlich ist.

Menschen hingegen, für die die soziale Anerkennung das treibende Motiv ist, sind besonders ehrgeizig. Sie wollen auffallen und ahmen immer die »Alpha-Person« in ihrer Gruppe nach, die den Ton angibt. Diese Überlegung zeigt auch: Wer nach sozialer Anerkennung strebt, ist noch nicht an der Spitze, sondern möchte erst dorthin kommen – und zwar unbedingt. Ein Beispiel sind Jugendliche und ihr Modeverhalten: Ein Alpha-Jugendlicher gibt vor, welcher Stil angesagt ist. Alle, die nach sozialer Anerkennung streben, übernehmen diesen Stil – ohne Rücksicht auf Preis und Gesundheit (etwa bei extrem unbequemen Schuhen), auch wenn damit verbunden ist, dass sie besonders auffallen. Im Gegenteil: Je teurer und auffälliger der vorgegebene Stil ist, desto mehr sehnt sich der Anerkennungsmotivierte nach ihm.

Dieses Verhalten kennzeichnet das gesamte Auftreten und das Verhalten in Gruppen, Ehe oder Beruf sowie die Freizeitbeschäftigungen. Der neueste Sport oder die aufwändigste Reise ist gerade gut genug für Anerkennungsmotivierte. Zur Erreichung dieser Ziele scheuen sie keine Schulden: Von ihnen leben Banken. Sie sind wortgewandt, nicht schüchtern und benutzen modische Fremdwörter, auch wenn sie diese nicht immer ganz richtig einsetzen. All dies macht den Umgang mit solchen Menschen nicht leicht. So lehnen sie Kritik und Tadel besonders dann ab, wenn sie befürchten, Prestige zu verlieren. Umgekehrt übernehmen sie schnell Argumente, wenn sie glauben, dadurch näher an die Alpha-Person heranzukommen und dadurch Prestige zu gewinnen.

Hier liegt auch die Formel für den richtigen Umgang – auch als Kunde – mit derart motivierten Menschen: Man muss ihnen deutlich machen, dass sie, sobald sie das gewünschte Verhalten zeigen, an Prestige gewinnen. Dann können Sie ziemlich sicher sein, dass solche Menschen die gewünschte Verhaltensform übernehmen – und zwar relativ rasch und unkritisch.

Als potenzielle Kunden sind Anerkennungsmotivierte zudem Vorreiter für neue Produkte. Mit ihnen lassen sich neue Märkte erschließen, denn alles Neue ist für sie sofort interessant. Andere würden in dieser Situation vielmehr nach dem Nutzen oder Ähnlichem fragen. Sie verstehen sich eben als Innovatoren und extrovertierte Typen, die gerne exklusive Prestige-Angebote nutzen.

Sicherheit und Geborgenheit

Ein Mensch mit dieser Grundmotivation ist ein ganz anderer Typ: Er strebt nach Unauffälligkeit, Gesundheit und Sparsamkeit. Er möchte nichts tun, was ihn auffallen lässt, was Risiken birgt, größere Kosten oder gar Schulden mit sich bringen könnte. Der Sicherheitsmotivierte zeigt also eine grundlegende Tendenz zur Vermeidung von Veränderungen. Er bevorzugt das Gleichbleibende, Konservative und Unauffällige – in allen Lebensbereichen.

Wer Sicherheit und Geborgenheit sucht, bleibt am liebsten zu Hause, spart Reisekosten und bestellt stattdessen lieber seinen Garten. Dort züchtet er aber keine Rosen, sondern Rettiche, also etwas Nützliches und Unauffälliges. Er ist der Typ, der das Geld auf der Bank spart, das diese an Anerkennungsmotivierte verleiht.

Der Umgang und die Kommunikation mit dieser Motivationsgruppe müssen darauf Rücksicht nehmen und folglich – auch im Marketing – alles Neue vermeiden und statt dessen Bewährtes anbieten. Diesen Menschen sind ein guter Kundendienst und garantierte Qualität wichtig.

Nehmen Sie diesen Typ in seiner Sicherheitstendenz ernst. Mit Geduld und in kleinen Schritten lässt sich ein solcher Mensch schließlich zur Übernahme einer neuen Verhaltensform bewegen: Er ist der typische Trend-Nachfolger – jedoch nur, wenn er weiß, dass damit keine unkalkulierbaren Risiken verbunden sind.

Vertrauen

Das dritte Grundmotiv steht für das elementare Streben nach einem (oder mehreren) Menschen, denen man vertrauen möchte und von denen man vertrauensvolle Zuwendungen erwartet. Menschen, bei denen dieses Motiv an der Spitze steht, suchen nicht in erster Linie nach sozialer Anerkennung, noch streben sie nach Sicherheit, sondern sie suchen nach Nähe zu einem anderen Menschen, den sie als Bezugsperson akzeptieren.

Dieser Typ möchte nicht objektiv und eigenständig entscheiden, sondern subjektiv und bezogen auf andere. So ist der Vertrauenstyp ständig auf der Suche nach einem Vorbild, das er um einem persönlichen Rat fragen kann. Im Gegenzug wird er alles für sein Vorbild tun: »Dir zuliebe mache ich das.«

Wer nach Zuwendung und Vertrauen strebt, ist in erster Linie auf Harmonie bedacht, spricht gerne über persönliche Probleme und erwartet, dass man sich für diese interessiert. Genauso neugierig ist er auf die persönlichen und privaten Umstände seiner Mitmenschen. So kennzeichnen diesen Typen oft Hilfsbereitschaft und Hingabe. Im Schützenverein ist er der Kassenwart.

Dies führt solche Menschen oft in Vertrauenspositionen mit Vermittlungs- und Beratungsaufgaben. Denn sie sind beliebt und werden wegen ihres ausgleichenden und kameradschaftlichen Verhaltens geschätzt. Wenn Sie solche Menschen als Kunden ansprechen möchten, müssen Sie in erster Linie persönliche Erfahrungen verkaufen, denn dieser Typ ist im Grundmuster ein Anpasser.

Selbstachtung

Dieses Motiv kann sich häufig negativ für die Menschen auswirken, für die es bestimmend ist. Denn es verlangt rigoros nach der Übereinstimmung mit –

meist selbst definierten – Normen und Werten. Ein über Selbstachtung motivierter Mensch wird zwar jederzeit pünktlich und exakt sein, aber leider auch ebenso kompromisslos, perfektionistisch und rechthaberisch. Er lässt jede charmante, humorvolle Großzügigkeit vermissen und isoliert sich daher oft von anderen. Er wird sich in seiner Freizeit meist mit etwas Eigenbrödlerischem beschäftigen, zum Beispiel einer Sammeltätigkeit (zum Beispiel russische Taschenuhren aus den Jahren 1921 bis 1932), bei der es auf übergroße Genauigkeit und exakte tabellarische Erfassung und Auswertung ankommt.

Dieser Typ ist ein Prinzipienreiter, der seine Prinzipien jedoch nicht aus der Realität ableitet, sondern aus sich selbst. Er kann so fanatisch sein, dass er unter Umständen eher seinen Untergang in Kauf nimmt, als gegen seine eigenen Prinzipien zu verstoßen. Schnell verwechselt er Gerechtigkeit mit Gleichheit. Von ihm sind selten Mitleid oder Toleranz zu erwarten. Der Hang zu Starrsinn und Besserwisserei macht diesen Typ zum schwierigsten Ansprechpartner und Kunden.

Für den Umgang mit dem Selbstachtungstyp gilt jedoch dasselbe wie für die anderen Typen: Es kommt darauf an, seine Erwartungen und Bedürfnisse zu befriedigen. In diesem Fall heißt das, dass Sie im Umgang mit ihm stets auf äußerste Präzision und Exaktheit achten sollten, Termine strikt einhalten und zum Beispiel Gesprächsprotokolle (mit mehrfachen Durchschriften) als etwas Selbstverständliches akzeptieren. Produkte, die seine Zustimmung finden sollen, müssen Sie nicht nur detailliert erklären, sondern auch unter transparenten Geschäftsbedingungen anbieten. Dabei ist dann der Preis als solcher nicht einmal das Wichtigste.

Unabhängigkeit und Verantwortung

Das fünfte Grundmotiv steht für das Streben des Menschen nach eigener Verantwortung. Dieser Typ möchte nicht gegängelt werden, sondern lieber selbstständige Entscheidungen treffen. Er will sein Leben wirtschaftlich unabhängig gestalten. Dazu ist er bereit, alle daraus entstehenden Konsequenzen selbst zu tragen – sowohl im Positiven als auch im Negativen. Damit ist dieses Motiv das Gegenstück zum Motiv Vertrauen: Wer strikt nach Unabhängigkeit und Eigenverantwortung strebt, kann sich keinem anderen Menschen gänzlich hingeben.

Zum Vergleich: Wer nach Anerkennung strebt, kümmert sich eigentlich nicht um die anderen, sondern nur um sich und sein Prestige. Wer immer Sicherheit sucht, kann keine unternehmerischen Entscheidungen treffen. Wer nur das Vertrauen sucht, wird sich an einer Leitfigur wie seinen Chef oder an einer Gruppe orientieren. Und wer ausschließlich an seine Grundsätze denkt, kann Situationen nicht objektiv einschätzen. Bleibt nur noch der Unabhängige und Verantwortungsbewusste, um überindividuelle Aufgaben anzunehmen und zu bewältigen. Der Unabhängigkeitstyp ist ein einfacher Kunde, den Sie mit sachlichen Information und realistischen und ökonomischen Argumenten gewinnen können. Allerdings ist diese Gruppe mit etwa 2 Prozent der arbeitenden Bevölkerung sehr klein und deshalb für Massenprodukte uninteressant.

Im Beruflichen findet man diese Motivation besonders häufig bei Selbstständigen und guten Führungskräften. Wer nicht bereit ist, Verantwortung zu übernehmen und eigenständig zu handeln, erhält keine Führungsaufgabe. Und wer nicht – trotz mancher Unbequemlichkeiten und Risiken – nach Eigenständigkeit strebt, wird sich auch nicht selbstständig machen.

Der Unabhängigkeitstyp strebt oft gar nicht nach einer Führungsposition. Doch er wird fast zwangsläufig in sie gelangen, weil er durch seine sachliche Einstellung, seinen Realismus und sein Engagement für die größere Einheit eines Unternehmens oder einer Gruppe besonders geeignet ist.

Natürlich gehört nicht jede Führungskraft zu dieser Gruppe; das haben Sie in Ihrem Berufsalltag sicher schon erlebt. So will beispielsweise der Typ, der nach sozialer Anerkennung strebt, ebenfalls an die erste Stelle. Oft sitzen jedoch Menschen vom Typ Selbstachtung an den Schalthebeln, und die glauben schon aus Prinzip die Richtigen für diese Aufgabe zu sein: Er ist davon überzeugt, alles besser zu wissen und zu machen. Sie sehen, auch der Umgang mit Chefs erfordert ein differenziertes Wissen um die Grundmotive der Menschen. Der folgende Tipp fürs Eigenmarketing gibt Ihnen dabei eine kleine Orientierung.

T I P P

... fürs Eigenmarketing

Nach welcher Grundmotivation handelt Ihr Vorgesetzter, Ihr Kollege oder Ihr Geschäftspartner? Und wie können Sie ihn überzeugen?

▶ Ist er ein extrovertierter Typ, der nach sozialer Anerkennung strebt? Oder ist er sogar ein Angeber? Überzeugen Sie, indem Sie in Ihrer Argumentation auf Exklusivität setzen. Denn durch die Einführung eines exklusiven Produktes wird er ein hohes Ansehen bei der Geschäftsführung oder anderen ihm wichtigen Menschen erlangen. Auch könnten die Medien über ihn und »sein« einzigartiges Produkt berichten.

▶ Ist er eher introvertiert und scheut Risiken? Stellen Sie Ihre Argumentation auf Sicherheit ab: Belegen Sie, dass die Einführung eines derartigen Produktes völlig risikolos ist – zum Beispiel anhand von Argumenten wie geringe Kosten, wenig Wettbewerb, gute Marktforschungsergebnisse, Tests und Gutachten unabhängiger Institute oder zahlreiche Anfragen von wichtigen Handelspartnern.

▶ Ist er eher der extrovertierte Kumpel? Ein Mensch, der Vertrauen erweckt, dem man sich anvertrauen kann und der stets hilfsbereit ist? Dieser Typ ist relativ leicht durch Begeisterung zu überzeugen. Setzen Sie auf gemeinsame Erfolgserlebnisse. Schlagen Sie ein Firmenfest zur Produkteinführung vor, das die Firmenkultur fördert. Weisen Sie ihm nach, dass eine Mitarbeiterbefragung zu hervorragenden Ergebnissen geführt hat und dass deren Unterstützung garantiert ist.

▶ Ist er ein introvertierter, penibler, humorloser Mensch, dem Korrektheit und Präzision über alles gehen? Kann er nicht über seinen Schatten springen, beißt er sich an Kleinigkeiten fest, ist er ein Prinzipienreiter? Um diesen schwierigen Typ für Ihre Ideen zu gewinnen, müssen Sie ein Oberprinzip formulieren, dem alles Weitere folgt. Das neue Produkt muss eine prinzipielle Funktion erfüllen, bei Indiasan zum Beispiel der Aufbau einer asiatischen Produktlinie. Alle Daten müssen »korrekt« und »präzise« dargelegt werden, diese Begriffe sollten Sie dabei auch benutzen.

▶ Trifft Ihr Vorgesetzter oder Geschäftspartner Entscheidungen unabhängig? Übernimmt er Verantwortung? Ist er der ideale Unternehmertyp? Dann haben Sie – ein gutes Produkt vorausgesetzt – ein relativ einfaches Spiel: Sie können ihn am besten mit sachlichen Informationen, realistischen und ökonomisch fundierten Fakten aus der Marktforschung überzeugen.

Ein Extra-Tipp für die Bewerbung: Sie können nicht immer wissen, bei wem Ihre Bewerbung landet oder wer im Gespräch vor Ihnen sitzt – insbesondere wenn Sie es mit mehreren Menschen zu tun haben. Wenn Sie sich also nicht absolut sicher sind, wer der maßgebliche Entscheider ist und welchem Typ er entspricht, sollten Sie versuchen, immer alle Teilnehmer mit ins Gespräch – wenn auch nur mit Blicken – einzubeziehen.

Zusammenfassung

Zwar trägt jeder Mensch alle Motive in sich, aber eines dominiert und prägt den Charakter. Es gibt also keine Pyramide der Motive mit einer klaren Hierarchie. Sondern fünf gleichberechtigte Motive, die jeden Menschen ausmachen, jeweils ein Element bestimmt ihn jedoch wesentlich:

Grundmotivationen nach Correll: statt Hierarchie ein gleichberechtigtes Nebeneinander

Wichtig ist in jedem Fall: Wenn Sie von anderen Menschen – und Typen – verstanden werden und Ihrerseits deren Bedürfnisse verstehen möchten, müssen Sie zuerst die Grundmotivation und Situation Ihres Gegenübers verstehen. Oder mit den Worten von Henry Ford: »Das Geheimnis des Erfolges ist, den Standpunkt des anderen zu verstehen.«

Checkliste: Wie erkenne ich die einzelnen Typen?

Typ	Erschei-nungsbild	Kommu-nikation	Verhalten	Passionen, Hobbys	Lebens-einstellung	Typbeschreibung; Motivations-strategien
I. Soziale Anerkennung	auffällig, modisch	ich-betont, laut	initiativ, wort-führerisch	extra-vagante Hobbys	optimis-tisch (naiv)	Großmaul: »Ich weiß schon alles.«
						Prestige-Argumente: Exklusivität hervor-heben
II. Sicherheit Geborgen-heit	konser-vativ, bieder	beschei-den, leise, Sätze mit »man«	anpassend, zurückhal-tend	Werkeln, Sammeln	ängstlich	Angsthase: »Funk-tioniert das auch wirklich?«
						Information-Selling: Funktionalitäten, Qualität und Sicherheitsaspekte, hervorheben
III. persönliche Zuwendung Vertrauen	konven-tionell, solide	wir-betont, verbindlich	kooperativ, personen-orientiert	Familie, Vereine, Freunde	gegen-wartsbe-zogen	Herdentier: »Wir brauchen unbedingt Referenzen.«
						Einsatz der Persön-lichkeit: persönliche Erfahrungen von Referenzkunden nutzen
IV. Selbst-achtung	korrekt, ordentlich	pointiert, bestim-mend, zitierend	pedantisch, kompro-misslos	engagiert, (fanatisch)	pessimis-tisch	Erbsenzähler: »Das müssen Sie mir aber viel genauer erklären.«
						Präzisionsmotivation: Erläuterung exakter Details
V. Unab-hängigkeit Verantwor-tung	lässig, salopp	sachlich, bestimmt, stilvoll	tolerant, konstruktiv	viele Hobbys, Reisen	positiv	Gelassener: »Die Details besprechen Sie besser mit meinen Mitarbeitern.«
						Solution-Selling: we-sentliche Zusammen-hänge schildern

Quelle: Werner Correll: Menschen durchschauen und richtig behandeln. Psychologie für Beruf und Familie.

Wenn Sie wissen, wie Sie Bedürfnisse verstehen oder wecken, geht es daran den Kunden dort abzuholen, wo er steht: zum Beispiel in seinem Milieu, in seinem Lebensstil. Mehr dazu lesen Sie im folgenden Kapitel.

Kunde

Wie Sie ihn verstehen, um ihn zu gewinnen

Das lesen Sie in diesem Kapitel

- ▶ Wer ist Ihr Kunde?
- ▶ Lebensstile
- ▶ Trends
- ▶ Marktforschung
- ▶ Hausfrauentest
- ▶ Laufende Marktbeobachtung

»Der Köder muss dem Fisch schmecken
und nicht dem Angler.«
VERFASSER UNBEKANNT

Wer ist Ihr Kunde?

Würden Sie versuchen, einem Yuppie auf einer Kaffeefahrt nach Bückeburg eine Heizdecke zu verkaufen? Sicher nicht, denn Yuppies (young urban professional people) bevorzugen Neues und Ausgefallene. Sie verstehen sich als Pioniere, etwa wenn es um die Anschaffung von Computern und anderer Technik oder den Besuch im neuesten In-Restaurant geht. Im Schnitt sind sie 23 bis 41 Jahre alt.

Das Beispiel zeigt: Wenn Sie eine ganze Zielgruppe beschreiben möchten, reichen Ihre Kenntnisse über Verbraucherbedürfnisse und menschliche Grundmotivationen aus dem vorherigen Kapitel nicht aus. Menschen sind Herdentiere und orientieren sich gerne an anderen. Einen über-individuellen Schlüssel zu deren Verständnis bieten Lebensstile.

Wir erklären nun, wie man Märkte und Teilmärkte sowie Zielgruppen und Kunden beschreiben und erforschen kann. Dabei ist wieder ein Perspektivenwechsel nötig. Das heißt, Sie müssen versuchen, sich in die Situation Ihrer Kunden hineinzuversetzen. Dies hilft Ihnen, Ihre Vorgesetzten und Kollegen von den Chancen Ihres Produkts im anvisierten Markt zu überzeugen.

Lebensstile

Ein wichtiges Hilfsmittel bei der Bestimmung von Zielgruppen ist die Orientierung an Lebensstilen. Darin fasst man typische Verhaltens- und Einstellungsmuster von Konsumenten zusammen. Lebensstile werden nach außen beispielsweise sichtbar durch Automarken, Getränke, Kleidung, Kosmetik, Urlaubsgewohnheiten und Wohnungsdesign. Sie sind gleichermaßen Indikatoren für das alltägliche Leben wie für grundlegende Anschauungen und deren Wandel (Wertewandel). Als Kriterien für die Erfassung des Wertewandels werden zum Beispiel soziale Bedürfnisse wie das Streben nach Zugehörigkeit, der Drang nach Selbstverwirklichung oder das Bedürfnis nach Sicherheit herangezogen. Lebensstile dienen im Marketing dazu, Zielgruppen und Marktsegmente zu bestimmen, die in ihrem Verhalten möglichst homogen sind.

Inzwischen wurde eine Vielzahl an Modellen entwickelt, um unterschiedliche Lebensstile zu beschreiben. Eine gute Übersicht finden Sie im »Zielgruppenfinder« von Gruner + Jahr unter *http://vdzsynopse.consulting.de/cgi-bin/synopse.pl.*

Euro-Styles

Um sich auch auf internationaler Ebene anhand klarer Lebensstile und der zugehörigen Einstellungen und Verhaltensmuster orientieren zu können, gibt es die »Euro-Styles« der Lebensstilforschung der Gesellschaft für Konsumforschung (GfK). Sechzehn Typen sind darin klassifiziert.

Style	Charakter	Motto
Dandy	Angeber, Vergnügungssüchtiger	immer auf der schönen Seite
Business	Karriere-Macher	immer auf der Leiter
Vigilante	Misstrauischer	frustriert, vorsichtig, konservativ
Defense	Heimchen, der Defensive	bedacht auf Sicherung des Eigentums
Prudent	Vorsichtiger, Resignierter	Sicherheit kommt zuerst
Moralist	Gut-Bürgerlicher	religiös, prinzipientreu, aber auch tolerant
Gentry	Nobler	Gesetz, Ordnung, Tradition
Scout	Wohltäter, Generöser	helfen wir den anderen
Rocky	Rocker, junger Außenseiter	Augen zu und durch
Squadra	Aktiver	Freizeit und Freunde sind alles
Protest	Protestler	allein gegen das System
Pioneers	Idealist, die Alternativen	verändern wir die Welt

Style	Charakter	Motto
Citizens	Verantwortungsvoller, der gute Nachbar	dient der Öffentlichkeit
Strict	Puritaner	führt ein untadeliges Leben
Romantic	Träumer	Harmonie, Heim und Familie kommen zuerst
Olvidados	Abgekoppelter	vergessen und neidisch

Die Euro-Styles der GfK Lebensstilforschung

Lebensstile decken ganze Gruppen ab. Sie können sich also fragen: Welche Typen sehen Sie beispielsweise als ideale Zielgruppen für Indiasan? Dandy, Business und Squadra? Aber auch Individuen sind damit zu identifizieren und gemäß ihrem Motto anzusprechen. Wenn Ihr Chef beispielsweise zum Euro-Style »Prudent« gehört, sollten Sie eher sicherheitsbetont argumentieren.

Sinus-Milieus

Die Zielgruppenbestimmung der Firma Sinus Sociovision fasst in ihren Milieus jeweils Menschen zusammen, die sich in ihrer Lebensauffassung und Lebensweise ähneln. Grundlegende Wertorientierungen gehen dabei genauso in die Analyse ein wie Alltagseinstellungen zu Arbeit, Familie, Freizeit, Geld und Konsum. Den Forschern geht es darum, den Menschen und sein gesamtes Bezugssystem ganzheitlich zu betrachten. Mehr Infos, insbesondere ausführliche Lebensweltbeschreibungen, finden Sie im Internet unter *www.sinus-milieus.de.*

Wie detailliert die Forscher vorgehen, zeigt die folgende Grafik. Sie enthält auch Prozentangaben, die Ihnen eine erste Idee beim Abschätzen von Marktpotenzialen geben können – auch ohne kostspielige Marktforschung.

Die Sinus-Milieus® in Deutschland 2002

Soziale Lage und Grundorientierung

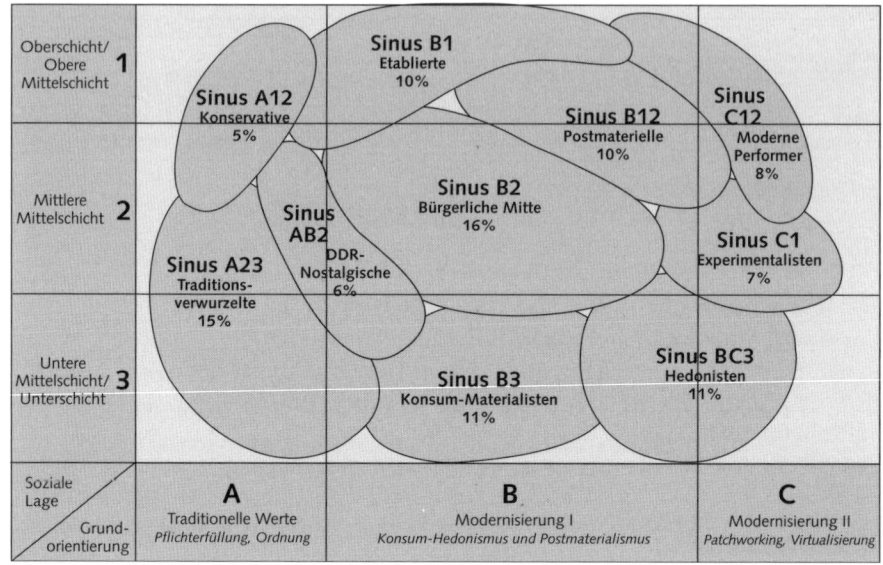

Quelle: Sinus Sociovision 2002

Die Grafik gleicht einer Landkarte der Milieus. Von oben nach unten ist die soziale Lage in Schichten angeordnet: auf der Grundlage von Alter, Bildung, Beruf und Einkommen. Von links nach rechts ist die Grundorientierung wiedergegeben: von traditionell bis postmodern. Oben sind die gesellschaftlichen Leitmilieus angesiedelt: links die traditionellen Milieus, in der Mitte die Mainstream-Milieus und rechts die hedonistischen Milieus.

Gesellschaftliche Leitmilieus

- ▶ Etablierte (Sinus B1): 10 Prozent Anteil an der deutschen Bevölkerung. Selbstbewusstes Establishment, das durch Erfolgsethik, Machbarkeitsdenken und ausgeprägte Exklusivitätsansprüche gekennzeichnet ist.
- ▶ Postmaterielle (Sinus B12): 10 Prozent Anteil an der deutschen Bevölkerung. Aufgeklärtes Nach-68er-Milieu mit liberaler Grundhaltung, postmateriellen Werten und intellektuellen Interessen.
- ▶ Moderne Performer (Sinus C12): 8 Prozent Anteil an der deutschen

Bevölkerung. Junge, unkonventionelle Leistungselite mit Drang nach intensivem Leben – beruflich und privat – sowie mit Flexibilität und Multimedia-Begeisterung.

Traditionelle Milieus

▶ Konservative (Sinus A12): 5 Prozent Anteil an der deutschen Bevölkerung. Altes deutsches Bildungsbürgertum, das durch konservative Kulturkritik, humanistische Pflichtauffassung und gepflegte Umgangsformen geprägt ist.

▶ Traditionsverwurzelte (Sinus A23): 15 Prozent Anteil an der deutschen Bevölkerung. Sicherheit und Ordnung liebende Kriegsgeneration, die in der kleinbürgerlichen Welt beziehungsweise in der traditionellen Arbeiterkultur verwurzelt ist.

▶ DDR-Nostalgische (Sinus AB2): 6 Prozent Anteil an der deutschen Bevölkerung. Resignierte Wende-Verlierer, die an preußischen Tugenden und altsozialistischen Vorstellungen von Gerechtigkeit und Solidarität festhalten.

Mainstream-Milieus

▶ Bürgerliche Mitte (Sinus B2): 16 Prozent Anteil an der deutschen Bevölkerung. Statusorientierter moderner Mainstream, der nach beruflicher und sozialer Etablierung sowie nach gesicherten und harmonischen Verhältnissen strebt.

▶ Konsum-Materialisten (Sinus B3): 11 Prozent Anteil an der deutschen Bevölkerung. Stark materialistisch geprägte Unterschicht, die als Kompensationsversuch sozialer Benachteiligungen Anschluss an die Konsumstandards der breiten Mitte halten will.

Hedonistische Milieus

▶ Experimentalisten (Sinus C2): 7 Prozent Anteil an der deutschen Bevölkerung. Extrem individualistische neue Boheme, die ungehinderte Spontaneität und ein Leben in Widersprüchen sucht und sich als Lifestyle-Avantgarde versteht.

▶ Hedonisten (Sinus BC3): 11 Prozent Anteil an der deutschen Bevölkerung. Spaßorientierte moderne Unterschicht beziehungsweise untere Mittelschicht, die die Konventionen und Verhaltenserwartungen der Leistungsgesellschaft verweigert.

Abhängig von der Fragestellung sind auch andere Einteilungen möglich, zum Beispiel die Zusammenfassung der jungen Milieus, also der C-Milieus (Sinus C12 + C2 + BC3), oder der modernen Milieus (alle B- und C-Milieus).

Trendforschung

Eine weitere Möglichkeit, Kundengruppen zu beschreiben, insbesondere wenn es um völlig neue Märkte und Produkte geht, bietet das Beobachten von Trends. Laut Brockhaus ist ein Trend eine »Entwicklungsrichtung, Grundrichtung, zum Beispiel bei Einkommen, Mode, Wählermeinungen«. Ein solcher Trend ist zum Beispiel das »Cocooning«, das Einspinnen in den eigenen vier Wänden und das Abkapseln gegen die Unannehmlichkeiten der Umwelt. Es entspringt dem Bedürfnis nach Geborgenheit und Sicherheit. »Entdeckt« und formuliert wurde dieser Trend von der amerikanischen Unternehmensberaterin Faith Popcorn.

Schon 1982 verkündete der Unternehmensberater John Naisbitt mit seinem Bestseller »Megatrends« zehn globale Trends. Dazu zählte der US-Amerikaner unter anderem die Informationsgesellschaft, die Globalisierung und die Dezentralisierung. In Deutschland trat in den achtziger Jahren Gerd Gerken als Trendpionier auf den Plan. Er galt mit seinem Institut für Zukunfts-Beratung (*www.yong-institute.com*) lange Jahre als intellektueller Meinungsführer der deutschen Marketingfachleute. Ihm folgten 1993 Matthias Horx und Peter Wippermann mit ihrem Trendbüro Hamburg (*www.trendbuero.de*). Horx betreibt heute das Zukunftsinstitut (*www.zukunftsinstitut.de*).

Es lassen sich – je nach Ausrichtung und Absichten – mehrere Arten von Trendforschung unterscheiden:

► prophetische Trendforschung, die Globaltrends oder gar neue Zeitalter verkündet;

► die publizistische Trendforschung, die regelmäßig neue Trendreports veröffentlicht;

▶ marketing- oder stilorientierte kreative Trendforschung, die neue Trends besonders im Bereich der Mode zu schaffen versucht;

▶ wissenschaftlich arbeitende Trendforschung, die von Meinungs- und Marktforschungsinstituten oder von unternehmenseigenen Institutionen betrieben wird.

Viele Trendforscher bedienen sich zwar weitgehend der Methoden der Markt- und Meinungsforschung, jedoch oft ohne deren wissenschaftlichen Standards zu entsprechen. Zudem spielt bei Trendprognosen oft auch die Intuition eine große Rolle. Im Wesentlichen setzen Trendforscher drei Methoden ein:

▶ Medienanalyse, um Informationen zur Trenddefinition aus Medien herauszufiltern;

▶ Experten- oder Konsumentenbefragung, etwa in Gruppendiskussionen oder Einzelinterviews;

▶ Feldforschung, um bestimmte Gruppen, besonders Subkulturen, avantgardistische und besonders »trendige« Szenen zu beobachten.

Da die Datenbasis der Trendforschung meist nicht mit nachvollziehbaren Methoden gewonnen wird, können Trends die weitere Entwicklung nicht aufgrund gesicherten Wissens voraussagen. Sie stellen oft nur Prognosen dar, die außer auf Informationen auf Intuition beruhen und die Zukunft eher in bildlichen Beschreibungen (»Anti-Geschmack«) als in klaren Aussagen oder gar überprüfbaren Zahlenangaben erfassen. Höchste Zeit also, einen Blick auf die seriöse große Schwester der Trendforschung zu werfen: die Marktforschung.

Marktforschung

Wer denkt, auf Marktforschung verzichten zu können und mit Intuition weiterzukommen, handelt leichtfertig und unterliegt der großen Gefahr, sein Unternehmen oder zumindest sein Produkt an den Rand des Abgrunds zu bringen. Wobei Marktforschung nicht unbedingt teure und aufwändige Untersuchungen erfordert; schon ein »Hausfrauentest« (siehe später in diesem Kapitel) orientiert Sie darüber, wie Ihr Markt und Ihre Kunden aussehen. Darum geht es im Marketing immer: den Kunden besser zu verstehen.

Marktforschung ist auch ein wichtiges Instrumet, um die Wirksamkeit von Werbekampagnen zu beurteilen und herauszufinden, ob sie nicht nur unterhaltsam sind (was sich Werber wünschen), sondern vor allem Ihre Produkte verkaufen (was Sie sich wünschen). Mehr dazu lesen Sie im Kapitel »Umsetzung: Arbeit mit Werbe- und PR-Agentur«.

Unter Marktforschung versteht man die systematische Beschaffung und Analyse von unternehmensexternen Informationen über Märkte. Die systematische Informationsgewinnung und -analyse ist immer dann empfehlenswert, wenn

▶ es einen Angebotsüberschuss und damit einen Verdrängungswettbewerb gibt, zum Beispiel im Biermarkt;
▶ die Kapazitäten ungenügend ausgelastet sind, beispielsweise beim Lotto, das um Lotto am Mittwoch ergänzt wurde, um vorhandene Kapazitäten in der Wochenmitte auszulasten;
▶ der Markt völlig frei, anonym oder unruhig ist;
▶ abgeleitete, sekundäre Bedürfnisse eine wesentliche Rolle spielen, wenn zum Beispiel bei Zigaretten auch emotionale Bedürfnisse wie der Drang nach Freiheit kommuniziert werden sollen;
▶ das Unternehmen keinen technischen Vorsprung gegenüber dem Wettbewerb hat;
▶ die Marketingkosten sehr hoch sind;
▶ der Wettbewerb intensiv ist;
▶ eigene Markterfahrung fehlt.

Primär- und Sekundärforschung

Die Unterscheidung in primäre und sekundäre Marktforschung beruht auf der Art der Datengewinnung.

Wenn kein Datenmaterial für die aktuelle Problemlösung vorliegt, muss eine eigens konzipierte Untersuchung, eine Primärforschung, durchgeführt werden. Bei kleinen Fallzahlen spricht man von qualitativer Marktforschung (psychologischer Marktforschung, Motivforschung), bei hohen Fallzahlen entsprechend von quantitativer Marktforschung. Gegenstand einer quantitativen Marktforschung sind alle Marktteilnehmer (Vollerhebung) oder ein Teil davon (Stichprobe, Sample). Teilerhebungen können repräsentativ oder nicht repräsentativ, also willkürlich sein.

Sekundärforschung (Desk-Research) nutzt vorhandenes Datenmaterial, das ursprünglich für andere Zwecke gewonnen wurde. Dadurch ist Sekundärforschung kostengünstig und erlaubt ein relativ schnelles Vorgehen. Sie lässt sich nach der Herkunft der internen und externen Informationen gliedern. So liefern Ihnen entweder Personen über persönliche Netzwerke oder gedruckte und elektronische Medien Erkenntnisse in Form von Studienberichten, Statistiken, unternehmensinternen Veröffentlichungen, wie Vertreterberichten oder Kundenreklamationen, Publikationen, Patenten oder Katalogen.

Die Speicherung der Daten in einer zentralen elektronischen Datenbank (Data-Warehouse) erlaubt eine rasche Informationsbeschaffung und unterstützt die Datenanalyse, damit Sie bestimmte wiederkehrende Muster erkennen können (Data-Mining).

T I P P ... fürs Eigenmarketing

Marktforschung in eigener Sache:

▶ Gerade noch arbeiteten Sie im selben Büro, und nun ist der ehemalige Zimmergenosse Ihr Vorgesetzter? Analysieren Sie, was Ihr Kollege besser gemacht hat. Fragen Sie Ihren Chef offen, was Sie tun müssen, um beim nächsten Mal zum Zug zu kommen.

▶ Sie haben hart gearbeitet, aber davon ist auf Ihrer Gehaltsabrechnung wenig zu sehen? Erkundigen Sie sich bei Ihrem Vorgesetzten nach den Gründen. Zeigen Sie Verständnis für dessen Situation, und bieten Sie Problemlösungen an. Fordern Sie keine Dankbarkeitsbezeugungen für die Vergangenheit, sondern argumentieren Sie mit der Zukunft. Denn ein höheres Gehalt gibt es, wenn Sie dem Unternehmen in der Zukunft zusätzliche Wertschöpfung bieten. Seien Sie realistisch: Niemand bekommt eine Gehaltserhöhung für eine einzelne gute Leistung; dafür gibt es allenfalls eine einmalige Bonuszahlung.

Testinstrumente und Erhebungstechniken

Zur Beobachtung Ihres Testmarktes stehen Ihnen im Wesentlichen drei Instrumente und Erhebungstechniken zur Wahl: Befragung, Panel und Test. Jede Alternative hat ihre Stärken und besonderen Einsatzgebiete. Sie sollten sie kennen, um das für Ihren Zweck optimale Instrument auszuwählen und um die Arbeitsweise eines von Ihnen beauftragten Markforschungsinstituts besser zu beurteilen.

Befragung

Mit einer Umfrage wird versucht, Personen zu Aussagen über vorgegebene Sachverhalte zu veranlassen. Mögliche Unterscheidungskriterien sind:

▶ Standardisierungsgrad: standardisierte, teil- und nicht-standardisierte Befragung;

▶ Art der Fragestellung: direkte und indirekte Befragung;

▶ Befragungshäufigkeit: einmalige und mehrmalige Befragung (Panel);

▶ Befragungsgegenstand: Einthemen- und Mehrthemen-Befragung (Omnibusbefragung);

▶ Befragtenkreis: Einzelpersonen oder Organisationen;

▶ Kommunikationsform: computergestützte, mündliche, schriftliche oder telefonische Befragung.

Gerade die Telefonumfrage ist insbesondere bei schwierig zu erreichenden Zielgruppen die kostengünstigste und schnellste Technik, um Bekanntheit, Verwendung, Kaufhäufigkeit, Erfahrungen und Urteile abzufragen.

Panel

Eine einmalige Befragung ermöglicht die Marktanalyse wie ein Foto, aber keine Marktbeobachtung: Veränderungen über die Zeit sind einem Film vergleichbar und können nur mit mehrmaligen Befragungen beobachtet werden. Von einem Panel spricht man, wenn Befragungen in regelmäßigen Abständen zum gleichen Untersuchungsgegenstand bei einer repräsentativen Stichprobe durchgeführt werden. Mit diesem Experiment, bei dem die Untersuchungsbedingungen nicht beeinflusst werden, können Sie Marktveränderungen aufspüren. Dabei wird zwischen Verbraucherpanel (Individualpanel, Haushaltspanel), Spezialpanel (Berufsgruppen, Medien, Unternehmungen) und Handelspanel unterschieden.

Test

Im Gegensatz zum Panel sind der Produkt- und der Markttest ein kontrolliertes Experiment, bei dem ein Testleiter die Untersuchungsbedingungen steuert.

Beim Produkttest wird einer ausgewählten Gruppe von Personen (möglichst einer repräsentativen Auswahl der Zielgruppe) ein Produkt zum probeweisen Gebrauch überlassen. Varianten von Produkttests sind:

▶ Warentest zur Beurteilung der objektiven Qualität,
▶ Konzepttest zur subjektiven Beurteilung,
▶ Blindtest, bei dem das Testprodukt in neutraler Aufmachung (etwa weiße Packung) präsentiert wird,
▶ Partialtest zum Test einzelner Produktmerkmale oder Volltest zum Test des ganzen Produkts,
▶ Vergleichstest mit mehreren Produkten,
▶ Eindrucks- und Erfahrungstest,
▶ Markttest (Feldtest),
▶ Labortest.

Beim Markttest hat der regionale Markttest eine große Bedeutung. Dabei werden im Rahmen eines kontrollierten Feldexperimentes Produkte probeweise in einem geografisch begrenzten Teilmarkt angeboten. Damit sollen realitätsnahe Erkenntnisse über die Marktchancen gewonnen werden, beispielsweise im Hinblick auf Abverkäufe, Einkaufsintensität, Einkaufs- oder Sortimentsverbund, Erst- und Wiederkaufsraten, Käuferstruktur oder Medienwirkung.

GfK-BehaviorScan

Ein Sonderfall als Kombination aus Handels- und Haushaltspanel ist der GfK-BehaviorScan. Dahinter verbirgt sich ein experimenteller Mikrotestmarkt, der die Vorteile der Scanner-, Kabelfernseh- und Computertechnologie in ein repräsentatives Verbraucherpanel und ein lokales Einzelhandelspanel integriert. Mit GfK-BehaviorScan können zum Beispiel alternative Fernseh-Etats getestet werden, um herauszufinden, welcher am profitabelsten arbeitet. Die Ergebnisse sind dabei keine Meinungen der Testpersonen, sondern objektive Verkaufszahlen.

Standort dieses Testsystems ist Hassloch in der Pfalz. Dort arbeitet man mit allen relevanten Lebensmittel-Einzelhandelsgeschäften zusammen, die zusammen einen Umsatz von etwa 90 bis 95 Prozent auf sich vereinigen. Alle Geschäfte verfügen über Scannerkassen. Die gewünschte Platzierung, Verkaufsförderung und Preisauszeichnung des Testprodukts im Geschäft sind garantiert. Das System GfK-BehaviorScan hat 3.000 Haushalte unter Vertrag und stellt als Verbraucherpanel ein verkleinertes Abbild aller Haushalte in Deutschland dar. Die Testhaushalte kaufen wie gewohnt ein, legen aber im Unterschied zur übrigen Bevölkerung bei jedem Bezahlen ihre GfK-Identifikationskarte an der Kasse vor. Damit können die Einkäufe ausgewertet werden.

Bei 2.000 Testhaushalten können national ausgestrahlte TV-Spots durch gleich lange Testspots ersetzt werden – sogar ganz gezielt bei vorgegebenen Haushaltsgruppen (Targetable TV-Technologie). So kann die Wirkung einer Werbekampagne auf das Einkaufsverhalten der betreffenden Haushalte genau bestimmt werden. Durch die Splitmöglichkeit des Systems lassen sich sogar verschiedene TV-Kampagnen einander gegenüberstellen.

Hausfrauentest

Wer verfügt schon über einen großen Etat für Marktforschung? Doch es geht auch einfach und kostengünstig mit dem so genannten Hausfrauentest. Der Name bedeutet nicht, dass hier ausschließlich Hausfrauen befragt werden oder einen Test durchführen. Die Hausfrauen stehen aber für Personen, die ohne großen organisatorischen Aufwand für einen ersten Markttest herangezogen werden können – und für Personen, die meist unvoreingenommen an eine neue Idee oder ein neues Produkt herangehen. Das können zum Beipsiel Ihre Kollegen, Freunde und Bekannten sein.

Der Begriff Hausfrauentest hat sich in Werbeagenturen durchgesetzt. Dort ist er auch gefürchtet, weil Agenturen sich nur ungern durch Volkes Stimme – und die gibt ein gut gemachter Hausfrauentest wieder – in ihrem kreativen Tun stören lassen. Doch für jeden Produktmanager ist ein Hausfrauentest immer wieder ein probates Mittel, erste Informationen über ein neues Produkt zu erlangen. Schließlich ermöglicht er, auch Menschen auf einfache Weise anzusprechen, die aus der Zielgruppe stammen.

Der Hausfrauentest kann aus zwei Teilen bestehen: dem Konzept- und dem Produkttest.

CHECKLISTE

für Fragebögen

▶ Der Fragebogen sollte kurz gehalten werden: 10 bis 15 Fragen.

▶ Es sollten nur Fragen zur Leistung des untersuchten Produktes aufgenommen werden. Weitere Themen dürfen in diese Untersuchung nicht einbezogen werden.

▶ Es sollten überwiegend geschlossene Fragen verwendet werden, die klare Entscheidungsalternativen (ja oder nein) anbieten.

▶ Die Fragestellung muss eine Beurteilung des Grades der Bedürfnisbefriedigung gestatten.

▶ Für Urteilsabstufungen sind Stufen vorzusehen: von sehr gut bis gar nicht gut. Bewährt hat sich eine Skaleneinteilung mit 7 Werten. Ein Produkt sollte über alle Fragen einen Durchschnitt erreichen, der möglichst über 5 liegt. Je höher, desto besser die Chancen. Bei einem Durchschnitt von 4 ist das Produkt indifferent, damit steigen die Risiken.

▶ Bei schriftlichen Tests wird der Fragebogen zusammen mit den zu testenden Produkten übergeben, um die Aufgaben so deutlich wie möglich zu machen.

▶ Eine weitere Möglichkeit bei schriftlichen Tests bieten Item-Skalen, also Elemente, die Gegensatzpaare wie »anziehend – abstoßend«, »langweilig – lebendig« oder »sanft – wild« für das zu beurteilende Objekt abfragen. Sie sollten jedoch leicht verständlich sein und nicht im Übermaß verwendet werden, da sie erfahrungsgemäß ein Drittel der Befragten überfordern.

Hausfrauentest für Indiasan

1. Konzepttest

Legen Sie Ihr Konzept Freunden, Kollegen und Bekannten vor, und lassen Sie sie auf geschlossene und offene Fragen antworten.

Geschlossene Fragen:
Ist dies ein Produkt, welches du nach dem Sport benutzen würdest?

ja ☐   nein ☐

Glaubst du an die Wirkung asiatischer Heilkräuter?

ja ☐   nein ☐

Ist deiner Meinung nach die Wirkung der indischen Büschelbeere glaubhaft?

ja ☐   nein ☐

Offene Frage:
Welche Gedanken gehen dir durch den Kopf, wenn du die in der Beschreibung aufgeführte Produktleistung liest oder hörst?

2. Produkttest

Stellen Sie Ihren Testpersonen Produktproben mit der Konzeptbeschreibung zur Verfügung. Lassen Sie sie über einen Fragebogen mit geschlossenen und offenen Fragen beurteilen. Bei den geschlossenen Fragen können neben ja/nein-Antworten auch Antworten nach einem Skalenwert erfolgen.

Geschlossene Fragen:
Wie beurteilst du das Einziehverhalten der Lotion in die Haut?

sehr gut 7 ... 6 ... 5 ... 4 ... 3 ... 2 ... 1 schlecht

Würdest du dieses Produkt Freunden weiter empfehlen?

ja   nein

Gefällt dir die Verpackung?

      ja   nein

Wie beurteilst du die Wirkung der Lotion?

      sehr gut 7 ... 6 ... 5... 4 ... 3 ... 2 ... 1 schlecht

Offene Frage:
Welche ergänzenden Produkte könntest du dir vorstellen?

Laufende Marktbeobachtung

Ruhen Sie sich nie auf Ihren Lorbeeren aus. Marktforschung und -beobachtung sind nicht nur bei der Einführung von neuen Produkten wichtig. Im Gegenteil: Nur wenn Sie den Markt und seine Teilnehmer (Verbraucher, Wettbewerber und Handel) ständig im Blick behalten, können Sie neue Entwicklungen im Markt oder bei Ihren Kunden rechtzeitig erkennen, die zu geänderten Bedürfnissen und Produkten führen und damit andere Methoden der Marktbeeinflussung notwendig machen. Die laufende Marktbeobachtung gibt damit die entscheidenden Impulse für die Anpassungen Ihrer Sortiments- und Produktpolitik und Ihrer Marketingmethoden.

Verbraucher

Nur wenn Sie das Verhalten Ihrer Zielgruppe kontinuierlich beobachten, können Sie rechtzeitig Anzeichen für Veränderungen von Verbrauchergewohnheiten wahrnehmen. Diese können zum Beispiel auf das Veralten von Produkten hinweisen und damit Anstoß zur Anpassung bestehender oder zur Einführung neuer Produkte geben.

Das geeignete Mittel hierzu sind Primäruntersuchungen bei den Verbrauchern selbst. Nur so stellen Sie eine maximale Objektivität sicher. Die Entwicklung der Märkte, in denen Sie Produkte eingeführt haben, müssen Sie regelmäßig verfolgen und Ihre Daten sorgfältig aktualisieren. Gleiches gilt für Märkte, die für Produkteinführungen interessant werden können. Bei der ersten Analyse neuer Märkte können Sie allerdings schwerpunktmäßig auch mit Sekundärinformationen wie externen Statistiken oder Verbandsinformationen arbeiten.

Konkurrenz

Sie sollten Ihre Wettbewerber regelmäßig nach folgenden Kriterien analysieren:

- ▶ Strategien und Verhaltensformen,
- ▶ Marktpositionen und Resultate,
- ▶ Stärken und Schwächen,
- ▶ Preis- und Konditionssysteme sowie Aktionsmaßnahmen.

Die Konkurrenzbeobachtung soll Impulse für Ihre eigenen Ziele, Strategien und Maßnahmen liefern. Dabei können Sie das Wettbewerbsgeschehen sowohl unter kurzfristigen, taktischen Gesichtspunkten der Markenführung (zum Beispiel Marktanteile, Promotionen) verfolgen als auch unter strategischen Gesichtspunkten für die längerfristige Sortimentspolitik (zum Beispiel generelle Preis- und Qualitätspolitik, Handelskanalpolitik).

Die Beobachtung des Wettbewerbs ist eine kontinuierliche Aufgabe. Sie gewinnen Ihre Informationen dafür über

- ▶ die Sammlung und Auswertung von Publikationen aller Art,
- ▶ den gesamten Außendienst,
- ▶ sonstige interne und externe Stellen.

TIPP **... fürs Eigenmarketing**
Was machen eigentlich Ihre Kollegen? Wie sieht es mit deren Fort- und Weiterbildung aus? Sind Sie noch up to date?

Handel

Der Handel ist nicht nur Ihr wichtigster Partner im Markt, sondern auch einer Ihrer besten Informanten, wenn es um Verbraucherverhalten geht. Denn:

▶ Er beeinflusst den Marketing-Mix Ihrer Produkte.

▶ Er liefert mit seinen Strukturen, Organisationsformen und Arbeitsweisen die Basisdaten über die quantitative Ausstattung und qualitative Arbeitsweise Ihres Außendienstes.

▶ Er ist die zuverlässigste quantitative Messstelle für das Wettbewerbsgeschehen im Markt.

Es empfiehlt sich deshalb, das Handelsgeschehen mindestens einmal jährlich systematisch zu analysieren. Im Vordergrund stehen dabei allgemeine Fragen der Marketing-Strategie, zum Beispiel Preise, Packungsgrößen, Aktionen, Merchandising oder Handelswerbung.

Produkte und Dienstleistungen

Bedürfnisse erfüllen

Das lesen Sie in diesem Kapitel

- ► Produkte auf Markttauglichkeit prüfen
- ► Sieben Schritte zur Markteinführung
- ► Führung laufender Produkte

»In der Fabrik stellen wir Kosmetika her.
Über den Ladentisch verkaufen wir
Hoffnung auf Schönheit.«
CHARLES REVLON

Produkte auf Markttauglichkeit prüfen

Die zentrale Frage dieses Kapitels lautet: Wie muss ein Produkt beschaffen sein, damit es beim Kunden ankommt? Dies ist die zweite der vier Dimensionen, die wir im ersten Kapitel schon kennen gelernt hatten: Verbraucherbedürfnis, Produkt, Timing und Kommunikation. Aufbauend auf dem Wissen über Verbraucherbedürfnisse steht nun das Produkt im Blickpunkt. Für die Einführung eines Produkts gilt eine dreiteilige Regel: Ein neues Produkt sollte nur eingeführt werden, wenn es ein wichtiges Verbraucherbedürfnis befriedigt, mindestens gleichwertig mit Konkurrenzprodukten ist, und dem Verbraucher die Produktleistungen gut vermittelt werden. Das heißt, in der Regel sollte das Produkt deutlich wahrnehmbar besser sein, ein Fleckenentferner sollte durch hervorragende Wirkung überzeugen oder Kleidung zum Beispiel durch das angenehme Gefühl von Kaschmirwolle.

Strategischer Check

Die drei angesprochenen Faktoren – Verbraucherbedürfnis, Produktleistung und Kommunikation – bieten Ihnen jederzeit eine schnelle Möglichkeit, die Markttauglichkeit Ihres Produkts zu prüfen.

Bei diesem einfachen Test gilt: Wenn eine Antwort nach oben (»ins Kursive«) führt, sollte das Projekt nicht weiter verfolgt werden.

Der Hintergrund: Zuerst muss es natürlich ein wichtiges Verbraucherbedürfnis geben. Der Nutzen kann funktioneller und psychologischer Art sein. So bietet der Weichspüler nicht nur Weichheit, sondern – laut Slogan – auch ein »gutes Gewissen«. Ein Produkt sollte aber auch möglichst besser sein als vergleichbare Wettbewerbsprodukte.

Der strategische Check

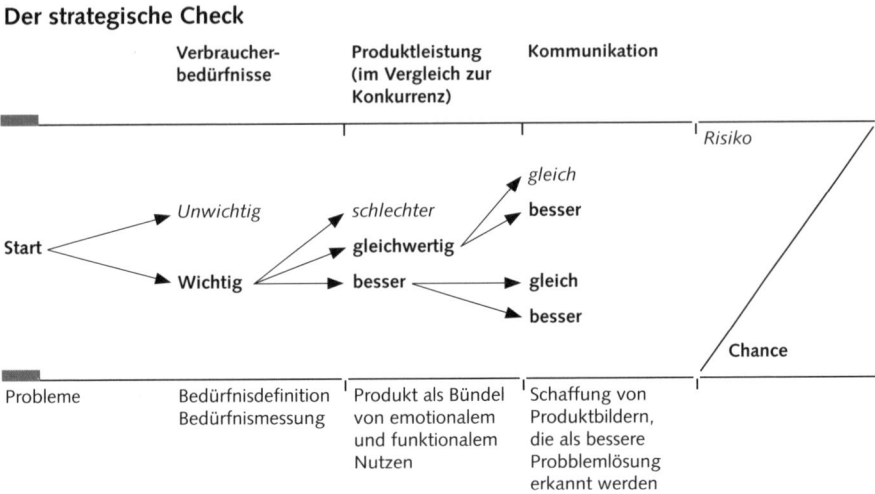

Drei einfache Prüfschritte: Ist auch nur eine Antwort »kursiv«, ist das Risiko für eine Produkteinführung hoch.

Es empfiehlt sich, das Produkt nur dann einzuführen, wenn die Kommunikation hierfür beim Verbraucher ein Image schafft, sodass ihm das Produkt eine bessere Befriedigung seiner Bedürfnisse verspricht als vergleichbare Konkurrenzprodukte. So bietet etwa eine neuartige reißfeste Haushaltsrolle einen entscheidenden, leicht nachvollziehbaren Mehr-Wert.

T I P P

... fürs Eigenmarketing

Diesen strategischen Check können Sie auch für Ihre eigene Karriere einsetzen: Hat Ihr Chef das Bedürfnis, dass einer seiner Mitarbeiter eine Fortbildung zum Thema Projektmanagement macht? Hat er mehr davon, wenn Sie die Fortbildung machen, da Sie besser für diese Aufgabe geeignet sind als Ihre Kollegen? Weiß er das auch? Haben Sie also Ihren Produktvorteil als bessere Problemlösung vermitteln können?

Image

Mit Produktbild oder Image bezeichnet man die Summe aller emotionalen und rationalen Vorstellungen des Verbrauchers zu diesem Produkt. Somit hat jedes Produkt bei jedem Verbraucher ein anderes Image.

Ein klar von Konkurrenzprodukten abgegrenztes positives Produktbild ist ein wesentlicher Faktor für den Erfolg. So zeigt etwa der Vergleich von Schokolade der Firma Lindt zu der kostengünstigeren Marke Ritter Sport: Die erste wird eher als repräsentatives Geschenk angesehen, die zweite wird öfters für den eigenen täglichen Verzehr gekauft.

Sieben Schritte zur Markteinführung

Detaillierter als die drei oben dargestellten Prüfschritte ist das Diagramm auf Seite 66. Es bietet ein siebenstufiges System zur Überprüfung der Markttauglichkeit. Dabei ist zu beachten, dass der Zweck des Diagramms nicht in der Darstellung des zeitlichen Ablaufs, sondern in der sinnvollen Abfolge der notwendigen Prüfpunkte liegt. Es gilt: Muss eine Antwort mit nein beantwortet werden, müssen Sie diesen Aspekt optimieren oder das Projekt ganz aufgeben.

Wenn Ihr Produkt alle Hürden genommen hat, ist es bereit für die Markteinführung. Im Folgenden werden die einzelnen Prüfschritte erläutert.

1. Prüfpunkt: Ist die Idee (technisch) umsetzbar?

In unserem Indiasan-Beispiel: Kann man die Büschelbeere überhaupt so verarbeiten, wie wir sie für unser Produkt benötigen? Dieser Prüfpunkt soll helfen, utopische und damit unsinnige Produktideen wie die »Pille fürs ewige Leben« möglichst schnell zu stoppen. In unserem Fall gibt uns unsere Entwicklungsabteilung grünes Licht.

Bei diesem Prüfschritt empfiehlt es sich generell, dass Sie als Produktverantwortlicher eng mit Ihrer Entwicklungsabteilung zusammenarbeiten, um frühzeitig zu klären, was wann, wie und zu welchen Kosten realisierbar ist.

2. Prüfpunkt: Gibt es beim Verbraucher ein Bedürfnis für das Produkt?

Bei Indiasan gibt es dieses Bedürfnis in jedem Fall, denn wer will schon Cellulite? Und auch unsere Marktforschung sagt: Die Leute suchen eine Lotion zum Regenerieren nach dem Sport.

Dies ist im Allgemeinen der Prüfpunkt, bei dem Sie oft auf das Wissen aus der Marktforschung und -beobachtung angewiesen sind. Sobald Sie über genügend Informationen verfügen, können Sie entscheiden. Als erste Orientierung hilft Ihnen natürlich auch hier der Hausfrauentest.

T
I
P
P

... fürs Eigenmarketing

Jeder von uns hat Schwachpunkte. Doch Sie sollten dabei keineswegs den Fehler begehen, sich – vor allem bei Bewerbungen – in die Beschreibung all Ihrer Makel hineinzusteigern. Denn Ihre Ansprechpartner werden zwar Ihre Ehrlichkeit schätzen, aber wichtiger ist vielmehr das, was Sie Ihrem zukünftigen Arbeitgeber bieten können.

Dabei geht es nicht nur darum, die Produkteigenschaften aufzuzeigen, sondern vor allem auch den Produktnutzen. Das heißt, gehen Sie immer auf die Anforderungen des Kunden ein. So sollte das Bewerbungsschreiben nur auf das in der Anzeige geforderte Profil eingehen. Fragen Sie sich immer: Was kann ich der Firma geben? Personalverantwortliche betrachten diese Frage schon bei der Vorauswahl. Gelegenheit, alle Details zu präsentieren, bietet Ihnen Ihr Lebenslauf.

3. Prüfpunkt: Ist das Marktpotenzial ausreichend groß?

Zu einer Bestimmung des Marktpotenzials können Sie einen Vergleichsmarkt suchen, bei Indiasan etwa den Fitnessmarkt. Auch mithilfe internationaler Vergleichsdaten können Sie die Chancen und Risiken des neuen Marktes besser abschätzen.

Wenn Sie einen Etat hierfür haben, ist sicher eine Repräsentativ-Befragung sinnvoll: Diese Breitenbefragung umfasst mindestens fünfhundert Fälle in einer repräsentativen Stichprobe mit umfangreichem quantitativen und qualitativen Beschreibung der Zielgruppe zusätzlich zu den speziellen Bedürfnis-Fragen.

Für Indiasan ergibt dieser Prüfpunkt anhand einer Erhebung: Über 50 Prozent der Sportler suchen solch ein Produkt. Zielgruppe sind gesundheitsbewusste Sportler, etwa 22 Millionen Menschen. Davon wollen wir 10 Prozent erreichen.

4. Prüfpunkt: Ist das Produkt besser als Konkurrenzprodukte?

Indiasan ist beispielsweise nicht so aggressiv zur Haut wie herkömmliche Produkte auf Basis ätherischer Öle. Indiasan ist konkurrenzlos.

Allgemein gilt: Ergebnisse aus Laborversuchen oder das gesicherte Wissen über die Wirkung der verwendeten Bestandteile helfen diese Frage zu beantworten. Die Ergebnisse können zudem später in der Kommunikation eingesetzt werden.

... fürs Eigenmarketing

Feilen Sie ständig an Ihrem Image. Analysieren Sie immer wieder Ihre Stärken, Schwächen, Ihr Verhalten und Ihre Wirkung. Denn Sie werden nur die Angebote richtig vermarkten können, hinter denen Sie voll und ganz stehen.

Finden Sie deshalb Ihre Positionierung, das heißt Ihre Kernkompetenzen, um Ihr Markenimage zu fördern. Es setzt sich meist aus einigen wenigen Kern-Eigenschaften aus den vier Bereichen der beiden Ebenen fachlich-methodisch und sozial-persönlich zusammen.

Fachkompetenzen (zum Beispiel kaufmännische Kenntnisse)	**Methodenkompetenz** (zum Beispiel PC-Anwendungen)
Sozialkompetenz (zum Beispiel Team- und Konfliktfähigkeit und Kommunikationsfähigkeiten)	**Persönlichkeitskompetenz** (zum Beispiel Lern- und Veränderungs- bereitschaft)

Auch wenn für Ihre Gesprächspartner bei der Bewerbung nicht alle Bereiche wichtig sind, dürfen Sie nie alle aus den Augen verlieren. Denn meist ist ja auch ein Personalverantwortlicher dabei, der neben der Sachebene auch die Verhaltensebene beurteilt. Versteifen Sie sich also auch nicht auf eine zu starke Spezialisierung. Und vergessen Sie Ihre Zielgruppenorientierung nicht: Wer über Ihre Einstellung ent- scheidet, hört sicher gern einen Satz wie »Mein Wissen nutzt Ihrem Unternehmen in diesem Gebiet ...«.

5. Prüfpunkt: Ist das Produkt für den Verbraucher wahrnehmbar besser?

Bei Indiasan haben Tests eindeutig bewiesen: Der Verbraucher spürt den Un- terschied zu den Konkurrenzprodukten.

Häufig existieren bereits Produkte, die den gleichen Zweck erfüllen wie das eigene neue oder verbesserte Produkt. Deshalb wählt man den wichtigsten Wett- bewerber als Vergleichsprodukt für einen Blindtest aus. Auch ein Paarvergleich- stest mit dem bedeutendsten Wettbewerber als Vergleichsprodukt ist möglich.

Die Fragestellung gestattet dabei auch eine Beurteilung des Grades der Bedürfnisbefriedigung. Um das bessere Produkt zu haben, müssen im Ver- gleichstest mindestens 60 Prozent der Zielgruppe dieses bevorzugen. Dabei gilt es, besonders konsequent zu sein: Liegt die Quote unter 60 Prozent, ist das Projekt risikoreich.

Verpackung und Gestaltung

Sie müssen unbedingt auch die Frage betrachten, ob die Verpackung und die Gestaltung produkt- und konzeptionsgerecht sind? Diese sollten frühzeitig entwickelt und getestet werden, wegen

► ihrer Bedeutung im Marketing-Mix,
► ihrer Verwendung bei der Gestaltung der Werbemittel,
► des zeitlichen Vorlaufs für die Produktion,
► der frühen Investitionsentscheidung, zum Beispiel für Verpackungsmaschinen.

Technisch neuartige Verpackungen müssen, sofern derartige Aussagen nicht aus dem Produkttest gewonnen werden können, auch hinsichtlich ihrer Funktionalität und Handhabung beurteilt werden. Die Verpackungsgestaltung prüft man durch einen qualitativen Packungstest. Ziel ist festzustellen, ob die Packung

► in ihrer Kommunikationswirkung eindeutige und verständliche Signale aussendet und diese mit der angestrebten Strategie konform sind;
► keine produktbezogenen Antipathien erzeugt. So sind Produkte, die der Gesundheit dienen, in Deutschland oft weiß verpackt, in asiatischen Ländern ist dies jedoch die Farbe des Todes.

T I P P

... fürs Eigenmarketing

Ihre äußere Erscheinung, Ihr Outfit, sollte möglichst den Erwartungen Ihres Gesprächspartners entgegenkommen. Dazu gehört aber nicht nur die Kleidung inklusive der Schuhe, sondern auch die Körperhaltung und Äußerlichkeiten wie Frisur, Körpergeruch oder gepflegte Zähne und Fingernägel.
Konkret empfiehlt sich für Ihre Verpackung beim Bewerbungsgespräch: Kleiden Sie sich zielgruppengerecht. Wenn Sie sich unsicher sind, seien Sie lieber leicht overdressed. Dabei sollten Sie aber in die Kleider hineinpassen. Wichtiger als Detailfragen ist meist der Gesamteindruck: Sie sollten authentisch und nicht verkleidet wirken. Für Gestik und Mimik gilt übrigens Ähnliches.

6. Prüfpunkt: Kann die Kommunikation den Produktvorteil deutlich machen?

Die Kommunikation muss darauf ausgelegt sein, alle Produktvorteile für den Verbraucher nachhaltig und eindringlich wahrnehmbar zu machen. Das heißt, sie muss in der Lage sein, ein positives Markenimage aufzubauen.

Im Falle von Indiasan könnte beispielsweise ein Side-by-Side-Vergleich, der zwei Alternativen direkt nebeneinander stellt, ein emotionales Bedürfnis wie den Cellulite-Abbau rational zeigen.

... fürs Eigenmarketing

Seien Sie nicht interessant, sondern interessiert. Anderen Menschen ist es meist egal, wie viel Sie wissen. Andere möchten spüren, dass sie Ihnen nicht egal sind. Stecken Sie Ihren Esprit also nicht nur in kluge Antworten, sondern auch in zielgerichtete Fragen. Versuchen Sie, bei mindestens der Hälfte eines Gesprächs die Fragerolle zu übernehmen. Sie werden sehen: Wer fragt, der führt. So eröffnen Sie sich zudem die Möglichkeit, auf die Motive Ihrer Gesprächspartner gezielt einzugehen.

7. Prüfpunkt: Bewahrheiten sich die Annahmen im Markt?

Abschließend wird ein Markttest durchgeführt. Dessen Ziele sollten sich an Daten wie Marktanteil, Bekanntheitsgrad oder Imageprofilen orientieren, die durch ein Einzelhandelspanel oder durch Umfragen gewonnen wurden. Für den Markttest eignen sich zum Beispiel geografisch eingegrenzte Testmärkte oder ausgewählte Testgeschäfte.

Indiasan hat auch diese Hürde genommen: In fünf Fitnessstudios wurde es vorab verkauft. Unterstützt wurde der Testlauf durch Verkaufsdisplays, Plakate und die persönliche Ansprache der Trainer. Jedem Kunden wurde beim Kauf einer Probepackung ein Fragebogen ausgehändigt, mit dem die Zufriedenheit mit dem Produkt ermittelt wurde.

Führung laufender Produkte

Sie sollten sich nie auf Ihren Marketing-Lorbeeren ausruhen: Eine erfolgreich eingeführte Marke muss laufend überwacht werden, um die Marktposition zu halten oder auszubauen. Wie intensiv diese Überwachung aussieht, richtet sich nach Bedeutung und den Besonderheiten Ihrer Marke. Im Allgemeinen kann man davon ausgehen, dass ein laufendes Produkt weniger intensiv als ein gerade eingeführtes überwacht wird. Wichtig sind dabei folgende Kriterien:

▶ Zielerreichung, zum Beispiel Umsätze, Erträge, Preise, Marktanteile oder Bekanntheitsgrad;

▶ Entwicklung aller Faktoren des Marketing-Mix, zum Beispiel, ob die Packung noch zeitgemäß ist, es im Vertrieb Hemmnisse gibt, die Preise noch wettbewerbsfähig sind oder die Werbung in der Zielgruppe überhaupt richtig wahrgenommen wird;

▶ besondere Entwicklungen, die Einfluss auf die Markenführung haben könnten, zum Beispiel das Anwachsen von Billigpreissegmenten oder das Erstarken von Handelsmarken;

▶ Image, etwa: Wird ein eher »traditionelles« Qualitätsprodukt auch in jungen, »coolen« Zielgruppen dem angestrebten Image »fortschrittlich und innovativ« gerecht?

Als Soll-Werte definieren Sie im jährlichen Marketingplan Ziele, Strategien und Mitteleinsatz für Ihre Produkte. Um zu kontrollieren, ob Sie diese Ziele erreichen, und um Basisdaten für neue Planungszyklen zu erlangen, benötigen Sie ein Marktinformationssystem, das Ihnen Auskunft gibt über:

▶ Verbraucher,
▶ Märkte,
▶ Wettbewerb,
▶ Preis,
▶ Handel,
▶ Markenimage.

Als Beispiel erläutern wir die Testinstrumente, die für die Überwachung des Produktimages eingesetzt werden.

Image

Das Image haben wir als Summe aller emotionalen und rationalen Vorstellungen des Verbrauchers über das Produkt kennen gelernt. Es drückt den Grad von Verständnis und Akzeptanz beim Verbraucher aus. Das Image liefert eine unmittelbare Aussage über die Kaufbereitschaft für Ihre Produkte. Deswegen müssen Sie das Image jedes aktiv geführten Produktes regelmäßig überprüfen.

Für ältere bekannte Marken in einem stabilen Markt sollten Sie eine Image-Analyse circa alle drei Jahre durchführen, zumal Image-Veränderungen nur über größere Zeitabstände messbar sind. In den übrigen Fällen ist sie in kürzeren Intervallen sinnvoll; die Zeitabstände sollten jedoch nicht weniger als zwölf Monate betragen.

Image-Analysen sollten immer die Motivation und Erfahrungen über die unmittelbaren Konkurrenzprodukte beinhalten. Hierauf kann nur verzichtet werden, wenn Sie für Ihr Produkt Maßnahmen zur Imagekorrektur durchgeführt haben und deren Erfolg messen wollen und das Image der Konkurrenzprodukte bekannt ist.

Instrumente

Marketing-Mix

Das lesen Sie in diesem Kapitel

- ▶ Faktoren des Marketing-Mix
- ▶ Marketing-Mix für Indiasan im Überblick

»Ich habe kein Marketing gemacht.
Ich habe immer nur meine Kunden geliebt.«
ZINO DAVIDOFF

Faktoren des Marketing-Mix

So einfach wie Zino Davidoff kann man es sich leider nicht machen, denn ohne Marketing werden Sie keinen Erfolg haben – und sei es nur bei der Frage der Preisgestaltung. Doch mit dem zweiten Satz Davidoffs kommt man weit. Denn wer seine Kunden liebt – oder respektiert und schätzt – kümmert sich um deren Bedürfnisse.

Schon im ersten Kapitel haben Sie die vier Kernelemente des Marketings kennen gelernt: Produkt, Preis, Distribution sowie Kommunikation. Nun ist es an der Zeit, einen genaueren Blick auf alle Elemente des Marketing-Mix zu werfen, insbesondere auf Markennamen, Vertriebswege, Verkaufsförderung, Kundendienst und Preis. Werbung und Öffentlichkeitsarbeit werden in den folgenden Kapitel ausführlich behandelt.

Komponenten
im Marketing-Mix

Produktqualität

Das Produkt besteht aus einem Bündel an Leistungen, die ein Verbraucherbedürfnis erfüllen oder ein Problem lösen sollen. Dabei stellt der Produktkern die eigentliche Problemlösung dar, zum Beispiel »Befördern«, »Sättigen«, »Reinigen«, »Informieren« oder »Unterhalten«. Weitere Elemente sind ästhetische, ökologische, psychologische und symbolische Leistungen und Eigenschaften. Der wichtigste Faktor für den langfristigen Erfolg eines Produktes und einer Dienstleistung ist die Qualität. Sie ist die Basis für den Aufbau einer Marke, da sie den Markenkern definiert.

T
I
P
P

... fürs Eigenmarketing

Entdecken Sie Ihre wichtigsten Qualitäten, Ihren USP (Unique Selling Proposition)! Meist lässt sich im Werdegang ein Muster Ihrer Kernkompetenzen erkennen (zum Beispiel als Sanierer oder Innovator). Einen weiteren Anhaltspunkt gibt Ihnen – und anderen – Ihr Verhalten, wenn Aufgaben verteilt werden. Immer wenn Sie sagen: »Mich interessiert das besonders, weil ...«, betonen Sie Ihr Markenimage und Ihren USP. Das heißt aber auch, dass Sie ganz bewusst nicht alle Projekte annehmen.

Ein USP muss auch nicht zwingend ein naheliegender Pluspunkt wie ein hervorragendes Examen sein. Manchmal zählen weiche Merkmale mehr als jede Spezialisierung. Dazu gehören beispielsweise persönliche Fähigkeiten wie Engagement, Motivationsfähigkeit, Erfahrung und Belastbarkeit, mit denen Sie Projekte entscheidend voranbringen.

Marke und Markenname

Was macht ein Produkt zur unverkennbaren Marke? Dazu müssen eine Reihe von Faktoren erfüllt sein: Zuerst muss das Produkt eine charakteristische Erscheinung (Logo, Verpackung et cetera) und einen Markennamen besitzen. Zudem muss es eine Qualitätsgarantie bieten, über eine breite Distributionsbasis verfügbar sein und schließlich im Verbraucherbewusstsein eine allgemeine Geltung erlangt haben. Beispiele sind Uhu für Alleskleber oder Tesafilm für Klebestreifen. Ausgestattet mit diesen Fähigkeiten kann eine Marke (Brand) ein individuelles Image transportieren und sogar eine emotionale Bindung zum Verbraucher aufbauen und verankern. Ein Markenimage erleichtert messbar die Wiedererkennung für den Kunden.

Eine Marke besitzt daher zugleich Identifikations-, Image-, Orientierungs- und Prestigefunktionen. Sie ist gekennzeichnet durch ein Wort- und/oder Bildzeichen (Logo), das hilft, das Produkt zu individualisieren. Die Marke erleichtert dem Unternehmen somit die Kommunikation mit seinen Kunden, insbesondere weil starke Marken beim Kunden verankert sind und er sie mit positiven Vorstellungsbildern (Eigenschaften, Erlebnissen oder Verwendungszusammenhänge) verbindet.

Einen Schritt weiter reichen Markenfamilien. Sie dürfen jedoch nur dann gebildet werden, wenn alle Produkte eine gemeinsame Grundidee verbindet. Beispiele sind viele Hautpflege-Produkte oder die Bacardi-Drinks, die alle auf Grundlage des gleichnamigen Rums hergestellt werden.

Zur besseren Orientierung beim Thema Marke und seine Facetten finden Sie im Folgenden ein kleines Marken-ABC.

Co-Branding	(Einzel-)Marken mit ähnlicher Marktpositionierung werden miteinander verknüpft.
Cash-Cow	Mit Cash-Cows besitzt ein Unternehmen trotz geringem Marktwachstum eine relativ gute Wettbewerbsposition. Marktanteilsgewinne sind jedoch nicht mehr anzustreben. Diese »Melkmarken« erwirtschaften aktuell den Netto-Cashflow. Sie sollten jedoch bei fehlenden oder schwachen »Stars« nicht zu stark gemolken werden, da sonst das Unternehmen gefährdet wird.
Dog	Diese Marken erzielen meist ausgeglichene Ergebnisse. Die »armen Hunde« sind entweder aufzugeben oder weiter zu differenzieren (Marktnische).
Dachmarke	Die Marke, in deren Namen andere Marken geführt werden (Umbrella-Brand, Sortimentsmarke). Sie entsteht meist aus einer Einzelmarke und bildet für eine Gruppe von Produkten ein Markendach.
Erstmarke	Die ursprüngliche Marke eines Herstellers strebt oft mit hoher werblicher und verkäuferischer Unterstützung – zumindest bezogen auf ein Segment – eine Marktführerposition an. In der Regel leistet sie auch einen wichtigen Anteil zum Gesamt-Deckungsbeitrag.
Gattungsmarken	»Markenlose« Produkte (No-Names, Produit blancs, weiße Ware).
Generika	Nachahmerprodukte im Pharmabereich.
Kannibalisierung	Sie entsteht durch substituierbare Marken, Produkte oder Absatzkanäle eines gleichen Hersteller- oder Handelssortiments.
Lebenszyklus	Die Entwicklung über die Zeit (Einführung, Wachstum, Reife, Sättigung, Degeneration), beispielsweise als Marken-, Produkt- oder Unternehmungszyklus.

Me-too-Produkt	Ein nachgeahmtes, nicht differenzierendes (Konkurrenz-)Produkt ohne eigenständiges Markenprofil, das eigentlich keine Existenzberechtigung hat.
Powerbrand	Eine Marke mit einem relativ hohen Wachstum.
Question-Marks	Trotz hohem Marktwachstum haben diese Marken eine schwache Wettbewerbsposition. In diese »Fragezeichen« sollte nur sehr bewusst investiert werden. Sind jedoch keine raschen Marktanteilssteigerungen möglich, sollte über einen Marktaustritt etwa mittels Verkauf oder Liquidation nachgedacht werden (Abschöpfungsstrategie).
Stars	Diese »Sterne« erarbeiten erste Erträge, erfordern jedoch für die Sicherung und zum Ausbau der Marktposition noch relativ hohe Investitionen. Sie sollen einmal den Cashflow erarbeiten.
Strategische Marke	Marke, die vornehmlich unter strategischen Gesichtspunkten konzipiert wird, zum Beispiel zur Abwehr eines Wettbewerbers.
Weiße Produkte	Gattungsmarken (No-Names) mit ursprünglich weißer Verpackung, die nur die Produktbezeichnung (zum Beispiel »Zucker« oder »Salatöl«) tragen. Man findet sie meist bei Lebensmitteln, also Produkten des täglichen Bedarfs, die leicht zu produzieren sind.
Zweitmarke	Frühere Erstmarke, die nur noch regional und/oder kanalspezifisch mit keiner oder nur geringer werblicher, aber preislicher Unterstützung geführt wird. Zweitmarken sind Ausdruck einer Differenzierungsstrategie.

T I P P

... fürs Eigenmarketing

Wer versteht, was die Stärke von Marken ausmacht, kann auch als Selbstständiger mehr aus seiner Eigenmarke machen. Werden Sie zum Markenartikler in eigener Sache, und machen Sie sich und Ihre Leistungen klar identifizierbar. Bei Nivea-Kosmetik trägt schließlich auch jede Schachtel, jeder Deckel und jeder Einlegezettel den weltberühmten weiß-blauen Schriftzug. So sollten beispielsweise Konzepte und Präsentationen aus Ihrer Feder stets Ihren Namen tragen. Jede erfolgreiche Marke besitzt einen Zusatznutzen. Auch als Selbstständiger sollten Sie darauf achten. Verkaufen Sie ganz bewusst auch den Mehrwert, der dadurch entsteht, dass Sie ein Projekt übernehmen: zum Beispiel hohe Qualität, schnellste Lieferung, bester Service oder Sicherheit.

Verpackung

Die Verpackung hat zwei grundlegende Aufgaben:

▶ eine technische: Schutz, Transport oder Frische;
▶ eine kommunikative: Information und Imageverbreitung.

Darüber hinaus müssen ökologische Anforderungen (Abfallvermeidung, Mehrfachverwendung) erfüllt werden. Damit ist die Verpackung sowohl ein Instrument der Produktpolitik (Design) als auch der Distributionspolitik (Packungsgrößen, Handling).

Die Packung ist aber auch die Visitenkarte einer Marke. Deshalb achten Markenartikler darauf, Änderungen nur dann vorzunehmen, wenn eine Änderung des Produkts, ein so genannter Relaunch, vermittelt werden soll. Minimale Korrekturen zur Modernisierung sind jedoch jederzeit möglich, sollten aber so gestaltet werden, dass sie kaum wahrnehmbar sind. Dies gilt insbesondere für Logos. Achten Sie einmal bei großen Marken darauf, wie behutsam und zögerlich diese ihr Logo überarbeiten.

T
I
P
P

... fürs Eigenmarketing

Werden Sie unverwechselbar: Zeigen Sie Mut zu einem kleinen Spleen. So hat die gelben Pullunder von Hans-Dietrich Genscher bis heute wohl niemand vergessen. Tragen Sie zum Beispiel ausschließlich und immer Seidentücher von Chanel, bunte Seidenwesten oder ein rotes Einstecktuch im Sakko. Es mag albern klingen, aber es wirkt. Verbürgt ist, dass ein Manager eines deutschen Konzerns ausschließlich blaue Zweireiher eines bekannten Herrenausstatters trug. Davon besaß er zehn identische Exemplare, die er unter dem Revers nummerierte, um sie täglich der Reihe nach zu wechseln. Dies wussten alle im Unternehmen, auch diejenigen, die nicht direkt mit ihm arbeiteten, es war sein Markenzeichen.

Außendienst

Ein eigener Außendienst ist am ehesten in der Lage, das Image gegenüber dem Handel zu pflegen, die Distribution zu erhalten und neue Produkte einzuführen. Außerdem identifizieren sich eigene Mitarbeiter besonders stark mit den Zielen des Unternehmens. Sorgen Sie also für einen guten Draht zu Ihrem Außendienst. Das zahlt sich für Ihre Produkte aus, da ein motivierter Außendienst diese bestmöglich beim Handel und Kunden in Position bringt.

Zur intensiven Betreuung von Kunden, die große Aufträge direkt erteilen, bietet sich das Key-Account-Management (Schlüsselkunden-Management) an. Mit diesem Organisationskonzept lassen sich besonders wichtige Kunden oder Absatzmittler systematisch identifizieren, gewinnen und binden.

Vertriebswege

Die Distributionspolitik hat eine vorrangige Aufgabe: sicherzustellen, dass die richtige Leistung zur gewünschten Zeit in der richtigen Menge am gewünschten Ort ist. Die Wahl der Vertriebsform hängt unter anderem von folgenden Kriterien ab:

▶ Kunden: Einkaufsgewohnheiten, Standort;
▶ Produkt: Erklärungsbedürftigkeit, Lagerfähigkeit;
▶ Absatzmittler: Konditionen, Margen;
▶ Wettbewerb: Vertriebswege, Wettbewerbsintensität;
▶ Unternehmen: finanzielle Mittel, Sortiment;
▶ Rahmenbedingungen: rechtliche Fragen, Trends.

Beim Direktvertrieb erfolgt der Vertrieb eines Produktes direkt an den Kunden. Es besteht ein unmittelbarer Kontakt zwischen Hersteller und Endkunden.

Für den indirekten Vertrieb benötigen Sie Absatzmittler, beispielsweise Handelsbetriebe, Kommissionäre oder Vertreter (Außendienst). Auch der mediale Vertrieb, etwa via Automatenverkauf oder Teleshopping, kann als Absatzmittler verstanden werden.

Im Markenartikel-Bereich werden Produkte meist nur über den Handel verkauft. Dieser Vertriebsweg gewährleistet den für Markenartikel unerlässlichen hohen Verfügbarkeitsgrad am besten.

Mehr und mehr setzt sich auch das Internet als Medium für den Vertrieb durch. Wichtige Begriffe aus dem E-Business sind:

▶ B-to-B (Business-to-Business): Geschäftsbeziehungen und Kommunikation eines Unternehmens (Business) und seinen Geschäftspartnern (Business) über das Internet;

▶ B-to-C (Business-to-Consumer): Geschäftsbeziehungen und Kommunikation eines Unternehmens und seinen Kunden (Consumer);

▶ B-2-E (Business-to-Employee): die Kommunikation eines Unternehmens mit seinen Angestellten (Employee). Beispiele sind die (mobile) Kommunikation zu den Außendienstmitarbeitern, Routenplanung, Zeitmanagement, elektronisches Bestellwesen, Buchen von Verkehrsmitteln oder Unterkünften.

T I P P ... fürs Eigenmarketing

In Sachen Vertrieb bedeutet Eigenmarketing: Testen Sie ein-, zweimal im Jahr Ihren Marktwert, zum Beispiel über einen Headhunter. Nutzen Sie zudem den Trainingseffekt durch regelmäßige Bewerbungen und Vorstellungsgespräche.

Verkaufsförderung

Die Verkaufsförderung (VKF) deckt alle Mittel zur Beeinflussung des Handels über die Außendienst-Organisation ab. Sie ist somit Bestandteil des Vertriebs und umfasst alle Maßnahmen, die den Warenfluss durch die Vertriebskanäle beschleunigen und verstärken. In der Verkaufsförderung kommunizieren Sie also mit den Absatzmittlern wie Großhandel, Einzelhandel, Vertretern oder Maklern. Dabei unterscheidet man:

▶ Sales-Promotion als Verkaufsförderungsmaßnahmen gegenüber Absatzmittlern. Es geht dabei um den »Reinverkauf« in den Handel.

▶ Merchandising als Verkaufsförderungsmaßnahmen am Verkaufsort (Point-of-Sales oder Point-of-Purchasing) mit der Zielgruppe »Kunde«. Hier geht es also um den »Ab- oder Rausverkauf« aus dem Handel.

Die handelsorientierte Verkaufsförderung nutzt Display-Material, Bonussysteme, Händlerschulungen, kooperative Werbung, Verkaufsunterlagen und Verkaufswettbewerbe, um dem Handel zusätzliche Informationen über das Produkt und Anreize zu dessen Verkauf zu geben.

Die kundenorientierte Verkaufsförderung arbeitet mit Probepackungen, Coupon-Aktionen, 2-für-1-Angeboten, Huckepack-Promotionen (Produkt mit Gratisprodukt), Personality-Promotion, Self-Liquidation-Offers (bisherige Käufe berechtigen zum preisgünstigen Einkauf), Treuerabatten und Preisausschreiben am Point-of-Sale.

Bei der außendienstorientierten Verkaufsförderung hingegen stehen Incentives (Anreize wie Prämien oder Reisen) und Wettbewerbe im Vordergrund. Denn eine wirkungsvolle und überzeugende Außendienstarbeit basiert immer auf einer hohen Leistungsmotivation. Da der Außendienst einer der wichtigsten Partner für den Erfolg Ihres Produkts ist, sollten Sie dafür sorgen, dass er stets optimal über Ihr Produkt informiert ist.

Werbung und Öffentlichkeitsarbeit

Mithilfe von Werbung und Öffentlichkeitsarbeit können Sie Informationen über Produkte und Angebote direkt an den Verbraucher leiten und bei ihm eine emotionale Bindung an die Produkte schaffen. Vor allem bei der Einführung eines neuen Produkts oder der Vorstellung einer Produktmodifikation ist die Werbung ein Instrument, das durch keinen anderen Marketing-Mix-Faktor ersetzt werden kann.

Generell schafft Werbung Orientierungspunkte. Dazu muss sie Kontinuität besitzen, konsequent sein und letztlich auch messbar gemacht werden. Manche Unternehmen haben einen bevorzugten Werbestil, andere versuchen, das jeweils beste Mittel für die einzelne Marke zu nutzen. In jedem Fall muss der Kunde Ihre Werbung wahrnehmen, mögen, verstehen und sich dafür interessieren – am besten alles zugleich. Wie Sie Werbemaßnahmen beurteilen können, lesen Sie im Kapitel »Umsetzung: Arbeit mit Werbe- und PR-Agenturen«.

Im Gegensatz zur Werbung ist Public-Relations (PR) darauf ausgerichtet, die Öffentlichkeit für die eigenen Arbeiten und Ziele zu interessieren, ein eigenständiges und positives Image zu gestalten und Vertrauen zu schaffen. Mehr zu PR in Kapitel »Public Relations: Tue Gutes und bringe andere dazu, darüber zu reden«.

Kundendienst

Der Kundendienst beziehungsweise Service umfasst alle Instrumente, die den Gebrauch von Leistungen ermöglichen bzw. erleichtern, das heißt unter anderem Beratung, Installation oder Wartung. Da die wenigsten Kunden bereit sind, nur für das reine Produkt zu bezahlen, gewinnt der Service als erweiterter Produktbestandteil an Bedeutung. Denken Sie an das negative Schlagwort von der »Service-Wüste Deutschland«. Darüber hinaus räumt die Verbraucherpolitik der Bundes- und Landesregierungen sowie der Europäischen Union Verbrauchern immer größere Rechte ein.

Somit gilt es, im Marketing-Mix einen klaren Akzent auf den Service zu legen. Im Gegensatz zum »Hard-Selling«, bei dem im persönlichen Verkauf in erster Linie der kurzfristige Verkaufsabschluss und nicht die langfristige Kundenzufriedenheit und -bindung zählt, bietet Ihnen eine klare Serviceorientierung die Chance, Ihre Kunden langfristig an Produkt und Unternehmen zu binden und sich positiv von der Konkurrenz abzusetzen.

Denken Sie daran: Kunden verzeihen eher einen Produktfehler als einen Verhaltensfehler von Menschen. Leider gibt es für das Verhalten von Menschen jedoch keine Qualitätskontrolle. Deshalb sind gerade für das Verkaufs- und Servicepersonal Schulungen und Trainings unverzichtbar. Das gilt auch für Ihre Arbeit.

Kommunikation mit dem Verbraucher

Aufgabe des Kundendienstes ist es auch, eine Kommunikation zwischen Unternehmen und Verbraucher zu unterhalten oder aufzubauen, die nicht auf Werbung und PR beruht. Sie dient der Imagepflege sowohl des einzelnen Produkts als auch des gesamten Unternehmens. Ziel ist es, Verbrauchern bei Fragen und Problemen zu helfen und Informationen zu vermitteln. Deshalb ist der Kundendienst im Vergleich zum anonymen Werbekontakt immer individuell und personenbezogen.

Die Kommunikation mit dem Verbraucher erfolgt meist durch Beantwortung von Verbraucherfragen. Dies können Fragen sein zu Themen wie die Anwendung von Produkten, die Verpackung, Werbung, Preis und Vertrieb, zum Umweltschutz, zum Unternehmen und dessen anderen Produkten und vielem mehr. Dabei sollte immer gelten: Jeder Verbraucherbrief wird beantwortet, jede Reklamation sorgfältig bearbeitet. Wesentliche Erkenntnisse sollten statistisch erfasst und ausgewertet werden. So können Sie wiederkehrende Probleme herausfiltern und zum Beispiel in Produktverbesserungen einfließen lassen.

Multiplikatoren

Multiplikatoren sind nicht einzelne Verbraucher, sondern wichtige Personen oder Einrichtungen, die Verbraucherinteressen vertreten oder Verbraucher unparteiisch informieren. Dazu zählen zum Beispiel die Beratungsstellen der Verbraucherzentralen. Grundsätzlich müssen Sie gegenüber Multiplikatoren dieselben Fragen wie gegenüber einzelnen Verbrauchern klären. Bisweilen kommen hier jedoch auch juristische Aspekte zur Sprache. Zur Kommunikation mit Multiplikatoren sollten auch Seminardienste gehören, mit denen Sie beispielsweise an Informations- und Studientagen über aktuelle Themen im Vorfeld informieren.

Weitere Kundendienstleistungen

Zum Service gehören auch – insbesondere bei erklärungsbedürftigen Produkten – Informationsschriften wie Bedienungsanleitungen, Waschanleitungen, Schönheitstipps oder Hygiene-Informationen. In Vorträgen können Schulungs- und Demonstrationsmaterial sowie Warenproben eingesetzt weden.

> **T I P P** ... fürs Eigenmarketing
> Geben Sie Ihrer Arbeit einen guten Namen, der nicht pauschal und austauschbar ist. So baut BMW nicht einfach Autos, sondern verkauft »Freude am Fahren«. Bieten Sie spezifische Problemlösungen, und

teilen Sie dies mit: Heften Sie zum Beispiel an Ihre Tür statt »Reklamationen« das Schild »Abteilung Kundenzufriedenheit«.

Preis

Der Preis eines Produktes oder einer Dienstleistung ist einer der wichtigsten Faktoren im Marketing-Mix. Er ist für den Kunden der einzige direkt messbare und damit – scheinbar – rational vergleichbare Faktor zwischen einzelnen Wettbewerbsprodukten. Der Preis hat drei Dimensionen:

▶ Er entscheidet über Gewinn oder Verlust, da am Ende das Unternehmen überlebt, dessen Preis-Kosten-Verhältnis am wirtschaftlichsten ist.
▶ Er bewertet Produkte für den Verbraucher.
▶ Er beeinflusst das allgemeine Preisklima, etwa durch Kampfpreise.

Preiserhöhungen sind in den meisten Marktfeldern nur schwer durchsetzbar. Deshalb sollten Sie bei neuen Produkten einen Preis wählen, der kurzfristig nicht verändert werden muss.

Man unterscheidet drei Preis-Typen:

▶ Preisbestimmer sind die Ersten am Markt, zum Beispiel Indiasan.
▶ Preistreiber sind neue Konkurrenzprodukte (etwa zu Indiasan), die mit einer aggressiven Preispolitik versuchen, dem Preisbestimmer Marktanteile streitig zu machen.
▶ Preisfolger sind Me-too-Produkte.

Preise festlegen

Wenn der Wettbewerb Sie zu Preisermäßigungen zwingt, sollten Sie nicht zu spät handeln, denn einmal verlorene Marktanteile sind später kaum wiederzugewinnen. Besser ist deshalb eine bewusste, konsequente Preispolitik.

Hersteller-Abgabepreise sollten für alle Kunden gleich und Preisabschläge grundsätzlich leistungsgebunden sein. Zudem sollten Sie darauf achten, dass

Preisnachlässe an den Verbraucher weitergegeben werden. Bei der Festlegung der Hersteller-Abgabepreise sollten Sie die zu erwartenden Verbraucherpreise berücksichtigen. Dabei können Sie versuchen, den Verbraucherpreis durch Preisempfehlungen zu beeinflussen.

Insbesondere im Handel spielt der Preis eine große Rolle für die Positionierung. Hier sei auf Handelsketten wie Aldi und Lidl verwiesen, die sich als Discounter erfolgreich als Billigste durchgesetzt haben und konsequent auf diese Strategie setzen.

Was ist aber nun konkret zu bedenken, wenn Sie als Produktmanager einen Preis für Ihr Produkt festlegen wollen? Wie kann der optimale Preis für das eigene Produkt ermittelt werden? Ausgangspunkt aller Überlegungen zur Preisfindung ist die Produktstrategie. Grundsätzlich muss der Preis die angestrebte Produktpositionierung unterstützen.

▶ Preis als Kostendeckungsfaktor, um Marktnachfragebedürfnisse zu sichern. In diesem Fall wird der Preis nach den Herstellungskosten zuzüglich sonstiger Allgemeinkosten und einem Gewinnzuschlag festgelegt. Dies ist die klassische Preisfindung wie sie früher üblich war. Der Preis hat hier, etwa bei Strom, Wasser und Nähgarn, gleichsam eine reine kaufmännische Funktion.

▶ Preis in einem starken Wettbewerb, um zum Beispiel billigster Qualitätsanbieter zu sein. In diesem Fall wird der Preis nach der Wettbewerbssituation festgelegt. Die Preisfindung ist sehr stark fremdbestimmt, insbesondere wenn sich die Qualität des Produkts nicht von Wettbewerbern unterscheidet. Kunden haben in diesen Marktsegmenten ein hohes Preisbewusstsein, denn Produkte werden hier häufig wiedergekauft oder Dienstleistungen oft wiederholt in Anspruch genommen, etwa bei Lebensmitteln oder Waschmitteln.

▶ Preis als Imageträger, um Qualitätsführer zu werden oder auf Exklusivität zu setzen. Der Preis hat einen wesentlichen Effekt auf das Image. Ein hoher Preis führt auch zur Annahme eines hohen Images. Erwartet wird natürlich eine ausgezeichnete Qualität. Ziel ist es, weniger Masse zu verkaufen, aber mit einem höheren Gewinn.

▶ Preisführerschaft, um Marktführer zu werden. Wenn Sie die Preisführerschaft anstreben und auch erreichen, ist oft auch eine gute Ertragssituation die Folge. Preisführer sind meist auch Marktführer, sie haben den größten Marktanteil. Wettbewerber richten ihre Preise oft nach dem Preisführer aus. Dieser muss nicht den höchsten Preis haben.

Die Festlegung des Preises ist also grundsätzlich von der eigenen Strategie bestimmt. Ob sich diese Strategie verwirklichen lässt und welche Maßnahmen wie viel Werbung zur Durchsetzung des Preises notwendig sind, lässt sich mittels Marktforschung ermitteln. Dazu bieten Marktforschungsunternehmen Kaufsimulationsmodelle an, in denen die unterschiedlichen Preise und deren Auswirkungen auf das Kaufverhalten ermittelt werden. Eine andere Methode ist der Testmarkt in einem überschaubaren geografischen Markt. Er hat allerdings den Nachteil, dass er den Wettbewerbern Informationen über Ihr Produkt und Ihre Preisstrategie liefert.

Preise haben auch eine psychologische Komponente, die entscheidend für die Akzeptanz des Kunden ist. So müssen psychologische Preisgrenzen beachtet werden: Ein Produkt verkauft sich zum Preis 9,99 Euro besser als für 10,27 Euro oder für 9,83 Euro.

Niedrige Sonderpreise zur Einführung eines neuen Produktes sind problematisch, weil der Kunde hinterher (beim Nachkaufakt) nicht mehr bereit ist, einen höheren Preis zu zahlen. Er hat es ja schon einmal günstiger bekommen! Ebenso sollten Sie Probierpreise nur mit kleineren Probierpackungen anbieten. Und Sonderangebote sollten Sie möglichst mit einem anderen Faktor verbinden: zum Beispiel 20 Prozent mehr Inhalt, »Messeangebot« oder spezielle Weihnachtsverpackung.

Bei der Preisfestlegung gibt es vier Eckpunkte zu beachten:

▶ Die Strategie bestimmt den Preis.
▶ Der Wettbewerb beeinflusst den Preis.
▶ Die Psychologie des Preises muss auf Preisakzeptanz beim Kunden zielen.
▶ Die Qualität muss das halten, was der Preis verspricht.

Konditionen

Konditionen sind eine Art Finetuning für Preise. Sie führen zu direkten und indirekten Preisnachlässen. Beispiele sind Garantieleistungen, Kredite, Rabatte, Skonti und Zahlungsziele. Ein Konditionssystem sollte transparent und leistungsorientiert sein und sowohl objektive und allgemeingültige Kriterien als auch das Engagement des einzelnen Kunden für Produkte berücksichtigen.

Preisnachlässe haben nur eine kurzfristig wirksame Funktion im Markt und sind keinesfalls ein Ersatz für langfristige Markenpflege.

... fürs Eigenmarketing

Bei Bewerbungsgesprächen frühzeitig den Preis, also Ihre Gehaltsvorstellung, zu nennen, gilt als Schwäche. Informieren Sie sich vorher, etwa bei der IHK, über branchenübliche Gehälter. Versuchen Sie zudem, Ihre Gestik und Mimik nicht zu verändern und befangen zu wirken, wenn das Thema zur Sprache kommt. Sagen Sie auch nicht: »Geld ist nicht wichtig«, sondern: »Ich möchte davon nicht alles abhängig machen«.

Um eine Gehaltserhöhung zu bekommen, sollten Sie außergewöhnliche Leistungen nutzen, die Sie etwa bei einem besonders heiklen Projekt gezeigt haben. Kündigen Sie Ihr Ansinnen aber vorher an, und warten Sie nicht, bis das Projekt abgeschlossen wurde oder bis man Sie fragt. Setzen Sie dabei nicht nur auf Gehaltserhöhungen, sondern auch auf erfolgsabhängig einmalige Leistungen (Zugaben) wie Dienstwagen, Altersvorsorge oder Ähnliches

Marketing-Mix für Indiasan im Überblick

▶ Produktqualität: Von besonderer Art, einzigartig durch seine Substanz.

▶ Marke: Indiasan (wegen Herkunft, Ayurveda-Assoziation, Pflege, Gesundheit).

▶ Verpackung: Sie sollte Qualität ausstrahlen, weißer (medizinischer) Look mit Büschelbeere (Naturprodukt).

▶ Außendienst: Aufbau einer speziellen Außendienst-Mannschaft mit Sportkompetenz, da zuerst Fitness-Studios und ausgesuchte Wellness-Hotels besucht werden.

▶ Vertriebswege: Kompetenzzentren, also Studios und Hotels, Sportabteilungen der Kaufhäuser, klassische Kaufhäuser und Supermärkte.

▶ Verkaufsförderung: Displays, Promotion in Studios, Probierangebote, Einbindung der Fitnesstrainer.

▶ Werbung und Öffentlichkeitsarbeit: Kampagne in Fernseh-Zeitschriften, Fitness-Titeln, Frauenzeitschriften.

- Kundendienst: Bezogen auf Studios (Fortbildung).
- Preis: Über dem von Massenprodukten, etwa 20 Euro pro 2-Monats-Packung.
- Konditionen: Rabattstaffeln und Werbekostenzuschuss.

Strategie

Marketing planen und organisieren

Was Sie in diesem Kapitel lesen

- ▶ Ohne Strategie geht gar nichts
- ▶ Produkt-Marketing-Plan
- ▶ Verbaler Marketing-Plan
- ▶ Strategie übersetzt in den Marketing-Mix
- ▶ Tipps zur Marketing-Organisation

> »Wenn Sie einen Dollar in Ihr Unternehmen stecken wollen,
> so müssen Sie einen weiteren bereithalten,
> um das bekannt zu machen.«
> HENRY FORD I.

Ohne Strategie geht gar nichts

Sicher, Marketing und insbesondere Werbung und PR sind ohne Kreativität, ohne frische Ideen und der Suche nach neuen Möglichkeiten nicht denkbar. Doch bei aller künstlerischen Freiheit, kann Marketing nicht auf klare Planung und Zielsetzung verzichten. Andernfalls wird alles zu l'art pour l'art. Erfolgreich ist nur, wer eine klare Strategie erarbeitet, kommuniziert, umsetzt – und sie immer wieder prüft und optimiert.

Aufgabe strategischer Planung ist, einen Blick in die Zukunft zu werfen. Kurzum: Dank Ihrer Marketing-Strategie wissen Sie, wo Sie stehen und wohin Sie gehen wollen. Planung ist somit eine zentrale unternehmerische Aufgabe: Sie bereitet Ihre unternehmerischen Entscheidungen vor und schafft die Voraussetzungen für deren Durchsetzung.

Dabei ist das Planen nicht nur auf den Unternehmer oder Top-Manager beschränkt. Jeder, der für einen Bereich oder ein Produkt Verantwortung trägt, muss planen – natürlich auch jeder Selbstständige. Und Ihre Karriere braucht schließlich auch eine Strategie.

So elementar Planung für die Marketing-Denke ist, so fundamental ist eines ihrer Grundprobleme: die Kluft zwischen optimistischen Zielsetzungen und deren realen Möglichkeiten bei der Umsetzung. Die Lösung dieses Problems ist deshalb so schwer,

- ▶ weil wir für gewöhnlich keine Misserfolge planen und
- ▶ weil wir die Entwicklung in der Zukunft meist zu rosig sehen.

Deshalb sind regelmäßige Soll-Ist-Vergleiche ein wirksames »erzieherisches« Mittel, um in Zukunft realistisch zu planen. Denn Sie sollten von Ihren Plänen nichts Unmögliches verlangen: Planung kann Unvorhersehbares nicht vorhersehbar machen und auch keine Risiken beseitigen. Sie kann jedoch das Machbare definieren und das Risiko fassbar machen. Planung muss sich den sich ständig verändernden Umweltbedingungen anpassen und bedarf der ständigen Revision. Deshalb dürfen Planungsaussagen auch nicht als Dogmen verstanden werden: Bleiben Sie bei Ihren Planungen flexibel.

Als Hilfsmittel für Ihre Planung stehen Ihnen zur Verfügung:

▶ interne Daten aus dem Unternehmen,
▶ externe Daten wie zum Beispiel Beobachtungen, Befragungen, Marktforschungsuntersuchungen oder Produktmonitoring (kontinuierliche Beobachtung).

Doch auch die ausgefeiltesten Planungsinstrumente können mangelndes Planungsverständnis und tragfähige Konzepte nicht ersetzen. Anders ausgedrückt: Unsinn wird auch durch eine optimale Planung nicht sinnvoll.

T I P P | **... fürs Eigenmarketing**
Marketing ist immer ein Prozess. Deshalb sollten Sie nicht dogmatisch und verbissen an Zielen festhalten, sobald absehbar ist, dass diese sich nicht wie geplant umsetzen lassen. Dies gilt auch für Ihr Eigenmarketing. Sie fahren besser, wenn Sie Ihre eigene Strategie als kontinuierlichen Verbesserungsprozess verstehen – ohne dabei Ihre Vision aus den Augen zu verlieren.

Elemente des Planungssystems

Ein erprobtes Planungssystem besteht aus folgenden Elementen:

▶ Unternehmenszweck,
▶ strategischer Plan,
▶ Produkt-Marketing-Plan.

Der Unternehmenszweck ist die Unternehmensphilosophie, die Ihre Basisziele und Verhaltensnormen definiert. Dabei spielen auch die beiden Richtgrößen Mission und Vision eine entscheidende Rolle.

Der strategische Plan hingegen definiert Ihre langfristigen Ziele und Strategien. Er konzentriert sich somit auf die grundsätzlichen unternehmerischen Maximen und hat vor allem verbalen Charakter. Er wird immer dann überarbeitet, wenn sich Rahmenbedingungen zum Beispiel aufgrund gesetzlicher Neuregelungen ändern und deshalb neue Grundsatzentscheidungen getroffen werden müssen.

Der Produkt-Marketing-Plan definiert quantitativ für einen überschaubaren Zeitraum von etwa drei Jahren die von Ihrem Geschäftsbereich angestrebten Markt- und Ergebnisziele sowie die vorgesehenen Maßnahmen. Er bildet den Schwerpunkt dieses Kapitels.

Produkt-Marketing-Plan

Der Produkt-Marketing-Plan umfasst die Planung aller Marketing-Instrumente für Ihr Produkt. Oft leisten hierzu viele Stellen wie Marktforschung, Controlling, Forschung & Entwicklung, Produktionsplanung und Logistik einen Beitrag. Wichtig ist dabei eine enge Abstimmung dieser Stellen, um den Marketing-Mix harmonisch planen zu können. Dies gilt nicht nur in großen Unternehmen, sondern auch bei kleinen Betrieben und Selbstständigen, die mit externen Kräften zusammenarbeiten.

Jeder Produkt-Marketing-Plan besteht aus einem quantitativen Teil und einem verbalen Teil. Es empfiehlt sich, Produkt-Marketing-Pläne nach verbindlichen und einheitlichen Kriterien zu verfassen. Dies erleichtert Ihnen das Vorgehen und allen anderen Beteiligten das Verstehen – insbesondere, wenn Sie eine Idee hausintern durchsetzen möchten.

Quantitativer Teil

Im quantitativen Teil des Produkt-Marketing-Plans werden alle geplanten Maßnahmen in ihren Auswirkungen unter anderem auf Bruttoumsatz und die Deckungsbeiträge spezifiziert. Die unten stehende Beispielrechnung zeigt verkürzt, welche Faktoren in die quantitative Planung einfließen. Dabei versteht man unter dem Deckungsbeitrag I die Differenz zwischen Nettoumsatz und Produktionskosten. Der Deckungsbeitrag II berechnet sich aus der Differenz zwischen Deckungsbeitrag I und dem Marketing-Etat. Wenn Sie davon noch allgemeine Kosten wie Miete, Reinigung et cetera abziehen, erhalten Sie Ihren Gewinn.

Ausgangspunkt sind die angestrebten Verkaufszahlen (Menge), der anvisierte Endverbraucherpreis (EVP) und der Einkaufspreis für Wiederverkäufer (EK). Da Sie selten den Einkaufspreis direkt durchsetzen können, schaffen Sie zusätzliche Anreize für den Handel etwa durch Rabattstaffeln und Werbekostenzuschüsse (WKZ). Dabei soll die zweite Rabattstaffel beispielsweise helfen, eine Zweitplatzierung, etwa an der Kasse, durchzusetzen. Der Werbekostenzuschuss hilft zum Beispiel Händlern, Ihr Produkt in deren Anzeigen mit zu bewerben.

Die Beispielrechnung bietet auch Vergleiche (in Prozent) gegenüber den jeweiligen Vorjahren. Die wichtigste Zahl ist der Gewinn im 3. Jahr: Dann haben sich alle Investitionen in Indiasan amortisiert, Sie machen damit einen guten Gewinn.

Beispiel: quantitativer Teil des Produkt-Marketing-Plans für Indiasan

Ange-strebter EVP in €	19.90	19,90	19,90	19,90
Brutto-EK in €	15,00	15,00	15,00	15,00
1. Rabatt-staffel %	10	10	10	10
2. Rabatt-staffel %	5	5	5	5
WKZ in €	0,60	0,70	0,80	0,80

	1. Jahr Stück/€	% vom BU	2. Jahr Stück/€	% vom BU	3. Jahr Stück/€	% vom BU	4. Jahr Stück/€	% vom BU
Menge	1.000.000		1.500.000		1.700.000		1.800.000	
% zum Vorjahr	0		150		113,3		105,9	
Brutto-Umsatz	15.000.000,00		22.500.000,00		25.500.000,00		27.000.000,00	
% zum Vorjahr	0		150		113,3		105,9	
Abzügl. Rabatte	3.600.000,00	24,0	5.500.000,00	24,7	6.460.000,00	25,3	6.840.000,00	25,3
% zum Vorjahr	0		54,2		16,4		5,9	
Netto-Umsatz	11.400.000,00	76,0	16.950.000,00	75,3	19.040.000,00	74,7	20.160.000,00	74,7
% zum Vorjahr	0		48,7		12,3		5,9	
Produktionskosten	5.000.000,00	33,3	4.100.000,00	18,2	4.200.000,00	16,5	4.300.000,00	15,9
% zum Vorjahr	0		-18,0		2,4		2,4	
Deckungsbeitrag I	6.400.000,00	42,7	12.850.000,00	57,1	14.840.000,00	58,2	15.860.000,00	58,7
% zum Vorjahr	0		100,8		15,5		6,9	
Marketing-Etat	11.000.000,00	73,3	9.000.000,00	40,0	7.000.000,00	27,5	6.000.000,00	22,2
% zum Vorjahr	0		-18,2		-22,2		-14,3	
Deckungsbeitrag II	-4.600.000,00	-30,7	3.850.000,00	17,1	7.840.000,00	30,7	9.860.000,00	36,5
% zum Vorjahr	0		16,3		103,6		25,8	
Abzüglich Allgemeine Kosten	900.000,00	6,0	1.350.000,00	6,0	1.530.000,00	6,0	1.620.000,00	6,0
Gewinn	-5.500.000,00	-36,7	2.500.000,00	11,1	6.310.000,00	24,7	8.240.000,00	30,5

Legende: EVP = Endverbraucherpreis, EK = Einkaufspreis für Wiederverkäufer, BU = Bruttoumsatz, WKZ = Werbekostenzuschuss

Verbaler Marketing-Plan

Im verbalen Teil, dem Marketing-Plan, legen Sie ausgehend von einer umfassenden Analyse der Markt- und Produktsituation die Grundlagen der Markenführung für den nächsten Planungszyklus fest. Auch wenn Sie im Marketing-Plan viel zu sagen haben: Seine Qualität verhält sich nicht zwingend proportional zu seinem Umfang. Alle Angaben sollten zwar vollständig – und insbesondere auch begründet –, aber dennoch so knapp und präzise wie möglich sein. Dies bietet Ihnen eine Gewähr, dass Ihr Plan von den Entscheidern gelesen und verstanden wird. Dabei sind auch Querverweise auf den Marketing-Plan des Vorjahres möglich, sodass Sie jeweils nur auf gegenüber dem Vorjahr wesentliche Änderungen einzugehen brauchen.

Der Marketing-Plan ist wie folgt aufgebaut:

- ▶ Zusammenfassung,
- ▶ Markt,
- ▶ Produkt,
- ▶ Marketing-Ziele,
- ▶ Marketing-Strategie.

Zusammenfassung

Die Zusammenfassung zeigt auf einem Blatt, worum es geht und wohin Sie wollen. Im Folgenden wird zur Erläuterung der Marketing-Plan für Indiasan gezeigt. Aus Platzgründen ist er sehr kurz gefasst, er enthält aber alle wichtigen Elemente.

B E I S P I E L

Marketing-Plan: Zusammenfassung
Produkt: Indiasan
Produktmanager: Mark T. Schreier

Situation:
- ▶ Marktsituation: Der Markt im Sportbereich hat weiterhin zwei-

stelliges Wachstum, die Fitness-, Wellness- und Laufwelle ist ungebrochen. Insbesondere der dazu kombinierte Markt mit Schönheit und Gesundheit explodiert geradezu. In den nächsten Jahren wird sich der Markt verdoppeln.

▶ gesellschaftliche Situation: Das Idealbild des Menschen und seine Anerkennung in der Gesellschaft sind unmittelbar mit Fitness, Schönheit und Gesundheit verbunden. Nur wer sich pflegt, sich sportlich betätigt, aktiv ist, der gilt etwas.

▶ Unternehmenssituation: Das Unternehmen ist in den Bereichen Schönheit (Kosmetik) bereits hervorragend positioniert. Um Wachstum auch weiterhin in hohem Maße zu erzielen, soll das neue Segment Fitness/Wellness/Asiatische Philosophie geschaffen werden, Startprodukt ist Indiasan.

Ziele:

▶ qualitative Ziele: Erarbeitung einer hohen Unternehmenskompetenz im Bereich Fitness/Wellness.

▶ quantitative Ziele: Deckungsbeitrag positiv im 2. Jahr, Gewinn über alles im 3. Jahr.

Maßnahmen:

▶ Aufbau eines neuen Segments mit Indiasan zur Erschließung eines neuen Vertriebskanals.

▶ Erweiterung des Außendienstes auf Fitnessstudios und Wellness-Center.

Markt

Die richtige Marktdefinition spielt vor allem bei der Entscheidung über den Markteintritt eine große Rolle und ist daher ein wichtiger Abschnitt des Marketing-Plans. So ist zum Beispiel wichtig, ob innerhalb des von Ihnen angestrebten Segments (zum Beispiel bei Bier) oder zwischen konkurrierenden Marktsegmenten (Wasser und Bier) ein starker Wettbewerb besteht, etwa weil es einen gesellschaftliche Trend zu mehr Gesundheitsbewusstsein gibt.

Zur Marktgröße gehören knappe Angaben über:

▶ Die wert- und mengenmäßige Größe des Marktes und eventueller Teilmärkte in den vergangenen und in den nächsten Jahren;

▶ die Verteilung des Marktes, zum Beispiel auf die so genannten Nielsen-Gebiete (Wirtschaftsregionen in Deutschland, siehe »Lexikon: Begriffe aus der Marketing- und Kommunikationspraxis«), auf Lebensmittel- und Fachhandel, auf unterschiedliche Organisationsformen des Handels oder auf verschiedene Geschäftstypen.

Eventuell müssen Sie auf die wichtigsten Ursachen für die Veränderung der Marktgröße eingehen, etwa technologische Entwicklungen wie das Internet oder neue Verbrauchergewohnheiten wie den Trend zu Billigmarken.

Marktfaktoren sind Verbraucher, Handel, Distribution und Absatzmittler, Wettbewerb sowie Staat, Gesellschaft und Umwelt. Anhand dieser Systematik können Sie Ihren Markt in seinen Grundzügen beschreiben und so eingrenzen, dass der eigene Handlungsspielraum beziehungsweise die Bedingungen erkennbar werden, unter denen Ihr Produkt zu führen ist:

▶ Verbraucher: Wer sind Ihre Verbraucher? Bestehen Unterschiede zwischen Käufer und Verwender, zum Beispiel im Fall von Arzt und Patient, Eltern und Kindern, Frau und Ehemann? Wie lassen sich die Verbraucher typologisieren – etwa nach demographischen, sozioökonomischen und psychologischen Merkmalen oder nach Verwendungsintensität (Stammkunden, Gelegenheitsverbraucher)? Welche Bedürfnisse wollen die Verbraucher mit Ihrem Produkt befriedigen?

▶ Handel, Distribution und Absatzmittler: Welches sind Ihre wichtigsten Handelswege und Absatzmittler? Gibt es bestimmte Organisationsformen des Handels, Geschäftstypen wie den Strukturvertrieb, die in diesem Markt eine besondere Rolle spielen oder an Bedeutung gewinnen?

▶ Wettbewerb: Welches sind Ihre wichtigsten Wettbewerber? Welche Umsätze und Marktanteile (wert- und mengenmäßig) entfallen auf die einzelnen Unternehmen? Haben sich wesentliche Änderungen im Verhalten einzelner Wettbewerber ergeben, zum Beispiel bei der Preis- oder Rabattpolitik oder bei der Billigmarkenpolitik?

▶ Staat, Gesellschaft, Umwelt: Bestehen besondere gesetzliche Regelungen, die bei der Produktion oder dem Vertrieb des Produktes beachtet werden müssen oder sind solche Regelungen zu erwarten, beispielsweise Produzentenhaftung oder Umweltauflagen?

Produkt

In diesem Abschnitt des Marketing-Plans stellen Sie die Marktsituation Ihres Produktes dar. Dabei können Sie sich an den folgenden vier Aspekten orientieren:

▶ Geschichte,
▶ Marktsituation,
▶ Soll-Ist-Vergleich in Bezug auf die Ziele des laufenden Planjahres,
▶ zusammenfassende Beurteilung.

Geschichte

Ausgehend von Ihrer ursprünglichen Produktidee, der strategischen Zielsetzung und der Positionierung skizzieren Sie hier die wichtigsten Maßnahmen seit der Einführung, das heißt insbesondere wesentliche Änderungen in den Zielsetzungen oder der Strategie der Markenführung. Wichtig dabei sind die Fragen: Wie war die Entwicklung des Produktes in der Vergangenheit? Wo befindet sich das Produkt im Lebenszyklus: Einführung, Wachstum, Reife, Sättigung, Degeneration?

Marktsituation

Hier stellen Sie alle relevanten Aspekte Ihres Produktes im Wettbewerbsvergleich dar: Wie ist die aktuelle Situation des Produktes? Ist es Marktführer, Preisführer, Zweitmarke oder Nischenprodukt? Der Vergleich Ihres Produkts mit Wettbewerbsmarken sollte folgende Fragen ausleuchten:

▶ Name, Hersteller und Qualität der Wettbewerbsmarken,
▶ Marktanteilsentwicklung der Wettbewerbsmarken, und zwar national, regional und nach Handelswegen,
▶ Preisentwicklung, falls erforderlich nach Gebieten und Handelswegen,
▶ Abverkauf,
▶ Distribution,
▶ Werbeintensität,

▶ Käufer- und Verwenderstrukturen,

▶ Image der Wettbewerbsmarken.

Beispiel Marketing-Plan: Markt und Produkt Teil 1

Produkt: Indiasan

Produktmanager: Mark T. Schreier

Lebensphase des Gesamt- oder Teil- marktes	(x) Einführung	(x) Wachstum	( ) Reife/ Sättigung	( ) Degeneration
Erläuterung	entstehende Wellness- und Fitnesswelle			

	Markt	**Indiasan**
Distributionssituation	> 45 % in Fitnessstudio, > 25 % in Sportgeschäften, > 15 % in Drogerien, > 15 % Lebensmittelhandel	neues Produkt, also noch keine Distribution; gute Reputation unseres Unternehmens im Handel
Preissituation	kein Preiskampf; Preisspanne: 15,00 bis 22,50 Euro	angestrebter EVP 19,90 Euro pro 200 ml (2-Monats-Packung), Preis im oberen Drittel
Wettbewerbssituation	bisher kein Markenartikel am Markt; nur kleine unbedeutende Anbieter	unser Unternehmen hat besten Außendienst und ist größter Anbieter; hat bereits bekannte Kosmetikmarken am Markt, Indiasan unbekannt
Absatzmittlersituation	Fachhandel und Fitnessstudios werden bevorzugt genutzt; Beratungsprodukt	gute Situation im Fachhandel; keine Erfahrung und Kontakte im Bereich Sportstudios
Verbrauchersituation	erst entstehendes Bewusstsein, noch kein Marktführer; steigendes Kundenpotenzial durch Gesundheitswelle	Kunden kennen und nutzen unsere anderen Marken; dies für Vertrauen und Bekanntheit nutzen

Soll-Ist-Vergleich in Bezug auf die Ziele des laufenden Planjahres

Ohne die ständige Soll-Ist-Vergleiche laufen Sie Gefahr, dass Ihre Strategie nicht aufgeht. Deshalb müssen Sie sich immer wieder selbstkritische Fragen stellen wie: Welche Marktstellung war für das Produkt im laufenden Jahr angestrebt und inwieweit sind die angestrebten Ziele des laufenden Jahres tatsächlich erreicht worden?

Wenn Sie Ihre Ziele nicht erreicht haben, müssen Sie nach den Ursachen forschen: Warum sind Ziele des laufenden Jahres nicht erreicht worden? Bei der Ursachenanalyse eventueller Abweichungen müssen Sie neben nicht kontrollierbaren Einflüssen vor allem die Wirkungen der eigenen, aktuellen Mix-

Maßnahmen auf den Produkterfolg überprüfen. Haben Sie die Gewichtung der Mix-Faktoren und die erwarteten Wettbewerbsreaktionen richtig eingeschätzt?

Zusammenfassende Beurteilung

An dieser Stelle arbeiten Sie, basierend auf den Ergebnissen der Analyse der Produktsituation, Ihren Aktionsrahmen für die zukünftige Markenführung heraus. Das heißt, Sie nennen die Risiken und Chancen, die Stärken und Schwächen des Produktes sowie die Probleme und Möglichkeiten, die sich daraus ergeben.

Beispiel Marketing-Plan: Markt und Produkt Teil 2
Produkt: Indiasan
Produktmanager: Mark T. Schreier

Stärken und Schwächen gegenwartsbezogen

Stärken	Schwächen
bekannter Kosmetikhersteller	keine Erfahrung im Vertrieb der Fitnesscenter
starke Pflegemarken	noch keine Celebrity* für Gesundheit gefunden
großer, akzeptierter Außendienst im bestehenden Markt	neue Vertriebsstruktur ist noch nicht aufgebaut
innovative Unternehmensleitung	Geschäftsführung noch nicht von neuem Segment der Wellness-Produkte überzeugt
gute Listung und Distribution im Fachhandel	mit Pflegemarken nicht im Fitness- und Wellness-Handel vertreten
gute Reputation der Forschung & Entwicklung	noch keine Reputation im Bereich Naturbiologische Produktentwicklung

Chancen und Risiken zukunftbezogen

Chancen	Risiken
wachsender Wellness-Markt	es gelingt nicht, Seriosität zu erzielen, da bekannter Professor in Bild-Zeitung gegen Naturprodukte Front bezieht
Gesundheitsbewusstsein in Bevölkerung nimmt weiter zu	kein Fuß im Fitnessmarkt
asiatische Philosophien (Buddhismus etc.) werden zunehmend populär (Stressabbau etc.)	werden möglicherweise als Scharlatanerie in den Medien abgetan

Chancen	Risiken
Gesundheitsreform verweist auf Eigeninitiative	keine Unterstützung durch Schulmediziner, die das Produkt lächerlich machen

* siehe Kapitel »Werbung: wie Sie eine Werbekampagne planen«

Marketing-Ziele

Im Marketing unterscheidet man zwischen Gesamt- und Marktzielen. Zu den Gesamtzielen stellen Sie sich Fragen wie: Welche Aufgaben erfüllt das Produkt im Rahmen des Sparten- und Produktgruppenkonzeptes? Wie soll die Marke langfristig geführt werden? Welche Ziele sollen dabei erreicht werden, zum Beispiel Markenführerschaft oder Etablierung in einem wachsenden Markt?

Bei den Marktzielen geht es darum, welche Marktziele im nächsten Jahr (oder auch in den Folgejahren) erreicht werden sollen. Dabei kommen insbesondere folgende Aspekte in Betracht:

- ▶ Umsatz,
- ▶ Marktanteil,
- ▶ Distribution,
- ▶ Abverkauf,
- ▶ Verwender,
- ▶ Bekanntheit.

Marketing-Strategie

Die richtige Positionierung eines Produktes ist eine zentrale Aufgabe der Markenführung. Positionierung meint die Position eines Produktes im Marken- und Marktumfeld. Dazu müssen Sie alle relevanten Merkmale heranziehen, mit deren Hilfe der betreffende Markt oder schon vorhandene Produkte beschrieben werden können. Bei der Formulierung des Positionierungsziels sollten Sie daher klar herausstellen, welches die wesentlichen Merkmale sind, die Ihr Produkt von der Konkurrenz unterscheiden.

Da ein Produkt immer ein Bündel aus funktionellen und psychologischen Eigenschaften ist, sind bei der Positionierung auch differenzierende psychologische Produktmerkmale anzugeben. Mit der Positionierung soll schließlich ein ganz bestimmtes Image beim Verbraucher geschaffen werden.

T
I **... fürs Eigenmarketing**
P
P Schon beim Einstellungsgespräch sollten Sie eine klare, langfristige Strategie für Ihre Berufs- und Karriereziele erkennen lassen: Wo stellen Sie sich vor, in zwei und in fünf Jahren zu stehen? Fragen Sie nach Entwicklungsmöglichkeiten, Einarbeitungsplan sowie Weiterbildungsmöglichkeiten und deren jeweiligen Zeitrahmen. Achten Sie in Einstellungsgesprächen aber auch darauf, welche Position Ihre Gesprächspartner haben, insbesondere die Beobachter. Nehmen Sie darauf Rücksicht und treten Sie nicht – ohne es zu ahnen – als Konkurrent eines Anwesenden an. Sonst sind Sie meist sofort aus dem Rennen. Erkundigen Sie sich im Vorfeld, mit wem Sie es zu tun haben werden und welche Positionen Ihre Gesprächspartner haben.

Demnach sind folgende Gesichtspunkte bei der Positionierung zu prüfen:

▶ Welche Verbraucherbedürfnisse sollen mit dem Produkt befriedigt werden?
▶ Mit Hilfe welcher Merkmale lässt sich das Markenfeld beschreiben?
▶ Wie sieht das Profil des idealen Produkts aus?
▶ Wie soll Ihr Produkt positioniert sein?
▶ Worin soll der wesentliche Unterschied zur Positionierung der Wettbewerbsmarken bestehen?
▶ Was ist der USP (Unique Selling Proposition, Herausstellungsmerkmal)?

Wachstum

Positionierung, Zielgruppe und Absatzquellen eines Produktes hängen eng zusammen. Denn durch die Positionierung sind Konkurrenzmarken betroffen und werden bestimmte Verbrauchergruppen angesprochen. Daher ist die

Frage zu prüfen, wo die Quellen des Wachstums liegen. Im Prinzip bieten sich vier Möglichkeiten an:

▶ Marktwachstum: Sie gewinnen Neukunden, da der Markt allgemein wächst; Sie wachsen also mit dem Markt.

▶ Marktverdrängung: Sie nehmen in einem stabilen Markt Ihren Wettbewerbern Marktanteile ab.

▶ Marktausdehnung: Sie gehen in neue geografische Regionen.

▶ Verwendungsintensivierung: Sie vergrößern den Markt künstlich, indem Sie etwa die Packungsgröße (Bier statt in Flaschen mit 0,33 Liter nur noch mit 0,5 Liter Inhalt) oder die Produktform (Duschgel statt Seife) ändern und so den Verbraucher zwingen, mehr zu konsumieren.

Zielgruppe

Mit der Formulierung einer Positionierung sprechen Sie bereits eine bestimmte Zielgruppe an. Es stellt sich also die Frage: Nach welchen Kriterien kann die Zielgruppe beschrieben werden? Und über welche Medien kann sie erreicht werden?

Beispiel Marketing-Plan: Strategie – qualitative Zielsetzung
Produkt: Indiasan
Produktmanager: Mark T. Schreier

Kriterien	Inhalt	Begründung	Hauptmaßnahmen
Positionierung im Gesamt-/Teilmarkt sowie Image	Indiasan ist die einzige pflegende und reaktivierende Sportlotion, die nach neuesten wissenschaftlichen Erkenntnissen auf dem Wirkstoff der indischen Büschelbeere basiert	Bisherige Produkte reizen die Haut und pflegen nicht. Man muss eine Pflegelotion zusätzlich einsetzen. Das ist teurer als Indiasan	2 in 1, Darstellung der Pflege (Haut) und Reaktivierung (Muskeln) in wissenschaftlicher Darstellung, eigene Forschungsergebnisse
Zielgruppe	alle Aktiven, Sporttreibenden zwischen 16 und 50 Jahren	steigendes Bedürfnis nach Gesundheit und Jugendlichkeit	klare Ausrichtung auf sportliche, aktive Menschen
Ziele gegenüber Wettbewerbern	Marktführer werden, Qualitätsstandard setzen	beste Forschung und Entwicklung, bester Außendienst	Handelspartner und Meinungsführer ansprechen und über Test berichten

Kriterien	Inhalt	Begründung	Hauptmaßnahmen
Ziele gegenüber Absatzmittlern	über Nichtkampfpreise und steigenden Markt für gute Handelsspanne stehen	steigender Markt; Kunden sind gut betuchte Käufer	starker Werbedruck; Nutzung der Medien, die die Partner einsetzen (zum Beispiel Hausmagazin); Schweinebauchanzeigen der Händler nutzen
Ziele bei Käufer und Verwender	einzigartiges, neues Produkt, das zum modernen fitness-orientierten Lifestyle dazugehört	Werbeimage aufbauend auf aktuellem Sporttrend, Fitness, Wellness, Gesundheit, Schönheit, Jugendlichkeit	klassische Werbung (Print, Fernsehen, Kino, Funk); Spezialmagazine, Promotion in Fitnessstudios und bei Sport-Highlights, Wellness-Berater kommen zum Einsatz

Strategie im Marketing-Mix

Letztlich gilt es, die Strategie in konkrete Marketingaktivitäten und -maßnahmen zu übersetzen.

Beispiel Marketing-Plan: Aktivitäten- und Maßnahmenplan
Produkt: Indiasan
Produktmanager: Mark T. Schreier

Aktivitäten	Zielsetzungen
Städtekongresse für Fitnesstrainer in allen großen Städten	Meinungsführer, Empfehler, Distribution schaffen
Dr. med. Ann-Sophie Welby, Fachärztin und bekannte Wellnessexpertin in der ARD als Celebrity unter Vertrag nehmen	Kompetenz für die klassische Werbung aufbauen
Kino-Spot mit Trendsportarten	Junge Zielgruppe bis 29 ansprechen
Mailing inklusive Broschüre für Fitnessstudios	Verstärkung und tiefere Informationen

M
A
S
S
N
A
H
M
E
N

Maßnahmen:

▶ Bevor das Produkt eingeführt wird, werden PR-Aktivitäten ent-wickelt, die über die sensationelle Wirkung der indischen Büschel-beere berichten.

▶ Zur Zeit wird an der bahnbrechenden neuen Produktlinie für den Sportbereich der Wulf AG Hamburg entwickelt.

▶ Vorstellung in den Zentralen der wichtigsten Handelspartner mit folgendem Ziel: Listung.

▶ Trainerkongresse.

▶ Proben in Studios; Sportevents.

T
I
P
P

... fürs Eigenmarketing

Niemand kann ohne Ziele – und Zielkontrolle von außen – erfolg-reich sein. Manager bilden deshalb häufig »Corporate Climber-Clubs«. Gründen also auch Sie mit Kollegen einen solchen Klub der Firmen-Aufsteiger. Treffen Sie sich etwa alle Vierteljahre, um sich gegenseitig zu erklären, was jeder bis zum nächsten Mal in seinem Beruf erreicht haben möchte und von seinen bisherigen Zielen schon erreicht hat.

C
H
E
C
K
L
I
S
T
E

Checkliste für den Marketing-Mix

Die Auflistung der Mix-Maßnahmen folgt der im Kapitel »Instru-mente: Marketing-Mix« festgelegten Systematik der Mix-Faktoren: Produktqualität, Verpackung, Preis, Marke, Außendienst, Handels-wege, Verkaufsförderung, Werbung, Kundendienst. Dabei sollten Sie nie vergessen, dass der Erfolg Ihres Produkts vom richtigen Zusam-menspiel all dieser Einflussmöglichkeiten abhängt. Bei der Darstel-lung der geplanten Maßnahmen müssen Sie deshalb versuchen, dieses Zusammenspiel sichtbar zu machen. Dies ist wichtig, damit alle am Marketing Beteiligten jederzeit »das große Ganze« hinter allen ein-zelnen Maßnahmen und Bemühungen verstehen.

Produktqualität:

▶ technische Merkmale des Produktes,

▶ wesentliche Abweichungen bei Funktionen, Rezepturen usw. gegenüber den anderen Wettbewerbsmarken,

▶ Ergebnisse von Qualitätstests, insbesondere Blindtests sowie von Wertanalysen,

▶ Verbraucher- und Umweltfreundlichkeit des Produktes.

Markenname:

▶ Assoziationen, die der Name auslösen soll,

▶ Test des Namens,

▶ rechtlicher Schutz des Namens (als Wort- und/oder Bildzeichen),

▶ Frage, ob der Name auch international einsetzbar ist,

▶ Frage, ob der Name als Warenzeichen eintragbar oder bereits eingetragen ist (national, international).

Verpackung:

▶ technische Merkmale der Verpackung, besondere Vorzüge wie Wiederverschließbarkeit, Dosierbarkeit und Transportfähigkeit,

▶ Packungsgrößen (etwa Single- oder Familienpackung),

▶ Ergebnisse von Packungstests (sofern die Packung geändert wurde).

Außendienst:

▶ Welche Verkaufsargumente werden benötigt (Sales-Folder)?

▶ Wie intensiv soll das Produkt vom Außendienst gefördert werden?

▶ Welche Kapazitäten des Außendienstes werden dadurch gebunden?

▶ Bestehen prinzipielle Unterschiede in der Art und Weise des Einsatzes des Außendienstes im Vergleich zur Außendiensttätigkeit der Konkurrenz?

Handelswege:

▶ Über welche Handelswege wird das Produkt vertrieben?

▶ Welches sind die wichtigsten Handelswege?

▶ Mit welchen Handelspartnern sind besondere Aktionen vorgesehen?

Preis:

▶ Preispolitik nach Packungsgrößen im Vergleich zur Preispolitik der Konkurrenz.

▶ Werden eigene Marken durch diese Preise tangiert?

Konditionen:

► Konditionssystem, Rabatte, Sonderrabatte, Werberrabatte et cetera,
► Höhe und Aufteilung des Aktionsetats auf die Kundengruppen, zum Beispiel Verkaufsförderungsetats, Key-Accounts,
► Aktionskonditionen im nächsten Jahr.

Verkaufsförderung:

► Sind besondere Verkaufsförderungsmaßnahmen geplant (zum Beispiel Reisenden-Wettbewerbe oder Zuwendungen an den Handel)?
► Was ist das Ziel dieser Maßnahmen (zum Beispiel Zweitplatzierung im Kassenbereich)?

Werbung:

► Copy-Strategie: Welche Produktnutzen sollen in welchen Situationen und mit welchen Themen wie dramatisiert werden?
► Mediastrategie: Über welche Medien soll das Produkt beworben werden?

Kundendienst:

► Sind besondere Kundendienstmaßnahmen erforderlich?
► Wie können sie bereitgestellt werden?

Markenaufbauphase

Zu einer erfolgreichen Planung gehört die ständige Revision. Das heißt, Sie müssen immer am Ball bleiben und jederzeit auf Änderungen reagieren. Deshalb müssen Sie fortlaufend die Entwicklung beobachten und überprüfen. Dazu zählen die Abweichungs- und Ursachenanalyse genauso wie eventuell notwendige Strategiekorrekturen. Vorausschauendes Agieren am Markt schließt dies von Anfang an mit ein, zum Beispiel durch rechtzeitig entwickelte Strategiealternativen.

Beispiel Marketing-Plan: Strategiealternativen
Produkt: Indiasan
Produktmanager: Mark T. Schreier

Kriterien	Inhalt	Begründung	Hauptmaßnahmen
Markt-/Wachstums-strategie	ständig erweiterbare Produktpalette im Kernbereich (»Lady«, »Man«) und im Rand-sortiment (Modeartikel, Badezusätze)	hohe Deckungsbeitrags-spannen für Unterneh-men und hohe Spannen für den Handel	Gründung der Projekt-gruppe »Indiasan – neue Produkte und Sortimen-te«
Kommunikationsstrategie	körper- und gesundheits-bewusstes Verhalten unterstützen: »Das gönn ich mir«	Menschen sollen auch nach außen zeigen: Wir tun etwas für uns, wir jammern nicht, wir sind aktiv	Kino und Trainerseminare
Produktleistungs-Strategie	2 in 1	Pflege und Reaktivieren/Haut und Muskel	wissenschaftlichen Nut-zen darstellen
Distributionsstrategie	Fitnessstudios, Sport-geschäfte, Sportabtei-lungen der Warenhäu-ser, Drogerien	Kompetenzaufbau über Trainer und Absatzkanal	Einstellung des Welt-meister-Ehepaares im Triathlon Meier/Schulze

Tipps zur Marketing-Organisation

Sinnvoll organisieren heißt, die zu lösenden Aufgaben und die daran beteilig-ten Menschen möglichst kostengünstig und wirkungsvoll miteinander zu kombinieren. Da sich Aufgaben im Laufe der Zeit mit den Marktverhältnis-sen ändern, muss Ihre Organisation damit Schritt halten können. Das heißt, sie darf nicht in einer sich einmal als erfolgreich erwiesenen Form erstarren.

Teamwork

Im Allgemeinen arbeiten immer mehrere Menschen mit oft unterschiedlichen Berufen gemeinsam am Marketing für ein Produkt. Dies setzt voraus, dass jeder seine Rolle im Kontext der ganzen Organisation richtig versteht, sich nicht auf Kosten anderer auszudehnen versucht und seine eigenen Zielsetzungen ausreichend wahrnimmt.

Keine Zeit für faule Kompromisse

Erfolgreiches Marketing ist auf die Zusammenarbeit vieler angewiesen. Dieses Teamwork darf aber nicht zur Kompromissbildung führen. Denn Kompromisse lassen sich im Markt schwerer durchsetzen als klare Ideen und Konzepte. Dies gilt auch für Kommunikationskonzepte. Der kleinste gemeinsame Nenner ist selten die richtige Formel für den Erfolg.

Als Produktmanager in doppelter Mission

Als Produktmanager sind Sie Unternehmer für Ihre Marke. Sie sind zuständig für die Steuerung und Koordinierung aller Faktoren des Marketing-Mix und kümmern sich um alle Aspekte eines Produktes oder einen Produktgruppe. Richtschnur für Ihr Handeln ist der Umsatz und der langfristig mit diesem Produkt erzielbare Deckungsbeitrag.

Ein Produktmanager kann stets Gefahr laufen, sich als Werbeleiter zu verstehen oder zumindest als solcher verstanden zu werden. Sie können Ihrer Aufgabe als »Nicht-Werbeleiter« nur gerecht werden, wenn Sie ständig dafür sorgen, dass eine ausreichende Delegation von Werbeaufgaben an die Werbeagenturen oder andere Stellen wie der hausinternen Werbeabteilung stattfindet.

Auch die produktbezogene Öffentlichkeitsarbeit ist dem Produktmanagement zugeordnet. Als Produktverantwortlicher sollten Sie in dieser Aufgabe eng mit der Geschäftsführung zusammenarbeiten.

Marketing-Controlling auf drei Ebenen

Marketing steht immer im Spannungsfeld aus sehr komplexen Situationen und Vorgängen im Markt und den daraus erwachsenden Aufgaben und Zielen. Die aufeinander abgestimmte organisatorische Gliederung des Marketings erfordert eine laufende Steuerung – und ein strenges Controlling. Wobei Steuerung und Controlling nicht nur nach Zahlen wie dem Umsatz erfolgen sollten, sondern auch nach strategischen Inhalten und über Gremien, das heißt über Gesprächskreise und die entsprechenden Informationsflüsse. Es sind also drei Ebenen im Auge zu behalten.

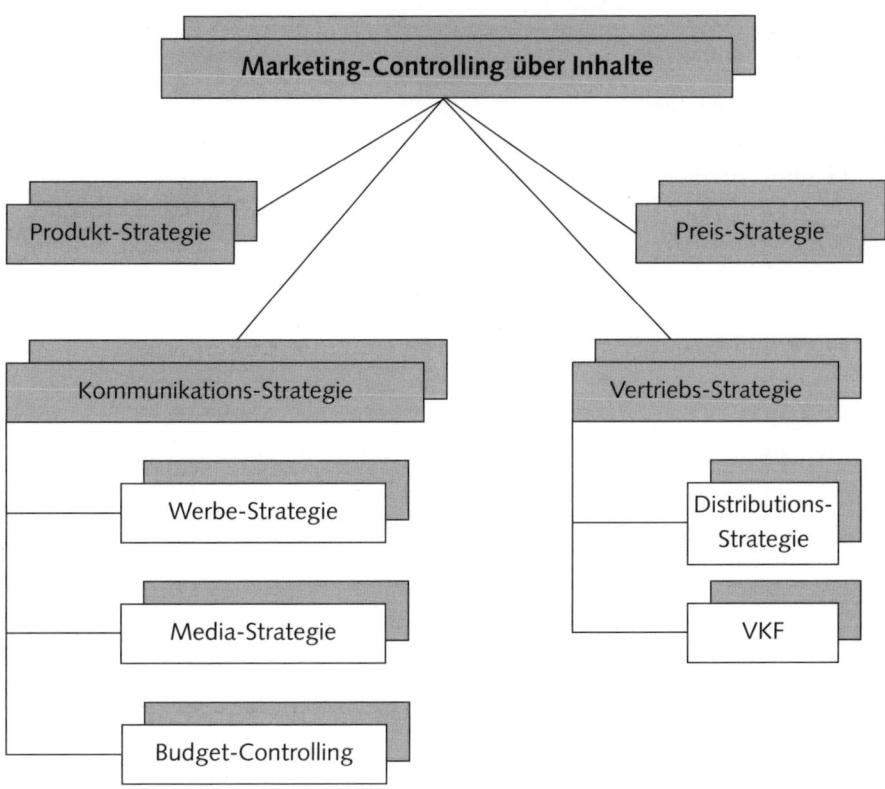

Bereiche, die das Marketing-Controlling abdecken sollte

Wenn es um das Marketing-Controlling der Informationsflüsse geht, sollten – von informellen Kontakten abgesehen, die nicht unterbewertet werden dürfen, – Gesprächskreise als organisatorisches Instrument für die laufende Abstimmung genutzt werden. Dabei gilt die Devise: Dran bleiben, schließlich ist es Ihr Projekt!

Daraus lässt sich ein Raster ableiten, das zeigt, mit welchen Beteiligten wie oft regelmäßig festgelegte Meetings abgehalten werden sollten, um das Marketing und damit das Produkt straff über diese Gremien zu steuern und zu führen:

Gesprächskreise und Timing

intern:

Marketing	einmal pro Woche.
Forschung und Entwicklung	einmal pro Monat.
Verpackungsentwicklung	einmal pro Monat.
Vertriebsleitung	einmal pro Monat.
Vertriebsmitarbeiter	einmal pro Monat.
Key-Account	einmal pro Monat.
Planung/Produktion	einmal pro Jahr.

extern:

Agenturen	nach Bedarf, zum Beispiel einmal pro Vierteljahr.
Marktforschung	nach Bedarf, zum Beispiel einmal pro Jahr.
Consulting	nach Bedarf, zum Beispiel einmal pro Jahr.

Werbung

Wie Sie eine Werbekampagne planen

Das lesen Sie in diesem Kapitel

- ► Viele Wege führen zum Kunden
- ► Werbemedien und Messzahlen
- ► Neue Werbe-Medien
- ► Eine Frage der Kosten
- ► Werbeziele
- ► Ein wenig Psychologie
- ► Copy-Strategie

> »Wer ein Geschäft betreibt,
> ohne Reklame zu machen,
> ist wie ein Mann,
> der im Dunkeln
> einem Mädchen zublinzelt.«
> DARRYL F. ZANUCK

Viele Wege führen zum Kunden

In diesem Kapitel geht es um die grundlegenden Begriffe und Strategien der Werbung. Werbung umfasst alle Maßnahmen, die der Zielgruppe Aufmerksamkeit für Ihr Produkt oder Ihre Dienstleistung erregen und ein Kaufinteresse wecken sollen.

In der Regel beginnt – aufbauend auf der Marketingstrategie – die Werbeplanung mit der Bestimmung der Werbeziele und der Zielgruppen. Danach wird das Werbebudget festgelegt sowie die Werbeaussage formuliert. Diese wird mithilfe von Werbemitteln und Werbeträgern den potenziellen Käufern kommuniziert. Abschließend wird überprüft, ob die definierten Werbeziele erreicht wurden.

Grenzen bei der Anwendung und Umsetzung

Generell unterliegt Werbung Grenzen, die sich etwa aus dem Gesetz gegen den unlauteren Wettbewerb, dem Rabattgesetz, dem Heilmittelwerbegesetz oder der Zugabeverordnung ergeben. Falsche Informationen, Täuschungen über Produkte und Absichten wie irreführende und anreißerische Werbung sollen dadurch ebenso ausgeschlossen werden wie Pornographie, Gewaltverherrlichung, Diskriminierung von Minderheiten und Sexismus. Vergleichende Werbung ist zulässig, sofern der Vergleich nicht irreführend oder verunglimpfend ist.

... fürs Eigenmarketing

Sobald wir miteinander kommunizieren, möchten wir überzeugen und unser Anliegen durchsetzen. Wie in Verkauf und Werbung kommt es auch beim Eigenmarketing darauf an, zunächst auf eine möglichst feinfühlige und unauffällige Weise die eigenen Stärken herauszustellen. Stellen Sie Ihr Licht nicht unter den Scheffel. Protzen Sie aber nicht, die Betonung liegt auf »feinfühlig«.

Werbeformen

Absatzwerbung dient der Einführung neuer Produkte und Dienstleistungen sowie der Sicherung beziehungsweise Erhöhung des Marktanteils.

Von Gemeinschaftswerbung spricht man, wenn mehrere Unternehmen gemeinsam für ihre gleichartigen Produkte ohne Firmen- oder Markennennung werben, etwa für deutsches Bier, französischen Wein oder holländischen Käse.

Direktwerbung spricht mögliche Käufer direkt per Post, Zustellung oder persönlich an, das heißt ohne Verwendung eines indirekten Mediums wie Zeitung oder Fernsehen.

Promotions sind Werbemaßnahmen, die sich unmittelbar an Verbraucher wenden, um beispielsweise folgende Ziele zu erreichen: Erprobung der Ware, vorübergehende Steigerung des Absatzes, Aufstockung im Laden oder schnelle und wirkungsvolle Bekämpfung von Wettbewerbsmaßnahmen.

After-Sales-Marketing umfasst alle Aktivitäten nach dem Kauf, beispielsweise Maßnahmen der Kundenbindung. Dazu zählen etwa Kundenkarten und -klubs, aber auch Gebrauchsanleitungen, die wesentlich dazu beitragen, den Kunden in seiner Kaufeinscheidung zu bestätigen. After-Sales-Marketing ist Teil des Customer-Relationship-Marketing, das auf den Aufbau und die Gestaltung langfristiger Kundenbeziehungen zielt und so letztlich strategische Wettbewerbsvorteile schaffen soll. Dabei gilt der Verkauf nicht als Ende, sondern als Beginn einer Kundenbeziehung: »to create a customer«.

Auch die Präsentation eines Fußballspiels oder eines Spielfilms im Fernsehen durch eine Biermarke oder eine Fernsehzeitschrift gehört zu den Erscheinungsformen der Werbung.

Werbung wird wichtiger

Die Bedeutung der Werbung als wichtige Informationsquelle wächst: 63 Prozent der Konsumenten schließen sich dieser Aussage an. Zum Vergleich: Nur etwa ein Viertel der Befragten nennt Freunde und Bekannte als Hauptinformanten. Zu diesem Ergebnis kommt eine Umfrage des Bielefelder Marktforschungsinstituts TNS Emnid aus dem Jahr 2002 für das *Horizont*-Kommunikationsbarometer. Auf der anderen Seite darf nicht unterschätzt werden, dass sich viele Kunden von Werbung bisweilen übervorteilt fühlen.

Investitionen in Werbung in Deutschland
Nominal/Milliarden Euro

Investitionen in Werbung	Deutschland gesamt Ergebnisse				
	1997	1998	1999	2000	2001
Gesamt	28,94	30,17	31,44	33,21	31,51
Honorare, Werbemittelproduktion, Medien	+ 3,1 %	+ 4,2 %	+ 4,2 %	+ 5,6 %	- 5,1 %
Davon	19,79	20,81	21,83	23,37	21,68
Einnahmen Werbeträger	+ 3,7 %	+ 5,1 %	+ 4,9 %	+ 7,1 %	- 7,3 %

Quelle: Zentralverband der deutschen Werbewirtschaft (ZAW)

Werbemedien und Messzahlen

Über Medien gelangt Ihre Werbebotschaft von Ihnen zum potenziellen Kunden. Bei einem Werbemedium ist zwischen Werbemittel und Werbeträger zu unterscheiden: So können Sie eine Anzeige (das Werbemittel) zum Beispiel in einer Tageszeitung genauso wie in einer Fachzeitschrift oder im Internet (den Werbeträgern) schalten. Einige der im Folgenden aufgeführten Werbemittel und -träger können Sie auch hausintern einsetzen, um Ihre Projekte zu för-

dern. So bieten sich beispielsweise Product-Placements oder Verkaufsgespräche am Rande von Meetings an oder regelmäßige E-Mails und Newsletters,
um Kollegen auf dem Laufenden zu halten.

Werbemittel im Überblick:

- ► Anzeigen,
- ► Prospekte,
- ► Displays,
- ► Kataloge,
- ► Spots,
- ► Plakate,
- ► Verkaufsgespräche,
- ► Vorführungen,
- ► Promotions,
- ► Messeauftritt,
- ► Werbegeschenke,
- ► Verpackung,
- ► Product-Placement,
- ► Direktmarketing,
- ► After-Sales-Marketing,
- ► Customer-Relationship-Marketing.

Werbeträger im Überblick:

- ► Print, zum Beispiel Zeitungen, Zeitschriften, Anzeigenblätter, Supple-
  ments, Branchen- und Fernsprechbücher,
- ► Radiosender,
- ► Fernsehsender,
- ► Außenwerbung, zum Beispiel Plakate oder Litfasssäulen,
- ► Verkehrsmittel, zum Beispiel Taxis, Busse und Bahnen,
- ► Videotext,
- ► Kino,
- ► Internet,
- ► E-Mail und Newsletter,
- ► Online-Dienste, zum Beispiel AOL, MSN oder T-Online,
- ► Post,
- ► Fax,

► Handy (SMS),

► Schaufenster, Verpackungen, Werbegeschenke und Ähnliches,

► Product-Placement (etwa in Filmen).

Netto-Werbeeinnahmen erfassbarer Werbeträger 2001

Werbeträger	Netto-Werbeeinnahmen in Mio. Euro	Werbemarkt-Anteil in Prozent
Tageszeitungen	5.642,16	26
Fernsehen	4.469,03	21
Werbung per Post	3.255,78	15
Publikumszeitschriften	2.092,45	10
Anzeigenblätter	1.742,00	8
Fachzeitschriften	1.057,00	5
Verzeichnis-Medien	1.269,40	6
Hörfunk	677,98	3
Außenwerbung	759,71	4
Wochen-/Sonntagszeitungen	286,73	1
Filmtheater	170,22	1
Online-Angebote	185,00	1
Zeitungssupplements	72,81	–
Gesamt	21.680,27	100

Quelle: Zentralverband der deutschen Werbewirtschaft (ZAW)

Messzahlen

Sobald Sie mit Werbemedien zu tun haben, tauchen immer wieder drei Maßzahlen auf: Reichweite, Kontakthäufigkeit und Streuung. Die Idee dahinter: Jeder Werbeträger soll einen Kontakt zum Kunden schaffen. Die drei Messzahlen bieten Ihnen die Möglichkeit, unterschiedliche Medien miteinander zu vergleichen.

So gibt die Reichweite zum Beispiel für eine Zeitschrift die Anzahl der Leser pro Ausgabe (LpA) an. Die Reichweite kann sich auf eine einzige Belegung (Buchung, Schaltung) eines Mediums, mehrere Belegungen (kumulierte Reichweite) oder einen gesamten Mediaplan (mehrere Medien mit mehreren Belegungen) beziehen.

Neben der Reichweite spielt die Kontakthäufigkeit eine wesentliche Rolle. Die durchschnittliche Kontaktzahl drückt aus, wie oft die durchschnittliche Zielperson Kontakt mit dem Werbeträger hat, in dem die Werbebotschaft geschaltet wird.

Geht die Reichweite über die definierte Zielgruppe hinaus, so liegt eine Überdeckung (Streuverlust) vor. Umgekehrt spricht man von einer Unterdeckung (Streulücken). Die Streuung ist somit ein Maß für die »Möglichkeit« eines Kontaktes.

Ein Beispiel: Das Zeitschrifteninserat für einen Spielzeugladen dürfte nur die Leser interessieren, die selbst kleine Kinder haben oder deren Freunde und Verwandte. Angenommen, dies sind 45 Prozent der Käufer, dann beträgt der Streuverlust mindestens 55 Prozent. Wenn die Zeitung überregional erscheint, das Angebot des Spielzeugladens aber nur von Lesern genutzt wird, die in einem Umkreis von fünf Kilometer um den Laden herum wohnen, ist der tatsächliche Streuverlust noch wesentlich größer.

Neue Werbemedien

E-Business wird immer populärer – auch für die Unternehmenskommunikation. So sind die Investitionen in Internet-Werbung im ersten Halbjahr 2002 in Deutschland um 5,4 Prozent auf 114,2 Millionen Euro gestiegen. Dadurch verändert sich auch der Kommunikationsprozess und somit die Kommunikationspolitik. So kann der Kunde in der elektronischen Kommunikation, insbesondere im Web-Marketing, zum Beispiel per Mausklick interagieren.

E-Business ermöglicht kleineren Unternehmen und Selbstständigen ihr Marketing kostengünstig zu gestalten. Große Unternehmen können damit die Effektivität und Effizienz ihres Marketings verbessern, da E-Marketing sehr individuell gestaltet und geführt werden kann. Werbeformen dabei sind vor allem Banner, aber auch SMS, Newsletter und E-Mail-Marketing.

E-Mail- und Fax-Marketing

Beim E-Mail-Marketing wird eine E-Mail an einen Internet-Nutzer gesendet, die ausschließlich die Werbebotschaft des Werbetreibenden enthält. Der Vorteil dieser Werbeform im Vergleich zur Newsletter-Werbung besteht darin, dass die Werbebotschaft nicht mit redaktionellen Inhalten und anderen Werbeanzeigen konkurrieren muss. Ähnliches gilt für das Fax-Marketing.

Bei beiden Methoden ist unbedingt zu beachten, dass das unaufgeforderte Zusenden von Werbebotschaften via E-Mail oder auch Fax grundsätzlich unzulässig ist. Werbebotschaften, die via E-Mail- oder Fax-Marketing verbreitet werden sollen, verschicken deshalb seriöse Anbieter nicht willkürlich, sondern mit dem ausdrücklichen Einverständnis der Adressaten.

Newsletter-Werbung

Ein Newsletter ist ein Informationsdienst an Einzelbezieher, der per E-Mail verschickt wird. Bei der Newsletter-Werbung wird in einen bestehenden, redaktionellen Newsletter, den ein Internet-Nutzer abonnieren kann, eine Werbeanzeige des werbenden Unternehmens integriert. Damit ähnelt diese Werbeform der Kleinanzeige in einer Zeitschrift oder Zeitung.

Wireless Advertising (SMS)

Beim Wireless Advertising unterscheidet man zwei verschiedene Arten von SMS:

▶ Commercial SMS,
▶ Sponsored SMS.

Die Bandbreite von Commercial SMS reicht von klassischen Textnachrichten, die Produktinformationen enthalten über Flash-SMS, durch die Animationen wie zum Beispiel hüpfende Logos möglich sind, bis zu Klingeltönen, die zusammen mit Textnachrichten als Werbebotschaft dienen können. Bei dieser Werbeform steht die gesamte SMS, in der Regel 150 Zeichen, für die Werbebotschaft zur Verfügung.

Die Sponsored SMS hingegen besteht aus einer klassischen Textnachricht, die an eine individuell formulierte Nachricht des Internet-Nutzers angehängt wird. Sie umfasst in der Regel 30 Zeichen.

Computerspiele

Unternehmen entdecken immer mehr auch Video- und Computerspiele als Ziel für ihr Product-Placement. Das gezielte Platzieren von Marken in den virtuellen Welten von Spielen eröffnet neue Möglichkeiten für Werbung und Branding – vor allem bei jungen Zielgruppen. So brauchen Fußballspiele Werbeflächen im Hintergrund, Formel-1-Fahrzeuge müssen mit Sponsorenwerbung »überklebt« sein, Snowboarder und Skateboarder ebenso. Das steigert den Realismus der virtuellen Welt. Die Werbung ist somit Teil des Spiels und fällt als solche nicht auf.

Eine Frage der Kosten

Im Rahmen der Werbepolitik müssen auch das Werbebudget oder der Werbeetat festgelegt werden. Der Etat umfasst alle finanziellen Mittel zur Deckung der Werbekosten. Werbeetats zu berechnen und auf einzelne Maßnahmen zu verteilen ist nicht einfach. Deshalb gibt es hier nur einen kurzen Überblick.

Die Budgetfestlegung kann mittels theoretisch exakter Verfahren (zum Beispiel wettbewerbsbezogenen Ansätzen), Verhältnismethoden (zum Beispiel Percentage-of-Sales-Methode, bei der sich das Budget nach Umsätzen richtet) oder der in der Praxis oft angewandten Orientierung an den Marketing- und Werbezielen erfolgen. So kann es das Ziel sein, einen gewissen Wert für die Reichweite und die Anzahl der Kontakte abzudecken. Als umsatzbezogene Richtwerte können gelten: Ein Monopolist wie Lotto investiert etwa ein Prozent des Umsatzes in Werbung, bei Markenwaschmitteln sind zwischen zehn und 20 Prozent des Umsatzes für Werbung anzusetzen und bei Parfümerie-artikeln machen die Kosten für die Kommunikation oft den Löwenanteil aus.

Einfacher verhält es sich mit dem Blick auf Detailfragen. Auch Laien können anhand weniger Kenngrößen beurteilen, was ein Werbemittel taugt, und Fragen beantworten wie: Was dürfen einzelne Werbemittel kosten? Welche Kenngrößen gibt es, um Werbung zu quantifizieren?

Damit Sie die wichtigsten Kenngrößen wie den Tausender-Kontakt-Preis verstehen, lernen Sie im Folgenden die vier wichtigsten Begriffe kennen, mit deren Hilfe Sie Kostenfragen zumindest im Detail nachvollziehen können. Vier Kürzel sind dabei wichtig: GRP, Brutto-GRP, Netto-GRP und TKP.

GRP, Brutto-GRP und Netto-GRP

GRP steht für Gross-Rating-Points und meint die Reichweite multipliziert mit den Kontaktchancen. Man unterscheidet dabei zwischen Brutto-GRP und Netto-GRP. Anhand von zwei Beispielen sollen diese beiden Begriffe erläutert werden.

Beispiel 1 »Illustrierte«

Brutto-GRP:

Beispiel 1 »Illustrierte«	Beispiel 2 »Radiosender«
Sie schalten in einer Illustrierten insgesamt 10 Anzeigen. Wenn 5 Prozent der Bevölkerung das Blatt liest, haben Sie einen	Sie schalten 40 Funkspots in einem kleinen Radiosender. Der Sender hat eine Reichweite von 1 Prozent, dann beträgt der
Brutto-GRP = 50 (5 × 10).	Brutto-GRP = 40 (1 × 40).

Nehmen wir weiter an, die Werbekosten wären bei beiden Beispielen gleich, dann wäre es aus quantitativer Sicht effizienter die Anzeigen in der Illustrierten zu schalten.

Netto-GRP:

Im Gegensatz zum Brutto-GRP werden hier nur die tatsächlich zu erreichenden Durchschnittskontakte berücksichtigt.

Im Beispiel 1 werden zwar 10 Anzeigen geschaltet, doch nehmen wir an, dass nur etwa 6 Anzeigen bei den Lesern eine Kontaktchance haben (etwa durch Urlaub, unregelmäßigen Kauf, Kontakt nur im Wartezimmer beim Arzt), dann beträgt der	Im Beispiel 2 werden zwar 40 Spots geschaltet, doch nehmen wir an, die Hörer hören das Programm sehr intensiv. Somit haben 35 Spots die Chance, von allen Hörern wahrgenommen zu werden. Somit ist der
Netto-GRP = 30 (5 × 6).	Netto-GRP = 35 (1 × 35).

In diesem Fall ist es aus quantitativer Sicht effizienter, den Radiosender als Werbeträger zu nutzen. Allerdings müssen Sie dabei berücksichtigen, dass Sie so weniger Kunden, diese dafür aber intensiver ansprechen. Hier muss also die qualitative Zielsetzung der Werbung berücksichtigt werden. Wenn man beispielsweise informative Werbeziele hat, kann es sinnvoller sein, lieber weniger Kunden zu erreichen, die diese Infos aber wirklich erfassen und speichern.

Detailfragen

Bei Anzeigen können die Durchschnittskontakte höher liegen als die Anzahl der geschalteten Anzeigen. Die Ursache liegt in der Mehrfachnutzung. So besteht zum Beispiel bei Fernseh-Programmzeitschriften die Möglichkeit, dass der Leser die Anzeige mehrfach in der Woche oder – bei 14-täglich erscheinenden Titeln – sogar noch öfter sieht. Kurzum: Die Kontakthäufigkeit steigt.

Üblicherweise werden die Netto-GRPs mit Bezug auf die angestrebte Zielgruppe berechnet, etwa bezogen auf Eltern im Alter von 20 bis 39 Jahren. Im Beispiel mit der Illustrierten wird also nur die Anzahl der Leser berücksichtigt, die dieser Zielgruppe angehören. Dadurch sinkt natürlich die Reichweite, denn die anderen Leser sind nicht interessant, weil sie als Kunden des Produkts bzw. Angebots nicht relevant sind.

Im Allgemeinen werden mehrere Medien genutzt. Dafür wird ein gesamter GRP ermittelt:

Gesamt-Reichweite × Durchschnittskontakte in der Zielgruppe (ZG) = ZG-GRP.

Der ZG-GRP gibt Ihnen im Zusammenhang mit den Werbekosten einen guten Vergleich, welche Medien und Werbeträger für Ihr quantitatives Werbeziel am effektivsten sind.

Tausender-Kontakt-Preis

Die traditionelle Größe für die Wirtschaftlichkeit eines Mediums ist der Tausenderpreis oder auch Tausender-Kontakt-Preis (TKP), das heißt die Kosten des Werbeträgers zur Erreichung von je 1.000 Zielpersonen (Hörer, Leser, Zuschauer).

Der Tausender-Kontakt-Preis sagt Ihnen, wie viel es kostet, 1.000 Personen Ihrer Zielgruppe in einem Medium, zum Beispiel den Radiosender X oder die Illustrierte Y, zu erreichen. Mit dem Tausender-Kontakt-Preis haben Sie also einen Reichweiten- und Kostenvergleich, und zwar sowohl für unterschiedliche als auch für gleiche Medientypen.

Bei Funksendern muss berücksichtigt werden, zu welcher Tageszeit geworben wird. So kostet beispielsweise ein Spot im gleichen Sender morgens um 9.00 Uhr unter Umständen doppelt so viel wie um 9.00 Uhr abends. Der Tausender-Kontakt-Preis sollte allerdings gleich bleiben, weil eben morgens auch doppelt so viele Hörer am Radio sitzen. Eine gute Quelle, um TKPs zu recherchieren, ist der GWA-Media-Planer (siehe Literaturverzeichnis).

Werbeziele

Was wollen Sie mit Ihrer Werbung eigentlich erreichen? So banal die Frage klingt, so wichtig ist es, sich damit zu beschäftigen. Denn das Ziel Umsatzsteigerung können Sie mit Werbung allein nicht erreichen. Vielmehr bietet Werbung die Möglichkeit, die in der Grafik aufgezeigten quantitativen und qualitativen Ziele zu verfolgen.

Die Übersicht hilft Ihnen auch bei eigenen Projekten: Will ich alle Vorgesetzten und Kollegen erreichen? Oder sollen Streuverluste klein gehalten werden und nur die wirklichen Entscheider wie die eigenen Chefs angesprochen werden? Oder: Geht es darum, mich und meine Projekte in Erinnerung zu behalten, das eigene Image zu pflegen oder über neue Aktivitäten zu informieren?

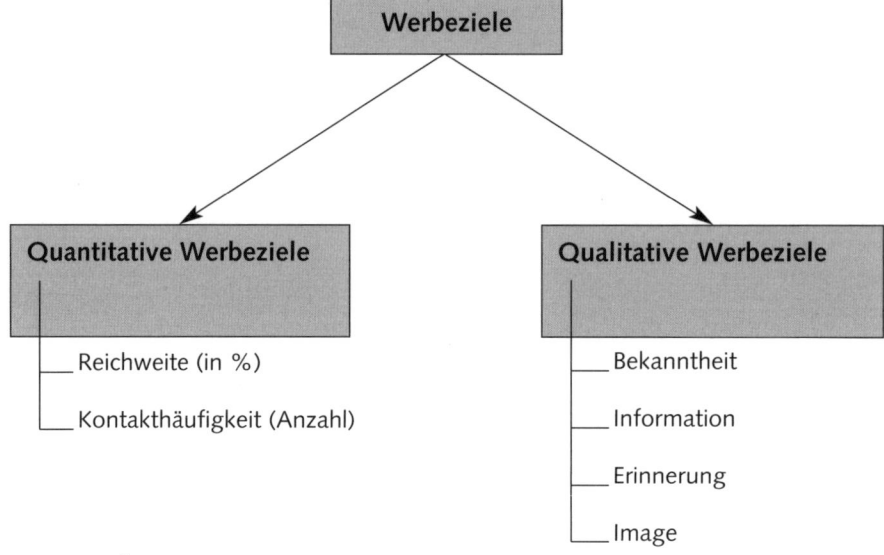

Werbeziele im Überblick

Quantitative Werbeziele:

▶ Reichweite: Je nach Produkt und Markt muss die Reichweite der Werbeträger ausgewählt werden. Die zentrale Frage lautet: Wie wichtig ist die Reichweite für Ihr Produkt?

▶ Kontakthäufigkeit: Hier geht es nicht nur um Masse, sondern auch um Klasse. Das heißt, die Streuverluste müssen klein gehalten werden. Wie oft sollte ein potenzieller Kunde angesprochen werden, damit er Ihr Produkt kennt und zum Käufer wird? Da der Marketingetat üblicherweise begrenzt ist, stehen Sie immer wieder vor der Entscheidung: Wie viele Käufer wollen Sie wie viele Male erreichen? Erhöht man bei konstantem Werbeetat die Reichweite, sinkt meist die Kontakthäufigkeit – und umgekehrt.

Qualitative Werbeziele:

▶ Bekanntheitsgrad erhöhen: Dieses Ziel wird meist bei neuen Produkten angestrebt. In diesem Fall darf die Werbung marktschreierisch daherkommen, schließlich wollen Sie auffallen. Natürlich sollten Sie dabei das angestrebte Image im Auge behalten und insbesondere darauf achten, nicht die Grenze zum Negativimage zu überschreiten.

▶ Produktinformation übermitteln: In diesem Fall ist es besonders wichtig, dass die kreative Idee mit dem Informationsinhalt konform ist. Sie sollten sich nur auf eine Information – und zwar die wichtigste – beschränken, auch wenn es mehrere, noch so interessante Informationen gibt. Der Kunde, der die wichtigste Botschaft verstanden und aufgenommen hat, wird möglicherweise durch diese motiviert, sich die weiteren Informationen selbst zu suchen. Halten Sie sich dabei an die KISS-Regel: »Keep it simple and stupid.« Das heißt: »so einfach wie möglich«.

► Erinnerungswerbung: Sie wird bei Produkten eingesetzt, die bereits einen hohen Bekanntheitsgrad haben. Ziel ist es, die Marke im Wettbewerb immer wieder nach vorne zu schieben. Diese Art der Werbung wird auch genutzt, um zu bestimmten Zeiten eine bestimmte Handlung auszulösen, zum Beispiel freitags Lotto zu spielen, am Valentinstag Blumen zu kaufen oder am Totensonntag ein Gesteck auf den Friedhof zu bringen.

T I P P

… fürs Eigenmarketing

Bringen Sie sich immer wieder in Erinnerung, zum Beispiel indem Sie alle Bühnen nutzen, um sich zu präsentieren, oder auch dann zu Wort melden, wenn Sie nur einen Teilbeitrag leisten können. Pflegen Sie Netzwerke und Kontakte zu den entscheidenden Stellen. Eine guter Trick, in Erinnerung zu bleiben, ist die strategisch richtige Wahl des Sitzplatzes bei Besprechungen: Wer neben dem Chef sitzt, kommt automatisch immer wieder ins Blickfeld der anderen, die ja oft genug dessen Blick suchen.

► Imagewerbung: Dies ist die häufigste Art der Werbung und zugleich die schwierigste. Ihr Ziel ist es, in den Köpfe der potenziellen Kunden ein positives Bild einer Marke zu etablieren. Images sind im Allgemeinen sehr konstant und nur mit viel Geld, Zeit und Geduld zu verändern. Hat man ein positives Image etabliert, stellt dieses den größten Wert dar, den ein Unternehmen hat. Insofern ist Werbung auch eine Investition in die Marke. Leider kann man diese Investition nicht sehen, was immer wieder zu Diskussionen im Unternehmen führt. Insbesondere »Techniker« können natürlich bei Investitionen etwas Sichtbares wie ihre Maschinen vorzeigen. In diesem Fall hilft Marktforschung, unterschiedliche Images im Konkurrenzvergleich zu belegen.

Ein wenig Psychologie

Grundsätzlich besteht die psychische Wirkung von Werbung aus einer Mischung aus verstandesmäßigen (kognitiven) sowie gefühlsmäßigen (emotionalen) Wirkungen. Unter kognitiven Prozessen versteht man Vorgänge, durch die eine Person ihre Umwelt erkennt. Auf Produkte bezogen stellen kognitive Wirkungen das Wissen von der Eignung eines Produktes zur Bedürfnisbefriedigung dar, zum Beispiel durch die ausgewählten Zutaten in einem Fertiggericht. Eine emotionale Wirkung ist zum Beispiel die Anerkennung, wenn die Familie das Fertigprodukt mit Freude isst und die Köchin lobt.

Werbung besitzt immer zugleich kognitive und emotionale Inhalte; lediglich die Gewichtung beider Faktoren ist unterschiedlich. Dies gilt auch für Produkte. Jedes Produkt dient der Befriedigung oder zumindest der Reduktion von Verbraucherbedürfnissen. Produkte befriedigen jedoch nicht nur Motive, sondern motivieren auch zum Kauf. So verspricht zum Beispiel eine Harley Davidson zugleich Fortbewegung und ein Gefühl von Freiheit und Imagegewinn.

Wichtig: den Käufer in seiner Entscheidung bestätigen

Ein praktischer Aspekt der Werbepsychologie verbirgt sich hinter dem Fachbegriff der kognitiven (Nachkauf-)Dissonanz. Denn Marketing mit Nachhaltigkeit zu betreiben, bedeutet nicht nur, einen Kunden einmalig zu gewinnen, sondern ihn als zufriedenen Kunden für lange Zeit an sich zu binden. Dazu gilt es, kognitive (Nachkauf-)Dissonanzen zu vermeiden oder zu vermindern. Dahinter steckt die »Reue nach dem Kauf«. Sie kann vor allem bei hochwertigen – und teuren – Produkten auftreten und sich beispielsweise in unerfüllten Erwartungen (zum Beispiel in Bezug auf Image oder Produktqualität) oder in Selbstzweifeln (bei der Wahl der falschen Produktalternative) äußern.

Sie müssen deshalb darauf achten, den Kunden in seiner Kaufentscheidung zu bestätigen und ihn dafür zu loben, beispielsweise in der Werbung oder auf Beipackzetteln. So wird ein versierter Modeverkäufer seinem Kunden beim Abschied noch einmal dessen exzellenten Geschmack bestätigen. Man hat festgestellt, dass Werbung insbesondere nach dem Kauf eines Autos besonders intensiv studiert wird, um die eigene – kostenintensive – Kaufentscheidung zu bestätigen.

... fürs Eigenmarketing

Der intelligente Umgang mit der kognitiven Dissonanz hilft Ihnen auch ganz entscheidend bei Ihren eigenen Projekten: Bestärken Sie Ihren Chef und Ihre Kollegen, sobald sie einer Ihrer Ideen zugestimmt haben, in ihrem Gefühl, richtig entschieden zu haben. Weiter gilt auch, dass zwischenmenschlicher Wertschätzung eine einfache Gleichung zugrunde liegt: Sie sind für andere umso wertvoller, je mehr Sie deren Selbstwertgefühl steigern können. Wenn es Ihnen zum Beispiel gelingt, das Selbstwertgefühl Ihres Gesprächspartners zu steigern, werden diese Sie unbewusst mit dieser Wertsteigerung in Zusammenhang bringen: Sie werden Sie sympathisch finden und mögen.

Von Werbung lernen

Werbung als Lehrmeister? Sicher nicht im schulischen Sinn. Doch aus Sicht des Werbers geht es um Lernerfolge beim Kunden. Denn Werbeerfolg ist letztlich nichts Anderes als das Lernen von Werbebotschaften, von Produktvorteilen und Produktdifferenzierungen. Dabei ist es für die Gestaltung von Werbung von zentraler Bedeutung, was Lernen ist und wie wir lernen.

Lernen ist als eine Veränderung von Verhalten anzusehen und wird von Motiven gelenkt. Dies spiegelt sich in den vier Formen des Lernens wider, die alle in der Werbung vorkommen:

▶ Lernen am Modell: Nachahmung der gezeigten Handlungen oder Verhaltensweisen, zum Beispiel im Side-by-Side-Vergleich.

▶ Lernen am Erfolg: eine stellvertretende Bekräftigung durch Belohnung beziehungsweise Bestrafung von Verhalten, zum Beispiel durch die Bewunderung und Zuwendung durch einen wichtigen Menschen.

▶ Lernen durch klassische Konditionierung: gemeinsame Präsentation bekannter und unbekannter Reize, deren Zusammengehörigkeit damit gelehrt wird.

► Lernen durch Identifikation: Übernahme von Verhaltenweisen, etwa von Prominenten.

Die vier Lernprinzipien treten in der Praxis unterschiedlich stark miteinander verknüpft auf.

Werbung und Wahrnehmung

Ein weiterer Grundsatz der Werbung lautet: Gelernt werden kann nur, wenn das zu Lernende verstanden und behalten wird. Doch bevor Werbung gelernt werden kann, muss Werbung erst einmal wahrgenommen werden. Ein Aspekt, den Sie sicher schon im Job kennen lernen mussten, wenn Sie eine tolle Idee hatten, aber keine Gelegenheit, sie Ihrem Chef vorzutragen.

Werbung wird wahrgenommen, indem spezifische Details zuerst und zentral erfasst werden. Sie dienen als so genannte Ankerreize und bestimmen den Gesamteindruck. So können zum Beispiel Raubkatzen als Transportmittel für Kraft, Geschwindigkeit oder Standhaftigkeit eingesetzt werden. Die Wahrnehmung funktioniert jedoch nur im gewünschten Sinne, wenn die Ankerreize bei der Zielgruppe die beabsichtigte Bedeutung tragen. Denn Wahrnehmungen hängen genauso wie das Lernen von den bisherigen Erfahrungen und den daraus abgeleiteten Erwartungen und Bedürfnissen ab. Um ein Projekt voranzubringen, müssen Sie also herausfinden, womit Sie am besten das Interesse Ihrer Zielgruppe wecken.

Zusammenfassung

Damit ergibt sich für die Gestaltung von Werbung folgende logische Gedankenkette: Werbung muss – soll sie erfolgreich sein – lernfähig sein. Um lernfähig zu sein, muss sie gleichermaßen kognitive und emotionale Inhalte besitzen. Bevor Werbung gelernt werden kann, muss sie jedoch wahrgenommen werden. Dies geschieht, indem sie Aufmerksamkeit erzielt – und zwar durch Emotionen und/oder kognitive Reizwirkungen.

Da der Lernprozess zeitabhängig ist, die der Werbung entgegengebrachte »Lernzeit« aber meist sehr kurz ist, muss die Werbebotschaft in sehr kurzer Zeit erlernbar sein. Dies ist nur möglich, wenn die Werbung auf eine kleine Zahl überschaubarer emotionaler und kognitiver Reize reduziert wird. Werber sprechen von einer 3-Sekunden-Chance: In dieser Zeitspanne muss der potenzielle Kunde »an der Angel« hängen, sonst wird er sich nicht weiter für eine Anzeige oder einen Werbespot interessieren.

Aufgaben für die Praxis

Werbeinhalte zu finden, die die obigen Bedingungen erfüllen, ist ein kreativer Akt, für den es keine Patentrezepte gibt. Einige Eckpunkte bieten sich Ihnen aber als Richtschnur an, auch für Kreative in den Agenturen.

Verständlichkeit

Verständlichkeit soll sich ausschließlich auf die beabsichtigte Zielgruppe beziehen, da nur innerhalb der Zielgruppe ein Werbeerfolg erreicht werden soll. Unverständlichkeit von Werbung ist nicht damit zu entschuldigen, dass man nur unbewusste und keine bewussten Reaktionen erzeugen will. Bei schlecht gestalteter Werbung entstehen keine Reaktionen oder ein vages Unbehagen.

Verständlichkeit muss dabei in einer sehr kurzen Zeit sichergestellt sein. Das Stichwort lautet auch hier Perspektivenwechsel: Nehmen Sie stets die Rolle des Kunden ein. Oder eben die Ihres Vorgesetzten: Wenn er Ihre Idee nicht versteht, kauft er sie auch nicht.

Emotionen

Ein emotionaler Gehalt unterstützt in der Werbung den Lerneffekt und steigert die Aufmerksamkeit. Emotionen dürfen jedoch nicht nur der Aufmerksamkeit dienen, sondern müssen vielmehr mit den kognitiven Inhalten und den Verbrauchermotiven in sehr enger Beziehung stehen. Nur dann steht er in sehr enger Beziehung zum Produkt. So kann Ihre Werbung beispielsweise durchaus unterhaltsam sein, allerdings um Ihre Kommunikationsinhalte zu unterstützen. Andernfalls wird die Werbung die Zielgruppe zwar unterhalten, aber keinen Erfolg für das Produkt zeigen.

Wie wichtig die Verknüpfung mit einem emotionalen Ereignis ist, soll folgendes – wenn auch trauriges – Beispiel zeigen. Wer erinnert sich schon daran, was er an einem beliebigen Tag vor einem Jahr gegessen oder getan hat? Denken Sie aber an den 11. September 2001 als Terroristen mit Flugzeugen in das World Trade Center rasten. Viele Menschen können sich heute genau daran erinnern, was sie gerade machten, als sie von dieser Katastrophe erstmals erfuhren. Man nennt dies auch den »Diana-Effekt«, weil ein ähnliches Phänomen auftrat, als Lady Di tödlich verunglückte.

Dies soll natürlich nicht heißen, dass Sie ein schreckliches Ereignis mit Ihrer Botschaft verknüpfen sollen. Im Gegenteil: Hier ist die Suche nach einem positiven emotionalen Anker im Bewusstsein der Zielgruppe der Schlüssel zum Erfolg, etwa wenn Ihr Chef Ihre Botschaft mit einem seiner Erfolge verknüpft.

T I P P

… fürs Eigenmarketing

Bei Komplimenten kommt es nicht nur auf den Inhalt und den angemessenen Vortrag an. Der Wert eines Kompliments hängt auch vom Gewicht der Person ab, die es macht. Wenn Sie von einem völlig unbedeutenden Menschen ein Kompliment erhalten, zählt es für Sie weniger, als wenn Sie dasselbe Kompliment von Ihrem Chef bekommen. Im Umkehrschluss besteht also Ihre Aufgabe darin, Ihre eigene Persönlichkeit in den Augen Ihres Gesprächspartners aufzuwerten, damit er anschließend das Kompliment aus Ihrem Munde als wertvoll empfindet.

Zeit

Der Lerneffekt von Werbung nimmt im Lauf der Zeit zu, da Lernen auf Bekanntem aufbaut. Sie dürfen daher Kommunikationsinhalte nicht willkürlich ändern, zumal jede Änderung auch die Verständlichkeit des Produktes erschwert. Eine Werbestrategie sollten Sie daher nur ändern, wenn nachgewiesen wurde, dass die neue Strategie bessere Lerninhalte vermittelt und die alte Strategie nicht mehr richtig ist.

Forscher gehen davon aus, dass eine Information mindestens sechsmal wiederholt werden muss, bis sie die Chance hat, überhaupt zu wirken. Bleiben Sie also immer am Ball! Das soll heißen: Tragen Sie auch hausintern Ihre – gut aufbereiteten – Ideen wiederholt vor.

Copy-Strategie

Zurück zur Werbepraxis. Im Folgenden lesen Sie, was alles in eine Copy-Strategie gehört. Sie können dieses Werkzeug auch für eigene Projekte nutzen, denn es bietet Ihnen die Möglichkeit, Ihre Kernargumente zusammenzufassen, zu strukturieren und auf den Punkt zu bringen.

In der Copy-Strategie legen Sie den Hauptproduktnutzen fest, den der Verbraucher lernen soll. Wesentliche Elemente sind: Produktanspruch, Benefit und USP, Reason-why, Tonality und Zielgruppe. Das Konzept ist die Zusammenfassung der Copy-Strategie, der Werbeidee und deren werbegerechte Umsetzung. Wichtig sind auch die klare Formulierung von Kommunikationszielen (Bekanntheit schaffen, Einstellungen ändern oder bestätigen, Komplexes erklären, erinnern) und Kommunikationshalten (funktioneller und psychologischer Nutzen). Zudem müssen Werbemittel und Werbeträger benannt werden.

Sie sollten sich und Ihrer Agentur bei der Arbeit an kreativen Umsetzungen die Copy-Strategie immer vor Augen führen. Sie ist Ihr Kompass.

Positionierung

Die Positionierung findet in den Köpfen der Kunden statt. Das heißt: Ein Kunde ordnet Ihr Produkt aufgrund seiner individuellen Wahrnehmung nach Kriterien wie Eigenschaften, Nutzen, Wahrnehmung und Urteilen ein. Die Positionierung spiegelt so die Stellung des Produktes im Markt oder Marktsegment wider. Produkte werden positioniert nach folgenden Kriterien:

► Produktnutzen,
► Verbraucherverhalten,

- ▶ Preisfeld,
- ▶ psychologische Produktmerkmale.

Benefit und USP

Beim Verbrauchernutzen (Consumer-Benefit) gilt: Neben dem Grundnutzen muss es einen Zusatznutzen geben (zum Beispiel Design oder Prestige), um sich eindeutig von der Konkurrenz abzusetzen. Die Theorie des Unique Selling Proposition (USP) geht noch einen Schritt weiter: Durch Individualisierung und Profilierung wird eine Einzigartigkeit und Unverwechselbarkeit angestrebt. Das gilt für Produkte genauso wie für Erscheinungsbilder. Das Erfolgspotenzial des USP hängt wesentlich davon ab, dass diese Einzigartigkeit und Unverwechselbarkeit von den Kunden wahrgenommen wird, für sie wichtig ist und vom Wettbewerb schwer einholbar ist. Ein USP kann sowohl emotional als auch funktional begründet sein:

- ▶ emotional: Der Cowboy von Marlboro symbolisiert beispielsweise tief in uns den Traum von Freiheit und Unabhängigkeit.
- ▶ funktional: das erste 3-Liter-Auto oder das bügelfreie Hemd sind hierfür Beispiele.

Reason-why

Darunter versteht man die Begründung für eine Werbeaussage oder für ein Produktversprechen. Sie sollte am besten der Beweis eines Nutzenversprechens für den Konsumenten sein. Ziel ist es, den Konsument zu bestärken oder zu bestätigen, dass er beim Kauf eines bestimmten Produktes rational richtig handeln wird. Der Reason-why liefert den Grund für diese Bestätigung. Je höher der Anspruch eines Produktes, desto wichtiger wird der Reason-why.

Tonality

Dies ist der Grundton der Werbebotschaft, der konsequent eingehalten werden muss. Damit ist die Beschreibung einer Atmosphäre gemeint, in der das

Produkt oder die Dienstleistung strategisch verpackt wird – und zwar nicht als kreative, visuelle und verbale Umsetzung, sondern lediglich als Vorgabe für die weiteren Gestaltungsschritte. Beispiele sind: jugendlich, sportlich, dynamisch, traditionsbewusst und heimatverbunden.

Zielgruppe

Die Zielgruppe umfasst einen Kreis von aktiven oder potenziellen Kunden, auf die die Marketingaktivitäten ausgerichtet werden. Die Zielgruppenbildung, das heißt die Differenzierung der Kunden nach relevanten Merkmalen, ist die Grundlage Ihrer Marktsegmentierung. Dabei helfen Ihnen die im Kapitel »Kunde: Wie Sie ihn verstehen, um ihn zu gewinnen« angesprochenen Ansätze.

Die Ausrichtung an Zielgruppen ist auch eine Hauptaufgabe der Mediaplanung. Zur Vermeidung von Streuverlusten müssen diejenigen Werbeträger ausgewählt werden, die die angestrebten Kundenkreise am besten erreichen.

BEISPIEL

Indiasan – die asiatische Regenerationslotion

▶ Slogan: Indiasan – und du fühlst dich wiedergeboren.

▶ Hersteller: Wulf AG Hamburg.

▶ Produktbeschreibung: Dieses Produkt gehört zur Produktgattung Kosmetika. 2 in 1: Eine Sportlotion, die nach dem Fitnesstraining oder anderen sportlichen Aktivitäten auf den Körper und die beanspruchten Muskeln aufgetragen wird. Die Lotion hat eine regenerierende, durchblutende und Haut straffende Wirkung. Bei Frauen und Männern wird das Muskelgewebe straffer, bei Frauen zusätzlich die Cellulite-Haut zurückgebildet. Die Wirkung der Lotion beruht auf den besonderen und einmaligen Substanzen der »indischen Büschelbeere«. Der daraus extrahierte Wirkstoff RLX[4] stammt aus der unternehmenseigenen Forschung.

▶ Name: Indiasan setzt sich aus den Bestandteilen »Indisch« und »San (Gesundheit)« zusammen. Das India stammt von der Büschelbeere; es soll aber auch Assoziationen mit der indischen Gesundheitslehre Ayurveda ermöglichen. Diese gilt als älteste überlieferte

Medizinlehre der Welt. Sie beeinflusste sowohl die traditionelle chinesische Medizin als auch die altgriechische Heilkunde.

▶ Ziele: Im Marktsegment »Sportkosmetik« des Teilmarktes »Ganzkörperkosmetik« wollen wir Marktführer werden, wobei es noch keinen klassischen Markenartikel gibt.

▶ Strategie: Über die Einzigartigkeit der Produktleistung und mit den Mitteln der Marketinginstrumente eine Marke aufbauen.

▶ Produktanspruch/Positionierung: Indiasan ist das erste Produkt, das im wachsenden Markt Fitness/Wellness/Gesundheit wirkliche Effekte bietet.

▶ USP: Einzigartig durch die Substanz mit im Labor (von »Prof. Dr. Dr. Mayer«) bestätigter Wirkung. Indiasan ist zudem nicht so aggressiv zur Haut wie herkömmliche ätherische Öle. 2 in 1: pflegend und reaktivierend, mit Wirkstoff, der direkt in den Muskelfasern wirkt.

▶ Benefit: Emotional: Anti-Aging-Effekt, sich jung fühlen, Schönheit. Funktional: Muskelentspannung und Regeneration, dadurch spürbar besseres Wohlbefinden.

▶ Reason-why: Einzigartiger Wirkstoff RLX[4] der indischen Büschelbeere. Es gibt dazu keine Alternative: Wer will schon schlaffe Haut und Cellulite?

▶ Tonality: jugendlich, sportlich-aktiv, aber mit Zielrichtung gesund, seriös und statusbetont.

▶ Zielgruppe: alle zwischen 16 und 50 Jahren.

▶ Werbeträger: Anzeigen, TV-Spot, Plakate, Mailings.

▶ Werbemittel: Spezialtitel, Sportsendungen, Plakate in Studios.

▶ Vertrieb: Zuerst über Fitness-Studios, dann Wellness-Hotels, Sportabteilungen und schließlich klassische Supermärkte.

▶ Konditionen: Preis pro Packung 19,90 Euro (reicht für circa 2 Monate), Studios erhalten Rabatt.

▶ Verkaufsförderung: Studios erhalten Displays, dazu Promotion in Studios, Schulung der Mitarbeiter, Probierangebote.

Ideen

So trainieren Sie Ihre Kreativität

Das lesen Sie in diesem Kapitel

- ▶ Was ist Kreativität?
- ▶ Wie Sie Ideen finden
- ▶ Wie Sie Ideen strukturieren
- ▶ Wie Sie Ideen umsetzen

»Wenn Ihre Werbung nicht auf einer starken Idee aufbaut,
wird sie unbemerkt vorübergehen wie ein Schiff in der Nacht.«
DAVID OGILVY

Was ist Kreativität?

Marketing bedeutet, ständig neue Ideen zu entwickeln und umzusetzen. Deshalb handelt dieses Kapitel vom faszinierendsten Aspekt des Marketing: der Kreativität.

Jeder kann kreativ sein und mit wenigen Techniken neue Lösungen finden. Denn Kreativität bedeutet nichts weiter, als bekannte Dinge oder Ideen, die vorher nicht miteinander verknüpft waren, zu etwas Neuem zu verbinden. Es geht also nicht darum, etwas völlig Neues aus dem Nichts zu erschaffen. Ein kleines Beispiel: Sie mögen Schokolade, und Sie mögen Kekse, also erfinden Sie den Schokokeks.

Dieses Kapitel gibt Ihnen Tipps zum richtigen Start in die kreative Phase und stellt Ihnen zwölf erprobte Techniken vor. Damit haben Sie das Rüstzeug für eigene Arbeiten in Händen – und können auch Agenturen besser beurteilen.

... fürs Eigenmarketing

Warten Sie nicht, bis die Muse Sie küsst. »Jeder Mensch hat die Anlage, schöpferisch zu arbeiten«, sagte einmal Truman Capote. »Die meisten merken es nur nicht.« Zudem gilt Kreativität heute im Job als Bringschuld. Machen Sie sich vor allem mit den Techniken vertraut, mit denen Sie und mit denen Ihr Chef und Ihr Team am liebsten kreativ arbeiten.

Genauso wichtig ist es aber auch zu lernen, nicht gleich die erstbeste Lösung zu nehmen, sondern nach Alternativen zu suchen und daraus die geeignetste für die jeweilige Situation herauszusuchen. Und schließlich: Bevor eine Idee Wirklichkeit werden kann, müssen andere – Chefs, Kollegen, Kunden, Geschäftspartner – dafür gewonnen werden. So führt der Weg vom ersten Geistesblitz bis zur fertigen Lösung durch drei Phasen:

- ► Ideen finden,
- ► Ideen strukturieren,
- ► Ideen umsetzen.

Im Folgenden finden Sie für jede Phase vier beispielhafte Strategien, die Ihnen helfen, Ihre kreativen Potenziale auszuschöpfen und Ideen zu realisieren.

Wie Sie Ideen finden

Wer neue Ideen entwickeln will, braucht kreative Freiräume: Klinken Sie sich für die Dauer der Ideenfindung aus dem Alltag aus. Stellen Sie also das Telefon auf einen Kollegen um, und stehen Sie in der Zeit auch nicht für persönliche Anfragen zur Verfügung.

Bevor Sie anfangen, gilt es zwei Dinge zu beachten: Um eine Aufgabe zu lösen, muss sie zuvor klar definiert und eingegrenzt werden. Alle Teilnehmer an der Ideenentwicklung müssen sich über Problem und Zielsetzung verständigt haben. Nur so können alle an einem Strang ziehen.

Das A und O der Ideenfindungsphase: Sie dürfen und sollen unbeeinflusst von Fragen nach Machbarkeit, Umsetzbarkeit und Kosten arbeiten. Totschlag-Argumente wie »geht nicht«, »kostet zuviel« oder »haben wir nie so gemacht« ersticken jede Idee im Keim und sind deshalb fehl am Platz. Genau das Gegenteil muss gelten: Alles ist erlaubt; Sie sind geradezu verpflichtet, das Unmögliche zu denken. Je verrückter eine Idee ist, umso eher verlässt man das Gefängnis der herkömmlicher Sichtweisen.

Das Ziel dürfen Sie dabei aber nie aus den Augen verlieren. Die Ideen können noch so verrückt sein, aber letztlich haben Sie sich zusammengesetzt, um ein bestimmtes Problem zu lösen. So sollten zu Beginn der Ideensuche unbedingt die Aufgabenstellung in wenigen Worten für alle sichtbar auf eine Tafel oder dergleichen schreiben.

Brainstorming

▶ Ziel: Ideen entwickeln und sammeln.
▶ Dauer: 20 bis 40 Minuten.
▶ Teilnehmer: 5 bis 7.
▶ Material: Flipchart, Wandtafel, dicke Stifte.

Setzen Sie sich mit Kollegen oder Freunden zusammen, und beschreiben Sie kurz Ihre Ausgangsposition. Beispiel: Wir suchen einen Namen für eine neue Sportlotion. Wenn es sich mit einem Gegenstand in Verbindung bringen lässt, bringen Sie ihn mit, und legen Sie ihn mitten auf den Tisch.

Dann dürfen alle losreden. Innerhalb eines vorgegebenen Zeitrahmens sollen möglichst viele Ideen zusammenkommen, die Sie ungeordnet für alle sichtbar auf Flipchart oder Tafel notieren. Dabei gelten folgende Regeln:

▶ Das Problem als Frage formulieren: Wie können wir … erreichen?
▶ Keine Idee ist schlecht. Alles darf gesagt werden, auch wenn es noch so unsinnig erscheint. Der Phantasie sind keine Grenzen gesetzt.
▶ Bewertet wird später. Jetzt also noch keine Kritik, kein Lob und keine Diskussionen!
▶ Quantität geht vor Qualität. Je mehr Ideen, desto besser. Außergewöhnliche Ideen sind ausdrücklich erwünscht.
▶ Bauen Sie auf anderen Ideen auf. Es gibt kein persönliches Anrecht auf die eigenen Ideen.

Wichtig für den Erfolg des Brainstormings ist ein Moderator. Er fungiert als Schiedsrichter und achtet auf die Einhaltung der Regeln, damit Vorgesetzte nicht das Zepter in die Hand nehmen. Zudem schreibt er alles sichtbar nieder.

Brainwriting

▶ Ziel: Ideen entwickeln und sammeln.
▶ Dauer: 20 bis 40 Minuten.

▶ Teilnehmer: 5 bis 7.
▶ Material: Papier, Stifte.

Wie beim Brainstorming ist es das Ziel, wechselseitige Assoziationen wachzurufen. Die Ideen werden von jedem Teilnehmer einzeln aufgeschrieben und unter den Sitzungsteilnehmern ausgetauscht. Die Teilnehmer sollen sich so durch die Ideen der anderen inspirieren lassen. Das heißt, in einer vorgegebenen Zeit wechseln die Blätter im Uhrzeigersinn den Besitzer. So fügt jeder auf dem Blatt neue Ideen hinzu, die auf den bereits aufgezeichneten Ideen aufbauen können. Der Vorteil des »stillen« Brainstormings: Gruppendynamische Prozesse treten in den Hintergrund, zurückhaltende Teilnehmer bringen eher ihre Ideen ein.

Mind Mapping

▶ Ziel: Ideen entwickeln und Strukturen bereits vorhandener Lösungsansätze aufzeigen.
▶ Dauer: 10 bis 30 Minuten.
▶ Teilnehmer: einzeln.
▶ Material: Papier, Stifte.

Das Thema wird in die Mitte eines leeren Blattes geschrieben, von diesem Zentrum gehen Äste aus, die das zentrale Thema in einzelne Unterbereiche aufgliedern. Dabei gelten folgende Regeln:

▶ Assoziieren Sie drauflos.
▶ Hängen Sie Gedanken, die Sie entwickeln, als Hauptäste, Unteräste und Zweige einfach aneinander.
▶ Bewerten Sie nicht.
▶ Verwenden Sie plakative Schlüsselbegriffe, die gut zu Assoziationen anregen.
▶ Setzen Sie unterschiedliche Farben zur besseren Strukturierung ein.

So entwickeln Sie eine Ideen-Landkarte, die offen nach allen Seiten ist und in der Sie alle Gedankengänge auf einen Blick erkennen können.

Kopfstand-Technik

► Ziel: Das Problem unter neuen Perspektiven sehen und neue Ansätze entwickeln.
► Dauer: 30 bis 45 Minuten.
► Teilnehmer: 3 bis 6.
► Material: Flipchart, Wandplakat, große Stifte.

Die Aufgabe wird auf den Kopf gestellt, also in ihr Gegenteil verkehrt. Die Beschäftigung mit der neuen, entgegengesetzten Frage öffnet neue Horizonte und hilft, eingefahrene Wege zu verlassen.

Zu Beginn definieren Sie den Ist-Zustand und legen ein Ziel fest. Dann wird die Aufgabenstellung umgedreht. Aus der Frage »Wie steigere ich die Zufriedenheit meiner Kunden?« wird: »Wie gelingt es mir, meine Kunden möglichst unzufrieden zu machen?« Oder: »Wie verhindere ich nachhaltig, dass Kunden gerne wieder in mein Geschäft kommen?« Dann sammeln Sie zu jeder Kopfstand-Idee Gegenlösungen, indem die Frage wieder ins Positive übersetzt wird: »Wie steigere ich die Zufriedenheit meiner Kunden?« oder »Wie schaffe ich eine dauerhafte Kundenbindung?«

Wie Sie Ideen strukturieren

Nachdem Sie zahlreiche Ideen gesammelt haben, müssen Sie jetzt deren Qualität und Durchführbarkeit prüfen. Auch wenn es schwerfällt zu sehen, wie die eine oder andere lieb gewonnene Idee auseinandergenommen wird: Dieser Prozess ist sehr wichtig, weil nur so wirklich tragfähige Lösungen herausgefiltert werden. Denn es geht nicht nur darum, besonders tolle und verrückte Ideen zu produzieren, sondern vor allem um die Entwicklung von Lösungen, Produkten und Dienstleistungen. Schließlich lassen sich Ideen und Produktskizzen nicht an Endverbraucher verkaufen.

Wenn Sie mit Agenturen arbeiten, stehen Sie vor dem Problem, dass die Berufskreativen in erster Linie nach der witzigsten, neuesten, eben kreativsten

Lösung suchen – und nur nach dieser. Je nach Produkt und Zielgruppe ist aber manchmal auch die eher biedere Lösung die bessere. Lesen Sie im Kapitel »Umsetzung: Arbeit mit Werbe- und PR-Agentur«, wie Sie herausfinden, welche Idee wirklich funktioniert. Nur darauf kommt es für Sie an.

Gedankenfelder

▶ Ziel: Lösungsansätze ordnen und bewerten.
▶ Dauer: 10 bis 45 Minuten.
▶ Teilnehmer: beliebig viele.
▶ Material: Flipchart, Wandplakat, große Stifte.

Manchmal sieht man den Wald vor lauter Bäumen nicht: Die Lösung liegt längst auf dem Tisch, aber keiner erkennt sie. Deshalb ist es sinnvoll, die bereits entwickelten Ideen und Informationen zusammenzustellen und zu sortieren. Gedankenfelder sind hierfür ein einfaches und wirksames Mittel.

Dazu zeichnen Sie auf einem Flipchart ein Koordinatenkreuz mit vier Quadranten ein. Diese vier Felder beschriften Sie links oben beginnend im Uhrzeigersinn wie folgt: Problem, Ziel, Hindernisse, Lösungen. Ein Teilnehmer übernimmt die Rolle des Moderators, ein zweiter führt Protokoll.

So bekommen Sie schnell einen Überblick über den Stand der Dinge und erkennen, dass viele Ideen längst gedacht wurden, aber nie auf fruchtbaren Boden fallen konnten, weil niemand sie im richtigen Zusammenhang sah.

Sechs Hüte

▶ Ziel: Lösungsansätze bewerten und unter neuem Gesichtspunkt sehen.
▶ Dauer: 15 bis 45 Minuten.
▶ Teilnehmer: optimal 6, aber auch mehr oder weniger sind möglich.
▶ Material: farbige Papierhütchen (oder Buttons) in der Anzahl der Teilnehmer, Flipchart, Wandplakat, große Stifte.

Eine Reihe möglicher Lösungen liegt bereits vor. Jetzt gilt es, die einzelnen Alternativen auf ihr Potenzial hin abzuklopfen und eventuell zu verfeinern. Die Hüte stehen durch jeweils eine andere Farbe für eine bestimmte Denkweise. Ordnen Sie beispielsweise jeder Denkrichtung eine Hutfarbe zu:

▶ Der weiße Hut könnte für Objektivität und Neutralität stehen. Hier zählen nur Zahlen und Fakten.

▶ Der rote Hut repräsentiert Emotionen, persönliches Empfinden und subjektive Meinungen.

▶ Der blaue Hutträger benennt ausschließlich sachliche Argumente, die Zweifel, Bedenken, Risiken ausdrücken.

▶ Der gelbe Hut gibt Ihnen die Gelegenheit, die objektiven positiven Eigenschaften des Produkts zu sammeln.

▶ Der grüne Hut ist offen für neue Ideen und lässt Provokation und Widerspruch zu.

▶ Der graue Hut steht für Kontrolle und Organisation. Sein Träger blickt von einer höheren Ebene auf den Gesamtprozess und bringt die einzelnen Ergebnisse zusammen.

Jeder Teilnehmer setzt symbolisch alle Hüte nacheinander auf und lernt so, Probleme aus verschiedenen Perspektiven zu betrachten und – entsprechend einseitig – zu bewerten. Der Vorteil: Man ist gezwungen, den eigenen Denkstil zu verlassen, der rationale Controller wird auch einmal zu rein emotionalem Denken animiert. Dabei müssen Sie Folgendes beachten:

▶ Bleiben Sie offen für völlig neue Ideen.

▶ Wenn Ihnen beispielsweise unter dem roten emotionalen Hut ganz andere Vorschläge einfallen als vorgegeben, sollten Sie dies zum Anlass nehmen, ihre ursprüngliche Liste möglicher Lösungen zu erweitern.

▶ Die Bewertung, die Ihnen besonders einleuchtend erscheint, sollten Sie anschließend noch einmal genauer überdenken.

Attribut-Listung

- ▶ Ziel: Weiterentwicklung und Verfeinerung bestehender Konzepte.
- ▶ Dauer: 15 bis 60 Minuten.
- ▶ Teilnehmer: 2 bis 8.
- ▶ Material: Flipchart, Wandplakat, große Stifte.

Die Technik

Sie können ein bestehendes Produkt oder eine vorliegende Lösung interessanter machen, indem Sie bekannte Merkmale systematisch variieren. Vorrangig ist hier die Variation und Optimierung und nicht die grundlegende Neugestaltung.

Zu Beginn wird die Aufgabenstellung in Teilelemente aufgelöst. In einer Tabelle werden dazu in die linke Spalte die Eigenschaften eintragen. Der Übersicht wegen sollten es nicht mehr als sechs bis acht Eintragungen werden. Soll etwa eine Produktverpackung verbessert werden, könnte die Liste aus Logo, Name, Material, Größe, Umverpackung und Verschluss bestehen.

In die zweite Spalte der Tabelle tragen Sie die jeweils aktuelle Lösung ein. Die dritte Spalte wird von der Zielvorgabe eingenommen, was man also erreichen möchte: Kostenreduzierung, jüngere Zielgruppe ansprechen usw. Die rechte, vierte Spalte bleibt dann möglichen Alternativen vorbehalten, die jeweils von bereits bekannten Lösungen ausgehen. Für das Material wären dies Glas, Kunststoff, Karton und anderes.

Morphologischer Kasten

- ▶ Ziel: Herausfiltern von Lösungsstrategien auf Basis bestehender Konzepte.
- ▶ Dauer: 15 bis 60 Minuten.
- ▶ Teilnehmer: 2 bis 8.
- ▶ Material: Flipchart, Wandplakat, große Stifte.

Diese Methode eignet sich besonders für Menschen, die technisch-analytisch arbeiten. Sie zerlegen ein Problem in seine Teilaspekte. Sie listen dazu sämtliche Gestaltungsmöglichkeiten aller Aspekte in einer Tabelle auf und kombinieren diese dann systematisch miteinander. Auf diese Weise entstehen zahlreiche potenzielle Lösungswege.

Diese stark systematisierende Technik eignet sich gut für Konstellationsprobleme, bei denen vorhandenes Wissen in neue Anforderungen übertragen werden soll. Beispiel: Aus welchem Material und wie groß soll die Verpackung für Indiasan bestehen, welcher Verschluss wird verwendet und wie werden die Produktinformationen hinzugefügt? Die Tabelle könnte etwa aus den Spalten für Versionsmöglichkeiten bestehen, dazu gehören dann die Zeilen »Packungsgröße«, »Verpackung«, »Verschluss« und »Information«. Die optimale Kombination aller Teilaspekte machen Sie nun durch verbindende Linien sichtbar.

Beispiel: Verpackung von Indiasan

	Version 1	Version 2	Version 3
Packungsgröße	*250 ml*	500 ml	750 ml
Verpackung	Kunststofftube	*Kunststoffflasche*	Glasflasche
Verschluss	Schraubverschluss	Klappverschluss	*Kappe*
Information	Aufdruck	*Beipackzettel*	Booklet als Anhänger

Lösungen finden via Morphologischem Kasten: die kursiv gesetzten Einträge bilden das Endprodukt

Wie Sie Ideen umsetzen

Überlebt Ihre Idee die zweite Phase, sind Sie bei der dritten und letzten Etappe angelangt: der Umsetzung. Zum einen heißt dies, dass Sie sich endgültig für eine Idee oder Variante entscheiden müssen. Dabei müssen Sie auch die Stärke besitzen, sich von einer tollen Idee zu verabschieden, wenn sie sich im ge-

gebenen Umfeld nicht optimal umsetzen lässt. Aber keine Sorge: Eine wirklich gute Idee findet sicher später einmal an einer anderen Stelle ihre Anwendung.

Vor der Umsetzung müssen Sie die Idee Ihren Kollegen und Vorgesetzten vorstellen und schmackhaft machen. Ist auch diese Hürde genommen, schlägt die Stunde der Macher: In einem Aktionsplan wird das Projektmanagement angekurbelt.

Entscheidungsmatrix

- ▶ Ziel: Entscheidung treffen.
- ▶ Dauer: 15 bis 60 Minuten.
- ▶ Teilnehmer: einzeln oder im Team.
- ▶ Material: Papier oder Flipchart, Stifte.

Um zwischen mehreren Alternativen zu entscheiden, müssen Sie diese klar voneinander abgrenzen. Deshalb tragen Sie Ihre Alternativen in eine Tabelle oben waagrecht ein. In die linke senkrechte Spalte kommen die Kriterien, denen Sie eine persönliche Gewichtung zuordnen. Mit dem entsprechenden Gewichtungsfaktor multiplizieren Sie dann Ihre jeweilige Bewertung.

Je nach Anzahl der Alternativen (im Beispiel drei Wohnungen) können Punkte vergeben werden. Entsprechend sind bei drei Alternativen auch zwischen einem und drei Punkten für jedes Kriterium (zum Beispiel Miete oder Garten) zu vergeben. Die beste Option bekommt die meisten Punkte, also drei. Das wiederholt sich für jedes der Kriterien. Am Ende wird zusammengezählt: Die Alternative mit den meisten Punkten erhält den Zuschlag, im Beispiel die Wohnung in der Parkallee.

Beispiel: Ich will mich zwischen drei Wohnungen entscheiden.

Kriterien	Gewichtung (G)	Wohnung Hofweg		Wohnung Hauptstraße		Wohnung Parkallee	
		Bewertung (B)	G x B	Bewertung (B)	G x B	Bewertung (B)	G x B
Miete	10	3	30	1	10	2	20
Garten	3	2	6	3	9	1	3
Bad/WC	6	1	6	2	12	3	18
Balkon	2	2	4	1	2	3	6
Nachbarn	8	2	16	1	8	3	24
Extras	1	1	1	2	2	3	3
Summe			63		43		74

Entscheidungen per Matrix finden

Motivationsfeld

▶ Ziel: Andere für die neue Idee begeistern.
▶ Dauer: 5 bis 20 Minuten.
▶ Teilnehmer: einzeln oder im Team.
▶ Material: Papier, Stifte.

Um Menschen zu begeistern, müssen Sie wissen, was sie interessiert und motiviert. Um zum Beispiel eine Präsentation vorzubereiten, ist es von großem Nutzen, sich klar zu machen, was Ihr Chef, Kollege oder Kunde erwartet. Das Motivationsfeld verschafft Ihnen dabei einen schnellen Überblick.

Betrachten wir ein Beispiel: Ihr Chef ist skeptisch hinsichtlich Ihrer neuen Produktidee. Um ihn besser verstehen – und dadurch besser überzeugen – zu können, versuchen Sie, sich mit einem Motivationsfeld einen Überblick über seine Beweggründe zu verschaffen. Denn sobald Sie wissen, wo ihm der Schuh drückt, können Sie ihn gezielt ansprechen.

Im Motivationsfeld steht die horizontale Achse für den Beweggrund: Unter »um zu« steht links ein Eintrag für etwas, das jemand durch seine Zielsetzung erreichen möchte, im Beispiel könnte dies sein: Ihr Chef möchte auf

Nummer Sicher gehen. Rechts steht unter »aufgrund von« ein Argument, das im Ziel selbst begründet liegt, etwa weil Ihr Chef als Sicherheitstyp nie unkalkulierbare Risiken eingeht.

Die vertikale Achse steht für die Motivationsrichtung: Unten zeigt »weg von« an, ob der Betreffende eventuell etwas Unangenehmes vermeiden möchte. In unserem Beispiel könnte dies heißen, dass Ihr Chef nie wieder wie in einem vergleichbaren Fall eine Pleite mit einem neuen Produkt erleben möchte. Oben steht unter »hin zu« etwas, das man erreichen will, etwa möglichst einfach und sicher große Erträge zu erzielen, um die nächste Stufe der Karriereleiter zu nehmen.

Motivationsfelder eignen sich auch gut, um sich über die eigenen Motive und Ziele klar zu werden.

Motivationsfeld

hin zu

(Möglichst einfach und sicher große Erträge erzielen, um die nächste Stufe der Karriereleiter zu nehmen.)

um zu

(Auf Nummer Sicher gehen.)

aufgrund von

(Ein Sicherheitstyp geht nie Risiken ein, die für ihn unkalkulierbar sind.)

weg von

(Nie wieder eine Pleite mit einem neuen Produkt erleben.)

Präsentieren

- ► Ziel: Chefs und/oder Kunden von meiner Idee überzeugen und begeistern.
- ► Dauer: 10 bis 30 Minuten.
- ► Teilnehmer: einzeln.
- ► Material: Präsentationsmedien wie Beamer oder Overhead-Projektor.

Bei der Vorbereitung einer Präsentation müssen Sie genau klären, welche Bedürfnisse Ihre Zuhörer haben: Was interessiert sie? Wie viel der angebotenen Informationen können sie speichern? Wie ist ihr Kenntnisstand? Wo gibt es Empfindlichkeiten? Welche Sprache sprechen sie?

Wichtig: Sie müssen den goldenen Mittelweg finden zwischen Über- und Unterforderung, denn in beiden Fällen klinken sich die Zuhörer schnell aus. Die Folge: Ihre noch so guten Ideen und Argumente kommen nicht an. Generell gilt bei Charts: Weniger ist mehr, und ein Bild sagt mehr als tausend Worte (siehe auch »Basics der Kommunikationsgestaltung: AIDA, die magische 7 und mehr«).

Grundregeln für die Vorbereitung:

- ► Versuchen Sie bereits im Vorfeld ein gutes Klima zu schaffen.
- ► Klären Sie rechtzeitig, welche technischen Präsentationstechniken zur Verfügung stehen.
- ► Eine Generalprobe vor Freunden oder Kollegen ist empfehlenswert.
- ► Simulieren Sie dabei mögliche Reaktionen Ihres Publikums. Und überlegen Sie: Welche Gegenargumente können kommen?

Aktionsplan

- ► Ziel: Aufgaben verteilen, Termine festlegen.
- ► Dauer: 10 bis 30 Minuten.
- ► Teilnehmer: einzeln.
- ► Material: Karten, Wandtafel, Papier, Stifte.

Jetzt sind die Projektmanager gefragt. Ist das Ziel gesteckt, geht es darum, das ganze Projekt in einzelne Schritte, in Aktionen, zu zerlegen. Damit wird alles konkret, transparent und überprüfbar.

▶ Wie lautet das Thema genau (Hintergrund, Situation, Zielsetzung, Timing)?

▶ Was muss alles getan werden (Aktivitätensammlung)?

▶ In welchen Schritten verläuft die Umsetzung (Aktivitätenfolge und Zeitbedarf)?

▶ Wann findet das Projekt-Initiierungs-Meeting (PIM) statt? Sind wirklich alle Beteiligten zu diesem »Kick-off« eingeladen, damit alle auf dem gleichen Wissensstand sind?

▶ Wer ist wofür zuständig? Wer ist Projektleiter?

▶ Wann muss etwas erledigt sein (Projektplan und Meilensteine)?

▶ Wer kontrolliert das Ganze?

▶ Wer achtet auf die Kosten?

▶ Wie sieht die Risikoplanung aus (Eventualabweichungen, -ursachen, Eventualmaßnahmen)?

Schreiben Sie alle Maßnahmen, die im Team vorgeschlagen werden, auf Karten. Ordnen Sie diese nach zeitlichen Zusammenhängen, und bilden Sie eine logische Reihenfolge: Was baut aufeinander auf? Welche Zeitvorgaben gibt es? Wer braucht wann was von einem anderen Teammitglied? Müssen zusätzliche Informationen, Zustimmungen, Materialien eingeholt werden?

In einer Tabelle vergeben Sie anschließend in der linken Spalte jeder Aktion eine laufende Nummer. In der Spalte daneben geben Sie der Aktion einen eindeutigen Namen, daneben schreiben Sie, wer dafür verantwortlich ist. Schließlich werden klare Termine für die Erledigung jedes Schrittes angeführt. Besonders kritische Schritte und Termine können zusätzlich hervorgehoben werden.

Basics der Kommunikationsgestaltung

AIDA, die magische 7 und mehr

Was Sie in diesem Kapitel lesen

- ► Kreatives Rüstzeug
- ► AIDA-Formel
- ► Sprachliche Kreativität
- ► Geschichten erzählen: Werbeformate
- ► Präsentationen und die magische Zahl 7

»Deine Rede sollte mindestens so gut sein,
wie dein Schweigen gewesen wäre.«
ARABISCHES SPRICHWORT

Kreatives Rüstzeug

Wer kommuniziert, sollte es gut machen oder lieber schweigen – nichts anderes will das Sprichwort sagen. Schweigen können Sie sich beim Marketing nicht leisten, sonst erfährt niemand, dass Sie etwas zu bieten haben. Nur wer Köder auslegt, kann Sehnsüchte wecken.

Dazu braucht man ein gutes Produkt und eben auch die Mitteilung, dass es dieses Produkt gibt. Und mehr noch: Die Kommunikation muss für den Empfänger so aufbereitet sein, dass sie ankommt. Denn Sie möchten mit Ihrer Botschaft etwas beim Empfänger bewirken: ihn überzeugen, etwas zu tun und Ihr Produkt zu kaufen.

Damit Sie ein Gefühl dafür bekommen, wie Sie Ihre Kommunikation so aufbereiten müssen, damit sie ankommt, lernen Sie in diesem Kapitel einige Grundbegriffe rund um die Kommunikationsgestaltung kennen. Ganz nebenbei können Sie damit auch die Arbeitsweise von Agenturen besser verstehen. Wir schauen also ein wenig in die Trickkiste der Kreativen. Es geht um magische Formeln und Zahlen, um sprachliche Kreativität und um Werbeformate. Nach der Lektüre dieses Kapitels sind Sie sicher kein Profi-Texter, aber Sie kennen einige Kniffe, mit denen Sie Ihren Ideen zu mehr Glanz verhelfen können. Und Sie bekommen ein Gefühl für interessante und funktionierende Lösungen – nicht zuletzt für Ihre hausinternen Präsentationen.

AIDA-Formel

Eine Formel als Einstieg ins kreative Arbeiten? Ja, denn wenn es um die Kommunikation von Inhalten geht und darum, andere zu etwas zu bewegen, braucht es zweierlei: gute Ideen und ein gezieltes Vorgehen. Eine grundlegende Formel beim Entwickeln von Kommunikationsmaßnahmen – ob Flyer, Broschüre, Plakat oder Ähnliches – sollte jeder Kommunikationsprofi kennen und beherrschen: catch attention, get interest, create desire, get action! Sie ist über hundert Jahre alt und unter der Abkürzung AIDA bekannt.

▶ A wie Attention: »Catch attention« steht für »Aufmerksamkeit erzeugen«. Ein visueller Ankerreiz, ein Eyecatcher, soll das Auge des Betrachters auf Ihre Botschaft lenken, damit er »gefangen« wird und mehr erfahren will. Dies erreicht man in erster Linie durch optische Gestaltung, also durch Bilder oder hervorgehobene Textelemente wie die Headline. Um Verwirrung zu vermeiden, sollten Sie immer nur einen Eyecatcher einsetzen: ein starkes Bild, eine geistreiche Aussage, eine knackige Headline. Analog gilt dies auch für akustische Reize in Funk- und Fernsehspots, etwa Blitz und Donner. Aufmerksamkeit erregen auch Schlüsselwörter, die tief in unserem Unterbewusstsein gespeichert sind und etwa Gefahr signalisieren, zum Beispiel »Hilfe!« oder »Feuer!«.

▶ I wie Interest: »Get interest«. Um Interesse zu wecken, haben Ankerreize eine formale und eine inhaltliche Funktion. Ihre optische Gestaltung weckt die Aufmerksamkeit des Lesers, ihr Inhalt muss ihn fesseln und zum Weiterlesen bewegen. Die Aussage der Headline entscheidet, ob die Zielperson beispielsweise nach dem Flyer greift, um ihn in Ruhe durchzulesen, oder ob sie desinteressiert weitergeht. Um richtig zu wirken, muss der Text auf die Motive des Lesers zugeschnitten sein. Ein gutes Beispiel ist: »Ich bin doch nicht blöd« für »billiger geht es nicht«.

▶ D wie Desire: »Create desire«. Im nächsten Schritt müssen Sie beim Leser den Wunsch erzeugen, das kommunizierte Angebot wahrzunehmen. Er kann sowohl textlich als auch bildlich erzeugt werden. Auch durch die Sprache können Sie Bilder erzeugen, die zur Handlung animieren, etwa in einem Reiseprospekt.

▶ A wie Action: »Get action«. Der letzte Schritt wird oft vernachlässigt, ist aber für Sie der wichtigste: Sie müssen dem zunächst aufmerksam gewordenen, dann interessierten und schließlich sogar begierigen Leser einen Weg aufzeigen, wie er seine neu erwachten Sehnsüchte stillen und seine Wünsche verwirklichen kann. Geben Sie zum Schluss genaue Handlungsanleitungen wie »Sichern Sie sich den Frühbucher-Rabatt von 80 Prozent! Er gilt nur bis zum 1. November Also jetzt anrufen: 0 180 -12 34567.« Oder: »Nur so lange der Vorrat reicht!«

AIDA zielgruppengerecht ausgelegt

Wenn Sie die AIDA-Formel als Orientierung nehmen, sind Sie in jedem Fall auf dem richtigen Kommunikationsweg. Wenn Sie die einzelnen Punkte abhaken, haben Sie die wichtigsten Inhalte für Ihre Werbeaussage beisammen. Was fehlt, sind zwei Zutaten: die kreative Umsetzung und die zielgruppengerechte Ausrichtung.

Bevor Sie sich also ans kreative Gestalten machen, sollten Sie Ihre Zielgruppe möglichst genau abgrenzen: Was spricht die Menschen in Ihrer definierten Zielgruppe an? Während die Techno-Kids auf schräges Design abfahren, wirft Ihre Großtante einen entsprechend gestalteten Flyer irritiert zum Altpapier. Schauen Sie sich am besten noch einmal die Beschreibungen der Motivationstypen und Zielgruppen in den Kapiteln »Kunde: Wie Sie ihn verstehen, um ihn zu gewinnen« und »Produkte und Dienstleistungen: Bedürfnisse erfüllen« an.

T
I
P
P　**… fürs Eigenmarketing**
Überlegen Sie sich auch vor Präsentationen und vor Gesprächen mit Vorgesetzten und Teammitgliedern, wie Sie die AIDA-Formel für Ihr konkretes Projekt nutzen können.

Sprachliche Kreativität

Wenn Sie einen Leser durch eine attraktive Optik geködert haben, dann sollte auch der Text halten, was die Optik verspricht. Das I der AIDA-Formel verlangt eine originelle und treffende Headline, das D einen anschaulichen Text.

Sie merken, es geht um den Stil Ihrer Texte. Doch was ist guter Stil? Die Antwort wird sicher stark durch den individuellen Geschmack beeinflusst. Ob ein Flyer auf eine nüchtern-wissenschaftliche, traditionell-behäbige oder frisch-freche Weise geschrieben wird, hängt auch von der Zielgruppe ab. Doch es gibt einige Grundsätze, die für alle Formen gelten. Wir haben Sie kurz und knapp in der folgenden Checkliste zusammengefasst:

- ► Eins nach dem andern: Schon Wilhelm Busch forderte, Texte logisch aufzubauen: »Er sagt es klar und angenehm, was erstens, zweitens und drittens käm.«
- ► Anschaulich und auf den Punkt: Ihre Texte sollten so präzise wie möglich sein. Verwenden Sie Bilder, um Ihre Inhalte zu veranschaulichen.
- ► Kurze Sätze statt Verschachtelungen: Kurze Sätze beschränken sich auf das Wesentliche. Sie schaffen Tempo und lesen sich leichter als lange, verschachtelte Sätze.
- ► Aktiv statt Passiv: Bürokratische Passivformulierungen wirken trocken, spröde und langweilig. Schreiben Sie aktiv. Das macht Ihre Texte lebhafter.
- ► Positiv statt negativ: Denken und schreiben Sie positiv, vermeiden Sie negative Formulierungen. Ein Glas ist halb voll und nicht halb leer!
- ► Persönlich und direkt: Weg mit Standardfloskeln und Bürokatendeutsch – besonders in Anschreiben! Sprechen Sie Ihre Zielpersonen direkt und persönlich an.
- ► Steigern statt Senken: Das Bier kostet nicht die Hälfte, sondern: »Kaufen Sie zwei, bezahlen Sie eins!«
- ► Anregen statt kritisieren: Hören Sie gerne Kritik? Anstatt anderen vorzuhalten, was alles falsch läuft, sollten Sie lieber Anregungen geben, wie es besser geht.
- ► Vergleiche statt trockenen Zahlen: Wann immer Sachverhalte kompliziert werden und abstrakte Zahlen zur Darstellung nötig sind, sollten Sie Vergleiche ziehen und Zahlen illustrieren. Also statt 7.500 Quadratmeter: so groß wie ein Fußballfeld.

▶ Einfallsreich statt monoton: Statt Idee kann man zum Beispiel auch Einfall, Gedanke, Eingebung, Inspiration oder Geistesblitzsagen. Sollten Ihnen die Alternativen ausgehen, gibt es so genannte Synonym-Lexika, in denen Sie bestimmt einen besser passenden Begriff finden.

▶ Verben statt Substantive: Die Substantivitis macht durch ihren übermäßigen Gebrauch von Substantiven jeden Text langweilig oder sogar unverständlich. Wobei Sie unterscheiden müssen: Echte Hauptwörter wie Sonne, Blume, Liebe, Kind oder Freude sind anschaulich. Unechte Hauptwörter enden meist auf -ät, -heit, -ion, -ismus, keit, -schaft, -tum, und -ung. Die sollten Sie aus Ihren Texten möglichst streichen.

▶ Fachjargon vermeiden oder erklären: Wenn Sie Ihren Lesern etwas mitzuteilen haben, sollten Sie Ihnen entgegen kommen. Vermeiden Sie also jegliches Fachchinesisch. Wenn Fachwörter unumgänglich sind, sollten Sie sie anschaulich erklären.

Was nützt es dem Leser?

Bei allem sprachlichen Feinschliff dürfen Sie nie Ihre Argumentation aus den Augen verlieren – vor allem nicht aus Sicht des Lesers. Mit Argumenten können Sie begründen, rechtfertigen und überzeugen. Gerade im Marketing werden ständig Argumente angeführt, um Kunden zum Kauf zu motivieren. Eine Kaufentscheidung wird zwar immer emotional getroffen, aber sie wird mit scheinbar rationalem Nutzen begründet. Das gleiche gilt oft genug auch für unternehmerische Entscheidungen: Wenn Sie Ihren Vorgesetzten vom Nutzen Ihrer Idee überzeugen, werden diese sie auch umsetzen.

Ein Beispiel: Sie kaufen sich ein Luxusauto, weil Sie zu einer bestimmten sozialen Schicht zugehörig fühlen wollen – was Sie jedoch kaum zugeben können. Als Begründung gegenüber Freunden und Bekannten führen Sie an, dass dieses Modell innovative Technologien bietet wie eine dreifach gelagerte, quer liegende Nockenwelle oder was auch immer. Sie verstehen es zwar selbst nicht, aber es klingt überzeugend.Man unterscheidet drei Arten von Argumenten:

▶ Merkmale, also Eigenschaften, Daten und Fakten: Sie sind neutral und oft nicht sofort verständlich und nachvollziehbar, was sie meist zu schwachen Argumenten macht.

▶ Vorteile sind da schon viel zugkräftiger: Ein Autoverkäufer kann im Verkaufsgespräch damit punkten, dass ein Allradfahrzeug sicherer ist als ein gewöhnliches Modell – unabhängig von anderen technischen Daten.

▶ Nutzen sind die besten und meist auch ausschlaggebenden Argumente. Nutzenargumente können Sie speziell auf die Bedürfnisse Ihres Kunden zuschneiden. Wenn ein Autoverkäufer seinen – insbesondere sicherheitsbewussten – Kunden darauf hinweist, dass er nur mit einem Allradfahrzeug jederzeit und überall sicher ans Ziel kommt, erkennt der Käufer seinen persönlichen Nutzen und entscheidet sich für diese Fahrzeug.

Blickfang Headline

Überschriften und Werbeslogans verlangen wie keine andere Textform verständliches Schreiben. Eine Headline ist ein Ankerreiz und Eyecatcher – ob auf dem Flyer, in der Anzeige, in der Pressemitteilung, auf einer Webseite oder in Ihrer Präsentation vor der Geschäftsführung. Betrachten Sie einfach Ihre persönliche Lesegewohnheiten: Beim Lesen einer Headline entscheiden Sie unbewusst, ob Sie den ganzen Text lesen oder zu einem anderen Beitrag weiterblättern.

Damit ist die Aufgabe einer Headline klar umschrieben: Sie muss die Hauptinformation bereits vorwegnehmen und neugierig auf den weiteren Inhalt machen. Darüber hinaus sollte sie Sprachfreude vermitteln, so dass der Leser unbedingt weiterlesen möchte. Besonders einprägsame Headlines schaffen vielleicht sogar den Sprung in unsere Alltagssprache: »Nicht immer, aber immer öfter« ist hier ein gutes Beispiel.

Knackige Headlines und frische Slogans fallen den meisten Menschen jedoch leider nicht so einfach ein. Auch Werbe- und PR-Profis, deren täglicher Job es ist, mit wenigen Worten alles Wichtige zu sagen, sitzen manchmal stunden- oder gar tagelang vor einem leeren Blatt Papier. Leider gibt es keine Lehrbuchmethode, die garantiert zu guten Headlines führt. Ein paar Hilfen gibt es aber doch.

Beispiele sind Stabreim (wie »Titel – Thesen – Temperamente«), Endreim (»Haribo macht Kinder froh, und Erwachsene ebenso«), Gegensatz (»Alles schläft, einer wacht«), Redensarten oder Zitate in Variation (wie der Titel dieses Buches) oder Wortspiele und Bildersprache (»Bunt fürs Leben« als Schlagzeile für einen Bericht über ein neues PC-Betriebssystem). Versuchen Sie aber nie, um jeden Preis originell zu sein. Das kann peinlich werden, etwa wie bei »Lust for life«. Besser ist oft die konservativere Variante, das heißt eine eher sachliche Headline.

T
I
P
P

… fürs Eigenmarketing

Griffige Formulierungen im Stile von Headlines und Slogans sind natürlich auch das beste Mittel, Präsentationen überzeugend und gewinnend zu gestalten und die eigenen Ideen ganz nach vorne zu bringen. Denn eine griffig formulierte Idee vergisst man nicht so schnell. Die hohe Schule griffiger Formulierungen liegt in deren schlagfertiger und spontaner Umsetzung im Dialog mit anderen. So ist einer der größten Erfolgsgaranten die Fähigkeit, die Ideen anderer aufzugreifen, sie in die eigene Strategie einzubauen, alles zu einem neuen Ganzen zu machen und wiederum plakativ zu formulieren. So hat Ihr Gegenüber, etwa Ihr Chef, das Gefühl, er selbst habe die Idee entwickelt – und der erfolgreichen Umsetzung Ihrer Idee steht nichts mehr im Wege. Getreu der Devise: Wer zuhört, gewinnt!

Eine andere Herangehensweise: Werben mit …

Peter Brugger (siehe Literaturverzeichnis) hat eine Systematik entwickelt, nach der der Großteil von Werbeaussagen klassifiziert werden kann. Im Umkehrverfahren können Sie das Raster auch als Ausgangspunkt für Ihre Ideenentwicklung nutzen.

	Werben mit:	Kreativer werben mit:
Qualität und Tradition:	Mit Gütesiegel. Seit 1880.	Für Hexaglott Übersetzungscomputer: Der. Übersetzt. Nicht. Nur. Worte. Sondern auch ganze Sätze.
Einzigartigkeit:	Absolute Spitze. Immer eine Idee besser.	Der Stoff, aus dem die Träume sind. (Für Packard-Hemden)
Neuheit:	Die neue Generation.	911 bleibt. Alle anderen Zahlen haben sich geändert. (Porsche)

	Werben mit:	Kreativer werben mit:
Auswahl und Verbreitung:	Ausgesuchtes zum Aussuchen.	United Colours of Benetton.
Preisen:	Alles muss weg.	Don't worry, buy happy.
Service:	Erfolg oder Geld zurück.	Unser Händlernetz auf einen Blick. (Abbildung Weltkugel)
Komfort und Sicherheit:	Einfach einfach.	Die Swissair hat statt mehr Plätze mehr Platz.
Lifestyle und Genuss:	Erfrischt herrlich.	Den wahren Luxus erlebt man nur in einem 5-Millionen-Sterne-Hotel. (Abbildung südlicher Sternenhimmel, für Australia Outback-Ferien)
Aufforderungen zum Handeln:	Ausschneiden. Abholen. Ausprobieren.	Von dieser Anzeige sollten Sie sich ein Stück abschneiden. (Abbildung Coupon)
Wünschen und Geschenkideen:	Schöner schenken.	Dieses Jahr bekommt Papa seine Eisenbahn. (Abbildung BahnCard)
Konkurrenz:	Kein Vergleich.	Alle reden vom Wetter. Wir nicht.
Provokation und Irritation:	Autsch!	Die gefährlichste Leiter Deutschlands. (Abbildung Stuhl, Allianz)

Was heißt das für Indiasan?

Im Folgenden lesen Sie ein Mailing-Anschreiben für Indiasan. Es basiert auf dem Briefing aus dem Kapitel »Werbung: Wie Sie eine Werbekampagne planen«. Der Texter hat versucht, die AIDA-Regeln umzusetzen. Als »technische Hilfsmittel« hat er eine Bildersprache (»Goldrausch«) und eine Kombination aus »Neuheit sowie Aufforderung zum Handeln« gewählt. Hinzu kommt das Argument »Geld verdienen«, da die Zielgruppe potenzielle Geschäftspartner sind.

An
Fitness-Studio FeelWell GmbH
Herrn Tim Laufermann
Am Sportplatz 1
12345 Glückstadt

Ab heute ist Goldrausch in Ihrem Studio:
Indiasan – Ihr neuer Umsatzturbo

Sehr geehrter Herr Laufermann,
Ihr Studio könnte mehr Umsatz vertragen? **Wie viel Umsatz hätten Sie denn gern zusätzlich pro Monat?** Und wie hoch sollte **Ihr Gewinn** dabei sein – 10 **Prozent, 30 Prozent, 50 Prozent?** Und wie wäre es mit purem Gold für Sie persönlich – zusätzlich? Nun, das ist keine Werbefantasie. Es ist machbar. Wir rechnen es Ihnen gern penibel vor – aber vorher erzählen wir Ihnen, womit Sie ab sofort diese Gewinne einfahren können.
Ihre neue Umsatzmaschine heißt Indiasan. Sie ist nicht etwa aus Stahl. Sie ist flüssig, cremig, wohlriechend und sehr wirksam. Sie ist bald für tausende Sportstudiokunden so selbstverständlich wie die Dusche nach dem Training. Indiasan ist eine neuartige Sportlotion der Wulf AG Hamburg. Sie wird nach dem Training auf den Körper und die beanspruchten Muskeln aufgetragen.
Indiasan
– wirkt regenerierend, durchblutungsfördernd, Haut straffend;
– festigt Muskelgewebe, aktiviert Selbstheilungskräfte;
– begeistert Frauen: Cellulite-Haut bildet sich zurück;
– ist noch sanfter zur Haut als ätherische Öle.
In **Indiasan** steckt uraltes Wissen aus Indien. Entwickelt wurde es in Zusammenarbeit mit der **Stanford University**. Die Wirkung beruht auf den geheimen Substanzen der **indischen Büschelbeere**. Daraus extrahierte Professor Dr. Dr. Mayer den Wirkstoff RLX[4], die wirksame Basis von Indiasan. Nach zweijährigen weltweiten Testreihen wurde Indiasan von der FDA (Food and Drug Administration) genehmigt. In den USA ist es bereits die Umsatz-Geheimwaffe der Studios – jetzt startet die europäische Einführung mit ausgewählten Studios.
Fest steht also: Indiasan wirkt. Aber es wirkt nicht nur bei Ihren Kunden, es steigert auch Ihre Gewinne fast vollautomatisch. Denn

wir stellen Ihnen alles zur Verfügung, was Sie für **Zusatzumsätze** brauchen: Displays, Promotion im Studio, Schulung Ihrer Mitarbeiter, Probier-Angebote ... und sogar **VIPs wie das Weltmeister-Ehepaar im Triathlon Meier/Schulze.**

Das Beste: Indiasan macht Ihren Wiederverkauf zu einer Goldgrube – EK 11,40 Euro pro Packung (gleich Rabattliste anfordern!). Sie verkaufen Indiasan aber für **VK 19,90 Euro** weiter! Das sind also **rund 50 Prozent Profit für Sie!** Und nun multiplizieren Sie die Anzahl Ihrer Kunden mit 19,90 Euro – und das alle zwei Monate. Denn so lange reicht eine Packung. Also noch einmal: Wie viel Zusatzgewinn möchten Sie machen?

Pumpen Sie jetzt die Umsatzmuskeln Ihres Studios auf. **Rufen Sie uns jetzt an für mehr Informationen: 0180–1 234 567.** Versprochen: Sie können nur gewinnen.

Mit besten Grüßen
Max Meier
Geschäftsführung Wulf AG Hamburg

PS: **Wenn Sie jetzt ganz schnell sind, gewinnen Sie gleich dreifach.** Die ersten 100 Anrufer erhalten einen **Original Golddollar** sowie einen Promotion-Tag mit den Triathlonweltmeistern Meier/Schulze und nehmen an der **Verlosung um einen 200-g-Beutel mit echtem Goldstaub** teil. Und Sie sichern sich den **Frühbucher-Rabatt von 80 Prozent!** Der gilt aber nur bis zum 1. November. **Also – rufen Sie jetzt an: 0180–1 234 567.**

Geschichten erzählen: Werbeformate

Nicht nur mit Headlines und griffigen Slogans erregen Sie Aufmerksamkeit beim Kunden. So richtig interessant wird Werbung, wenn Sie die Informationen in kleine Geschichten verpacken. Das ist das Lieblingsspielfeld der professionellen Kreativen: auf einer Seite eine ganze Geschichte heraufbeschwören, in 30 Sekunden einen kompletten Film ablaufen lassen. Bei Profis besteht jedoch dabei die Gefahr, dass sie das eigentliche Ziel – das Produkt ins Rampenlicht zu setzen – aus den Augen verlieren.

Als Orientierung bieten sich bekannte und bewährte Werbeformate oder Werbestile an. Damit wird die Form bezeichnet, in der eine Werbebotschaft übermittelt werden soll. Sie bieten zugleich die Möglichkeit, sich dem komplexen Erzählen anzunähern und dabei feste Orientierungspunkte zu haben – was Werbeprofis, die immer auf der Suche nach völlig neuen Konstruktionen sind, jedoch stört. Doch die folgenden Formate funktionieren – so wie die Grundlagen des Dramas seit über zweitausend Jahren Bestand haben.

Hier die wichtigsten Werbeformate im Überblick. Sie werden sehen, viele Formate überschneiden sich und deren Umsetzungen können nur selten nur einem Format zugeordnet werden:

► Before-and-after: Dieses Format kennen Sie aus der Waschmittelwerbung: Der Nutzen eines Produkts wird durch je eine Situation vor und nach dessen Nutzung gezeigt. Deshalb nennt man dieses Format auch Problem-Problemlösung-Format. Dieses Format wird vorrangig im Fernsehen eingesetzt – besonders bei Produkten mit darstellbarem Nutzen.

► Bigger than life: Hier wird bewusst übertrieben: Produkt und Benefit werden dazu bildlich oder textlich überdramatisiert. So nutzt beispielsweise die Kampagne für das Putzmittel Meister Proper dieses Werbeformat und macht das Produkt und dessen Reinigungsleistung durch die Überzeichnung »größer als das reale Leben«.

► Borrowed Interest: Wenn den Kreativen zu einem Produkt nichts mehr einfällt, borgen sie sich einfach bekannte Ideen anderer, zum Beispiel Szenen aus Filmklassikern wie *Casablanca*, *High Noon* oder *Harry and Sally*. Diese dienen dann beispielsweise als Einstieg in Fernsehspots.

► Celebrity: Wenn – in der Zielgruppe bekannte – Persönlichkeiten ein Produkt direkt oder indirekt bewerben, spricht man vom Format Celebrity. Die Zielgruppe soll sich mit diesen Promis identifizieren. Zudem sollen Celebrities ein Gefühl von Sicherheit vermitteln, denn: »Wenn XY dafür Werbung macht, muss es gut sein.« Der Einsatz von Celebrities ist aber auch riskant, denn sobald ihr Image einen Kratzer bekommt, muss man alles tun, das eigene Produkt davon zu distanzieren. Siehe auch Testimonial.

▶ Editorial: Wenn Sie viel und vor allem viel Interessantes über Ihr Produkt zu sagen haben, kann das Editorial das richtige Werbeformat sein. Es orientiert sich in Gestaltung und Aufbau an einer redaktionellen Anzeige. Das verleiht ihm eine gewisse Autorität. Zudem spricht es auch Leser an, die vor allem an Inhalt einer Zeitung und weniger an der Werbung interessiert sind. Das Editorial-Format eignet sich mit seiner Textlastigkeit besonders für erklärungsbedürftige Produkte wie zum Beispiel Gesundheitsprodukte. Siehe auch Long-Copy.

▶ Lifestyle: Lifestyle-Kampagnen kennt jeder, beispielsweise von Bacardi und Langnese. Dabei kommt es nicht nur auf das reine Produkt an, sondern vielmehr auf eine für die Zielgruppe erstrebenswerte Art zu leben, in der das Produkt präsentiert wird. Der gezeigte Lifestyle muss natürlich zum Produkt passen und für die Zielgruppe im Prinzip auch erreichbar sein. Ist dies erfüllt, schafft dieses Format Räume zur Identifikation oder sogar zum Träumen.

▶ Long-Copy: Dieses Format ist dem Editorial verwandt. Hier dominiert gegenüber bildlichen Elementen eindeutig der lange Text. Damit ist es bestens für interessante und erklärungsbedürftige Produkte geeignet – sofern Produkt und Benefit für die Zielgruppe so interessant sind, dass man unbedingt alle Details kennen möchte. Bestenfalls werden lange Texte sogar als Zeichen von Kompetenz angesehen, nach dem Motto »Das Produkt ist so gut – man kann jede Menge darüber sagen.«

▶ Presenter: Presenter wie Dr. Best, Herr Kaiser oder Frau Antje haben immer dann ihren Auftritt, wenn Produkte beworben werden sollen, die sich ernsthaft und mit glaubwürdigen Informationen darstellen lassen. Ein Presenter ist in der Zielgruppe als kompetente Person anerkannt. Er kann ein »Angestellter« oder der Inhaber des Unternehmens sein oder auch ein neutraler Experte.

▶ Product-as-Hero: Hier ist eindeutig das Produkt oder die Marke der Held der Geschichte. Ein gutes Beispiel hiefür ist die Werbekampagne für die Zigarettenmarke Lucky Strike. Das Produkt steht immer einzig und allein im Mittelpunkt. Witzige Inszenierungen und intelligente Headlines laden die Marke immer wieder neu auf.

▶ Side-by-Side: Der Side-by-Side-Vergleich zeigt zwei Alternativen, etwa zwei spanische Dörfer beim Abspülen direkt nebeneinander. Oft wird dieses Format mit Before-and-after kombiniert.

▶ Slice-of-life: Dieses Format wird meist als Film umgesetzt, zum Beispiel für Waschmittel. Dazu wird der Produktnutzen in einer lebensechten Situation (ein »Scheibchen des Lebens«) dargestellt. Darin liegt auch seine Stärke, denn es wirkt meist so, als bewege man sich nah am Leben der Zielgruppe. Und so läuft es ab: Person 1 hat ein »unlösbares« Problem. Person 2 gibt ihr eine Empfehlung, aber Person 1 zweifelt. Person 1 probiert das Produkt dann aber doch und ist hoch zufrieden. Person 1 wird durch Person 2 bestätigt. Happy End. Zugegeben nicht wirklich spannend, aber oft genug wirksam.

▶ Testimonial: Hier geben Kunden mit ihrem Namen ein Zeugnis über das jeweilige Produkt ab. Die Umsetzung wird so inszeniert, dass für die Zielgruppe dieses Testat überzeugend nachvollziehbar ist. Testimonials erzielen dann die größte Glaubwürdigkeit, wenn sie der Zielgruppe angehören, also keine Models oder Schauspieler sind, sondern eher Menschen wie du und ich oder Fachleute wie Monteure. Werden Prominente eingesetzt, spricht man auch von Celebrities.

▶ Werbefigur: Das HB-Männchen, Tilli, Clementine oder auch Frosch von Erdal sind typische Werbefiguren. Sie stehen für eine Marke und deren Botschaft.

Präsentationen und die magische Zahl 7

Zur Kommunikation gehört auch die Aufbereitung, das heißt die Gestaltung der Inhalte. Gerade Marketing und Werbung sind ohne Layout nicht denkbar. Unter dem Begriff Layout fasst man alle bei der Gestaltung der verschiedenen Elemente einer Drucksache nötigen Arbeitsschritte zusammen. Dazu zählen etwa die Anordnung von allen Bild- und Textelementen inklusive Logo. Dies gilt auch für Ihre Präsentationen Ihrer Konzepte oder Ihrer Geschäftspläne – ob vor Vorgesetzten und Kollegen oder vor Kunden und Geschäftspartnern. Gelungene Präsentationen sind eine wichtige Grundlage für Geschäftserfolge.

T
I
P
P

... fürs Eigenmarketing

Erkundigen Sie sich nach der Hausschrift Ihres Unternehmens – und verwenden Sie diese auch in firmeninternen Präsentationen. Auch als Selbstständiger sollten Sie sich für eine Hausschrift entscheiden. Da sich jede Schrift vielseitig variieren lässt, bedeutet solch eine Entscheidung keine Einschränkung, sondern sie ist im Gegenteil ein Ausdruck von Stil und Professionalität. Außerdem ist eine Hausschrift, die überall verwendet wird, eine gute Visitenkarte. Das gleiche gilt auch für die anderen Elemente des Corporate Design wie Farbgebung und so weiter.

Hier ist kein Platz für die Inhalte eines dicken Grafik-Lehrbuchs, aber für vier grundlegende Leitlinien der Gestaltung:

▶ »Form follows function«: Die Gestaltung sollte immer der Funktion untergeordnet sein. Wenn ein Element keine Funktion für die eigentliche Bildaussage hat, sollten Sie es weglassen.

▶ Alle Elemente müssen stimmen und aneinander angepasst sein: Beim Text »Es ist fünf vor zwölf« muss die abgebildete Uhr auch genau diese Zeit angeben.

▶ Um einen Text übersichtlicher zu gestalten, sollten Sie ihn gliedern, indem optische Pausen dem Auge Orientierung und Zeit zum Ausruhen geben. So genannte Bleiwüsten, in denen Absätze, Leerzeilen oder gestalterische Mittel wie Illustrationen oder Fotos fehlen, schrecken Leser von Werbe- oder PR-Botschaften meist ab.

▶ Ganz wichtig: Weniger ist mehr!

Besonders den letzten Grundsatz sollten Sie nie aus den Augen verlieren. So zeigt eine Studie der American Audiovisual Society die Grenzen der menschlichen Aufnahmefähigkeit. Denn der Mensch nimmt Informationen zu

▶ 10 Prozent durch Lesen,

▶ 20 Prozent durch Hören,

▶ 30 Prozent durch Sehen,

▶ 50 Prozent durch Sehen und Hören,

▶ und zu 90 Prozent auf, wenn er etwas selbst ausführt.

... fürs Eigenmarketing

Wann immer Sie im Gespräch mit Vorgesetzten und Kollegen oder Kunden und Geschäftspartnern sind, sollten Sie Ihre Argumente nicht nur vortragen, sondern auch visualisieren. Denn wer Inhalte und Zusammenhänge sichtbar macht – selbst im Zweiergespräch oder in kleiner Runde –, setzt bleibende Akzente. So können Sie beispielsweise die wichtigsten Argumente auf einem Blatt zusammenfassen und vor Ort lassen: »Frau Dr. Schultz, dann sind das also die vier Punkte, die uns am wichtigsten sind.« Sie werden sehen, diese Punkte werden alle folgenden Diskussionen bestimmen. Denn: Wer schreibt, der bleibt.

Die magische Zahl 7

Um bei Präsentationen bei den Erinnerungswerten die theoretische Höchstmarke von 50 Prozent zu erreichen, bedarf es einer ausgefeilten Präsentation. Zumal gerade unser Kurzzeitgedächtnis Grenzen hat. Dessen eingeschränkte Aufnahmefähigkeit ist eines der am besten untersuchten Phänomene der Gedächtnispsychologie. Die so genannte Gedächtnisspanne umfasst die Menge an Information (beispielsweise Zahlen), die wir uns für einige Sekunden merken können – und zwar ohne speziell zu memorieren, etwa indem wir uns die Information leise vorsprechen und wiederholen. Das kurzfristige Erinnern einer Telefonnummer ist ein Beispiel hierfür. Und damit sind wir bei der 7 angelangt.

1956 veröffentlichte George A. Miller das Fazit seiner Gedächtnisforschungen: Unsere Gedächtnisspanne hat einen Umfang von 7 plus/minus 2 »Chunks«. Chunk meint dabei nicht nur einzelne Buchstaben oder Zahlen, sondern Informationseinheiten, die mehrere Elemente zu einer einzelnen Bedeutung zusammenfasst.

Millers magische Zahl 7 ist von hoher praktischer Bedeutung. Zum Beispiel wird ein Besucher auf einer Website mit einem Menü, das 15 Auswahlmöglichkeiten enthält, nicht sonderlich gut bedient: Sie passen nicht gleichzeitig in sein Kurzzeitgedächtnis. Probleme entstehen vor allem dann, wenn die Informationen so umfangreich sind, dass sie nicht mehr auf einen Blick erfasst werden können. Dann müssen wir mit unserer Aufmerksamkeit mehrfach hin und her springen, Botschaften zwischenspeichern und sie mit anderen abgleichen.

... fürs Eigenmarketing

Das beste Selbstmarketing ist sicher eine gut durchdachte und vorgetragene Präsentation von Ideen, Konzepten, Angeboten und Leistungen. Oft ist dies sogar die einzige Möglichkeit, sich und die eigene Arbeit zu präsentieren. Als Vortragender wirken Sie jedoch nicht nur durch Ihre Inhalte, sondern auch unterschwellig durch einige nicht rationale Faktoren. Dazu gehören Ihr Erscheinungsbild, die Art Ihres Auftretens und Ihr Kommunikationsverhalten. Vernachlässigen Sie diese Faktoren nie, und trainieren Sie sie ständig. Denn sie prägen stark Sympathiewert, Glaubwürdigkeit und Kompetenz.

An die Arbeit: Präsentationen

Das Wissen um die magische 7 ist auch bei Präsentationen von großem Nutzen. Der folgende Abschnitt enthält einige grundlegende Tipps für Text und Gestaltung, mit denen Sie in jedem Fall auf dem richtigen Weg sind. Zuvor ein paar Überlegungen zu den Zielen, die man anpeilen kann. Denn nur wer sein Ziel kennt, kann es treffen.

Im Mittelpunkt einer Präsentation steht ein Produkt, ein Konzept oder eine Strategie. Das Thema sagt jedoch noch nichts über das Ziel Ihrer Präsentation. Wenn Sie zum Beispiel über ein neues Produkt sprechen, sind viele Ziele denkbar. Sie können die Produktmerkmale erklären, die Marktsituation erläutern oder die Zuhörer von dessen wirtschaftlichen Chancen überzeugen. Die beiden ersten Beispiele sind Informationsziele, das dritte ist ein Überzeugungsziel:

▶ Informationsziele: Beim Präsentieren von Informationen müssen Sie in erster Linie, Inhalte verständlich machen. Ihre Zuhörer sollen eine neue Idee oder einen neuen Sachverhalt aufnehmen, verstehen und behalten.

▶ Überzeugungsziele: Bei einer Überzeugungspräsentation geht es für Sie darum, Ihre Zuhörer zum Handeln zu bewegen oder deren Einstellung zu beeinflussen. Dabei sollten Sie sich immer ein Minimalziel, dass Sie in jedem Fall erreichen möchten, und ein Maximalziel definieren.

Sie sollten jedoch nie Ziele ansteuern, die völlig unrealistisch sind. So können Sie fest gefügte negative Einstellungen selbst in einer überzeugenden Präsentation in Zustimmung verwandeln. Meist geht es aber auch gar nicht darum, gegen eine geschlossene Wand der Skepsis anzureden.

Ein Beispiel: Sie wollen Ihre Vorgesetzten dafür gewinnen, Ihr neues Produkt Indiasan zu produzieren. Sie wissen, dass etwa die Hälfte des Gremiums skeptisch bis ablehnend ist. Ihr Minimalziel könnte sein, die Bedeutung des neuen Produkts für das Unternehmen und seine Wachstumschancen darzulegen und auch den Skeptikern klar zu machen, dass auch deren Abteilungen vom neuen Produkt profitieren können.

T I P P ... **fürs Eigenmarketing**

»Ziele zwischen den Zeilen« nennt man Metaziele. Deren Berücksichtigung ist umso wichtiger, je weniger sich Ihr Produkt oder Konzept durch »harte« Fakten vom Wettbewerb unterscheidet. Beispiele für Metaziele sind:

▸ Sich als fachkundig und teamfähig präsentieren.
▸ Den nächsten Karriereschritt anbahnen.
▸ Eine Beziehung zu Schlüsselpersonen aufbauen und pflegen.
▸ Die eigene Abteilung als innovativ, produktiv und serviceorientiert darstellen.

Egal, für welche Kombination von Gestaltungselementen Sie sich entscheiden – bei Ihrer Präsentation sollten Sie auf ein einheitliches Erscheinungsbild achten. Entscheidend ist nicht die Vielfalt der Mittel, sondern der Wiedererkennungswert! In der folgenden kleinen Präsentation finden Sie einige einfache Regeln.

3 mal 5 Profitipps zum Präsentieren:

Allgemein

1. Folien nicht überladen (»magische 7«).
2. Ein Gedanke pro Punkt, und zwar im Telegrammstil.
3. Je einheitlicher die Präsentation, desto höher die Aufmerksamkeit und größer die Gedächtnisleistung Ihrer Zuhörer.
4. Auf korrekte Rechtschreibung achten.
5. Nie vergessen: Der Köder muss dem Fisch schmecken!

3 mal 5 Profitipps zum Präsentieren:

Visualisierung und Orientierung

1. Komplexe Inhalte visualisieren:
   Mit Diagrammen, Tabellen, Bildern.
2. Layout nicht mit Dekorelementen überladen.
3. Folien nummerieren und/oder Orientierungshilfen geben.
4. Symbolik (Farben, Formen) verwenden.
5. Alle Folien mit Logo versehen.

3 mal 5 Profitipps zum Präsentieren:

Layout

1. Grundsätzlich einheitliches Layout verwenden.

2. Ausreichend Rand für Übersichtlichkeit lassen.

3. Wichtiges immer mit den gleichen Gestaltungsmitteln hervorhebeen.

4. Nicht mehr als 2 möglichst serifenlosen Schriften pro Folie.

5. Größe mindestens 24 Punkt.

Public Relations

Tue Gutes und bringe andere dazu, darüber zu reden

Was Sie in diesem Kapitel lesen

- ▶ Public Relations vs. Werbung
- ▶ PR-Kommunikationsmittel und -anlässe
- ▶ Kleines Einmaleins der PR-Arbeit: Pressemitteilung
- ▶ Ideen für die innerbetriebliche Kommunikation

>Wenn ein junger Mann ein Mädchen kennen lernt
und ihr erzählt, was für ein großartiger Kerl er ist,
so ist das Reklame. Wenn er ihr sagt, wie reizend sie aussieht,
so ist das Werbung. Wenn sie sich aber für ihn entscheidet,
weil sie von anderen gehört hat, er sei ein feiner Kerl,
so sind das Public Relations.«
ALWIN MÜNCHMEYER

Public Relations vs. Werbung

Kommunikation mit Kunden bedeutet mehr als klassische Werbung. Komplett wird eine Kommunikationsstrategie erst durch Public Relations (PR oder Öffentlichkeitsarbeit). Darunter fasst man alle Anstrengungen von Unternehmen, Staat, Kommunen, Verbänden und Organisationen zusammen, die darauf zielen:

▶ die Öffentlichkeit für die eigene Arbeit und die anvisierten Ziele zu interessieren,
▶ ein eigenständiges, positives Image zu gestalten,
▶ Vertrauen zu schaffen,
▶ sich im Gespräch zu halten.

Sie werden sehen, dass im PR-Sinne bereits Ihre Vorgesetzten und Kollegen Öffentlichkeit darstellen und somit Zielgruppe für interne PR-Arbeit sind. Bleiben wir aber vorerst bei einem generellen Blick auf Public Relations.

Im Gegensatz zur Werbung ist die PR-Arbeit weniger markt- als vielmehr öffentlichkeitsorientiert. Sie nimmt somit eine gesellschaftspolitische Informationsfunktion wahr. Dabei kann sich die PR-Arbeit auf ein einzelnes Produkt, auf Personen und auf das gesamte Unternehmen beziehen.

TIPP ... fürs Eigenmarketing

Auch bei der Eigen-PR gilt: Erfolgversprechend sind nur Produkte, deren Stärken angemessen kommuniziert werden. Genauso gilt auch, dass Lob und Anerkennung Holschuld sind. Versuchen Sie zum Beispiel Überbringer guter Nachrichten zu sein: »Frau Dr. Fritsche, ich wollte, dass Sie die erste sind, die es erfährt: Heute hat mir die FrenchLogistics zugesagt, dass wir den Auftrag bekommen.« Und stellen Sie Ihren Anteil am Erfolg heraus: »Hat sich doch gelohnt, dass ich so hartnäckig dran geblieben bin.«

Jedes größere Unternehmen verfügt heute über einen PR-Verantwortlichen, PR-Referenten, einen Pressesprecher oder gar eine ganze PR-Abteilung. Oft werden die internen Kräfte durch externe PR-Agenturen unterstützt. Zu den Aufgaben gehören unter anderem:

- ▶ gute Kontakte zu den Medien herzustellen und zu unterhalten,
- ▶ Pressekonferenzen durchzuführen,
- ▶ Geschäftsberichte zu gestalten,
- ▶ Broschüren, Kundenzeitschriften und andere Publikationen zu veröffentlichen.

Es empfiehlt sich, einen guten Kontakt zu den firmeneigenen PR-Verantwortlichen zu haben. Schließlich sind sie es, die Ihre Ideen und Produkte professionell kommunizieren.

Da das positive Image eines Unternehmens eine immer wichtigere Rolle bei der Kaufentscheidung spielt, kommt auch der PR-Arbeit eine zunehmend wichtige Rolle zu. So kann ein umweltfreundliches Image eines Unternehmens oder Produkts in Zeiten wachsenden Umweltbewusstseins den Absatz spürbar erhöhen. Oft setzt die PR-Arbeit außerhalb des publizistischen Bereichs an: So können Sie etwa durch Sponsoring kulturelle, wissenschaftliche oder sportliche Aktivitäten fördern, um das Image Ihres Unternehmens zu pflegen.

Kurzum: Public Relations sind kein Mittel, versteckt Werbung zu betreiben. Vielmehr sind sie das gezielte und legitime Bemühen um ein besseres Bild in der Öffentlichkeit sowie um Aufbau von Vertrauen. Werbung hingegen soll Emotionen wecken und latent vorhandene Wünsche systematisch ansprechen.

Da Berichte im inhaltlichen Umfeld einer Pressepublikation glaubwürdig wirken und meist einen hohen Informationsgehalt bieten, kommt – gut gemachte – PR meist auch gut beim Leser an. Zudem erreichen Sie dadurch viele Menschen zu vergleichsweise geringen Kosten. Zielgruppen für PR-Arbeit sind demnach:

- Medien,
- Märkte und Kunden,
- Lieferanten und andere Geschäftspartner,
- Politiker und allgemein die Öffentlichkeit,
- Bevölkerung am Unternehmensstandort (etwa bei Chemieunternehmen),
- Geschäftsführung und andere Führungskräfte sowie alle Mitarbeiter (und deren Familien).

Je nach Zielgruppe können Sie mit Ihrer PR-Arbeit ein gutes Image sowohl für das ganze Unternehmen als auch für einzelne Produkte aufbauen und den Bekanntheitsgrad in den jeweiligen Zielgruppen erhöhen. Letztlich fördern Sie so den Verkauf und verbessern Ihre Wettbewerbsfähigkeit.

Die interne PR kann – aus Unternehmenssicht – für ein besseres Betriebsklima sorgen und bei allen Mitarbeitern eine positive Einstellung zum Unternehmen oder einzelnen Bereichen und Produkten aufbauen. Sie kann aber auch helfen, neue Mitarbeiter zu gewinnen und gute Mitarbeiter an das Unternehmen binden sowie deren Engagement und Loyalität fördern. Das steigert nicht zuletzt deren Leistung. In Ihrem Sinne kann interne PR Ihnen helfen, Ihre Ideen und Projekte bekannt zu machen und voranzubringen.

TIPP

... fürs Eigenmarketing

Es kommt heute nicht mehr so darauf an, was Sie alles wissen, sondern wen Sie kennen. Und noch mehr kommt es darauf an, wer Sie kennt. Erleichtern Sie es deshalb anderen, Sie kennen zu lernen und sich an Sie zu erinnern. Achten Sie zum Beispiel auf ein gut lesbares Schild mit Vor- und Nachnamen an Ihrer Bürotür. Und wenn Sie merken, dass Ihr Gesprächspartner Ihren Namen einmal nicht parat hat, bauen Sie ihn in das Gespräch ein, damit sich Ihr Partner ihn noch besser einprägen kann: »Da sagt doch nach dem letzten Abteilungsmeeting Frau Gottlieb zu mir: Herr Eigen, stellen Sie sich vor ...«

PR-Kommunikationsmittel und -anlässe

Welches Mittel und welchen Anlass Sie für Ihre Botschaft nutzen, hängt von Ihrem Ziel ab. In jedem Fall steht Ihnen eine ganze Reihe von Kommunikationsmitteln und -anlässen zur Wahl.

In den Printmedien bieten sich folgende Kommunikationsmittel an:

- Pressemitteilungen,
- Fachartikel,
- Anwenderberichte (Case-Study, Success-Story),
- Imagebroschüren,
- Geschäftsberichte,
- Mitarbeiterzeitschriften,
- Kundenzeitschriften,
- Newsletter für Geschäftspartner,
- Festschriften,
- Zeitungsbeilagen (Sonderbeilagen),
- Gewinnspiele.

In den elektronischen Medien wie Radio, Fernsehen oder Internet stehen unter anderem diese Kommunikationsmittel zur Verfügung:

- Verlinkungen,
- Gewinnspiel-Sponsoring,
- Kooperationen,
- Product-Placement,
- Anwenderberichte.

Kontakte zu den Medien

Im Gegensatz zur Werbung, mit der Sie eine Vielzahl anonymer Adressaten ansprechen, zielen Sie mit Ihrer PR-Arbeit immer nur auf einen kleinen, überschaubaren Kreis: die Medienvertreter. Es empfiehlt sich deshalb, Kontakt und persönliche Beziehungen zu Ihren Ansprechpartnern, den Journalisten, zu pflegen. Denn sie entscheiden darüber, ob und wie über Ihr Unternehmen und Ihre Produkte in den Medien berichtet wird. Meist erledigt Ihre PR-Abteilung diese Arbeit für Sie. Hier ein paar Stichworte zum Umgang mit den Medien und wie Sie Ihre PR-Kollegen dabei unterstützen können.

Zur Kontaktpflege gehört eine detaillierte Datenbank, ein Presseverteiler mit allen Ansprechpartnern in den Medien und deren Zuständigkeiten. Diese Datenbank sollte aber auch Informationen zu Eigenheiten, privaten Vorlieben und Ähnlichem enthalten. So sind Sie jederzeit in der Lage, insbesondere im persönlichen Gespräch, auf die Interessen jedes Medienvertreter individuell einzugehen.

Dafür gibt es mehr Anlässe, als Sie vielleicht denken. Nicht nur der Launch eines neuen Produkts bietet sich an. Bleiben Sie immer am Ball, und zeigen Sie auch dann gegenüber den Medien Flagge, wenn keine brandaktuelle Neuerung ansteht. Sie sollten jedoch dabei nie mit inhaltsleeren Meldungen langweilen. So bietet es sich bei Nachrichtenflaute an, interessante News etwa aus der Produktentwicklung zu kreieren. Die folgende Liste gibt Ihnen dazu einige Anregungen. Wichtig ist dabei immer der Grundsatz: Bestimmen Sie Ihre Kernbotschaft, und setzen Sie sich klare Ziele. Nur so können Sie gegenüber der Presse ein klares Bild aufbauen. Und: Sagen Sie immer die Wahrheit, denn Journalisten sind sehr kritisch. Übertreiben Sie also nie, und versprechen Sie nie allerneueste Nachrichten, wenn es nur um aufgewärmte Schlagzeilen von vorgestern geht.

Hier eine Übersicht über die wichtigsten Kommunikationsanlässe:

- ► Pressekonferenzen,
- ► Pressegespräche,
- ► Interviews,
- ► Podiumsgespräche,
- ► Diskussionsrunden und Round Table,
- ► Symposien,
- ► Präsentationen,
- ► Fachkonferenzen,
- ► Kongress- und Messe-Beteiligungen,
- ► Veranstaltungen inklusive Moderation,
- ► Seminare,
- ► Tage der offenen Tür und Hausmessen,
- ► Kunden-Info-Veranstaltungen,
- ► Jahrestagungen,
- ► Geschäftseröffnungen,

▶ Jubiläen,

▶ Preisverleihungen,

▶ Verlosungen.

Innovativ: Online-Relations

Neue Möglichkeiten für die PR-Arbeit bietet auch das Internet. Damit können Sie mit den Medien sowie Ihren Kunden und Geschäftspartnern sehr direkt kommunizieren. Ihr erster Schritt zu erfolgreichen Online-Relations ist ein einheitliches und tragfähiges Konzept, auf das Sie alle Webaktivitäten abstimmen. Dies spart langfristig Zeit, Mühe und Geld. Denn Online-PR ist weit mehr als eine ins Internet gestellte Pressemitteilung oder als das Hinzufügen eines weiteren Kommunikationskanals.

Online-PR hat die Aufgabe, den Internet-Auftritt Ihres Unternehmens strategisch zu planen. Das Internet bietet hierzu einzigartige Chancen, da Informationen extrem schnell verfügbar sind. Darüber hinaus eröffnet es die Möglichkeit zum Dialog, etwa über Mailing-Listen, Chats oder Meinungs- und Verbraucherforen. Hinzu kommen weitere Argumente für einen PR-Auftritt im Internet:

▶ Online-PR erfüllt den Wunsch nach 24/7-Verfügbarkeit (24 Stunden am Tag, 7 Tage pro Woche).

▶ Sie kann Informationen aktiv bereitstellen.

▶ Sie sorgt, etwa via E-Mail-Anfragen, für eine unmittelbare Kommunikation.

▶ Online-PR kann die unterschiedlichen Informations- und Dialogbedürfnisse aller Zielgruppen erfüllen.

▶ Sie bietet, insbesondere für Medienvertreter, jederzeit abrufbare Texte und Bilder aus dem Archiv.

TIPP

... fürs Eigenmarketing

Am Ball bleiben heißt: Halten Sie den Presseverantwortlichen Ihres Unternehmens auf dem Laufenden. Informieren Sie ihn – regelmäßig und ohne ihn mit unnötigen Details zu belästigen – über alle wichtigen Entscheidungen und Entwicklungen in Ihrem Verantwortungsbereich. So bleiben Sie ihm als hilfreicher Ansprechpartner in Erinnerung. Und vielleicht greift der PR-Profi im Gespräch mit Ihnen ja auch einen Gedanken auf, den er zu einem PR-Anlass aufpoliert.

Kleines Einmaleins der PR: Pressemitteilung

Pressemitteilung, Pressemeldung, Presseinformation und Presseinfo sind vier Begriffe für dieselbe Sache mit derselben Aufgabe: Informationen an Journalisten übermitteln. Die Pressemitteilung ist die Grundlage aller PR-Arbeit. Mit dem Wissen darüber können Sie den PR-Profis in Ihrem Unternehmen oder Ihrer Agentur helfen, Ihr Produkt in Szene zu setzen.

Wichtig dabei ist, sich den Unterschied von Werbung und Pressearbeit stets vor Augen zu führen. Denn Ziel und Zielgruppe von Werbung und PR-Arbeit sind grundverschieden. So will Werbung die Zielgruppe Kunden zum Kauf bewegen. Bei einem Werbeflyer oder bei werblichen Anschreiben geht es also darum, eine Sehnsucht nach einem Produkt zu wecken. Presseleute hingegen sind auf der Jagd nach Neuigkeiten. Sobald Sie Journalisten werblich ansprechen, reagieren diese sehr empfindlich. Die Pressemitteilung soll vielmehr die Zielgruppe Journalisten zu einem Medienbericht motivieren. Kurzum: Die einen sollen etwas tun, die anderen etwas weitersagen.

Eine Pressemitteilung muss deshalb nicht nur informativ sein, sondern die Medienleute auch bei Ihrer Arbeit unterstützen. Das heißt, sie muss journalistischen Ansprüchen genügen. Dazu müssen Sie etwas wirklich Neues hineinpacken: etwa ein neues Produkt, eine neue Funktion oder eine neue Sponsoring-Aktivität. Und sie muss alle W-Fragen beantworten: Wer? Was? Wann? Wo? Wie? Welche Quelle? Wenn Sie alle W-Fragen in ein, zwei Sätzen beantworten können, sind diese ihre Kernbotschaft, auch wenn Sie etwa Ihre Vorgesetzten von einer neuen Idee überzeugen wollen.

Ein Flyer darf deshalb sehr viel emotionaler und reich bebildert sein, nicht jedoch die Pressemitteilung, die fast ausschließlich auf Text basiert und damit sehr viel sachlicher ist. Außerdem ist eine Pressemitteilung immer sehr vergänglich; sie lebt vom aktuellen Anlass, zu dem sie den Journalisten rechtzeitig vorliegen muss. Ein Flyer erregt durch seine auffällige Gestaltung Aufmerksamkeit, die Pressemitteilung interessiert den Journalisten aufgrund der spannenden Headline oder des interessanten Absenders.

Analyse von Unternehmen, Abteilung und Produkt

Bevor Sie loslegen und eine Skizze für eine Pressemiteilung schreiben, sollten Sie sich – allein oder in Ihrem Team – zuerst einige grundlegende Fragen zu Ihrem Unternehmen oder Ihrer Abteilung und zu Ihrem Produkt beantworten. Sie helfen Ihnen, sich über Ihre Zielsetzungen und die dafür nötigen Kernaussagen klarer zu werden.

- ► Woher kommen wir?
- ► Wer sind wir?
- ► Was wollen wir?
- ► Wer sind unsere Partner?
- ► Wer sind unsere Wettbewerber?
- ► Von wem wollen wir uns positiv abheben?
- ► Wodurch überleben wir auf lange Sicht?
- ► Worin besteht unsere Einmaligkeit?
- ► Was sind unsere Zeichen und Symbole?
- ► Auf welche Medien setzen wir?
- ► Wodurch ist unser Kommunikationsstil gekennzeichnet?
- ► Was wissen die eigenen Mitarbeiter über uns?
- ► Was tun wir zur laufenden Unterrichtung der Öffentlichkeit?
- ► Sind sich Ihre Mitarbeiter bewusst, dass jeder von ihnen PR-Träger ist?
- ► Was wollen wir kommunizieren?

Funktion und Aufbau einer Pressemitteilung

Aufbau und Gestaltung einer Pressemitteilung ergeben sich aus ihrer Funktion: Eine Pressemitteilung soll informieren und Journalisten gleichzeitig eine Arbeitshilfe bieten. So beantwortet sie die zentralen journalistischen W-Fragen und liefert zudem Hintergrundinformationen, um die Recherche zu erleichtern. Im Idealfall regt sie den Journalisten an, einen redaktionellen Beitrag aufgrund Ihrer Pressemitteilung zu bringen. Dabei dient sie dem Pressemann auch als Ideen-Steinbruch, aus dem er sich die schönsten Formulierungen aussuchen kann.

Die Gestaltung folgt diesen Funktionen. Die zentralen Informationen sollten leicht zu erkennen sein, Interesse wecken und zum Lesen animieren. Eine klare und aussagekräftige Headline weckt die Neugier, ein kurzer Einführungstext (Lead) orientiert über den Inhalt. Der Lead kommt der Arbeitsweise von Journalisten entgegen: Alle Nachrichten in der Presse haben diesen Vorspann, der alle wichtigen Informationen enthält und die W-Fragen beantwortet.

Es geht also bei der Pressemitteilung nicht um einen dramaturgischen Aufbau mit epischer Einleitung – im Gegenteil: Man fällt mit der Tür, also der ganzen Geschichte, ins Haus. Erst danach wird – im Fließtext – die ganze Geschichte mit allen Zusatzinfos und Hintergründen ausgebreitet. Der Vorteil dieser Erzählweise: Wer wenig Zeit hat – wie alle Journalisten – benötigt nur wenige Sekunden, um zu erkennen, ob ihn die Geschichte interessiert. Darüber hinaus kann er ganz einfach den Text von hinten nach vorne kürzen.

Fotos oder Illustrationen machen die vielleicht zu trockene Infomasse lebendiger. Dies kann jedoch bei digital verteilten Presseinformationen wegen der teilweise immensen Dateigröße von Bildern bei langsamen Übertragungstechniken ein Problem darstellen.

Was eine gute Pressemiteilung auszeichnet

Vergessen Sie nie die Redensart: »Nichts ist älter als die Zeitung von gestern.« Ihre Pressemiteilung muss deshalb in jedem Fall einen Neuigkeitswert haben. Sagen Sie, warum die Information für die Leser des Blatts des Journalisten von

Interesse ist. »Hund beißt Mann« ist uninteressant, »Mann beißt Hund« hingegen neu und interessant. Stellen Sie also klar heraus, was neu und interessant ist.

Da die Zielgruppe wenig Zeit und Lust hat zu lesen, muss die Pressemitteilung kurz sein – auch wenn Sie noch so viel Interessantes über Ihr Produkt zu erzählen haben. Um eine schnelle Orientierung zu bieten, muss der Aufbau stimmen: Das Wichtigste gehört nach vorne; es gibt also keine chronologische Schilderung. In der Headline wird der Inhalt der Presseinformation klar und deutlich genannt.

Geben Sie Ihren Informationen Leben, etwa durch die Nennung von an Ihrem Projekt beteiligten Namen (immer Vor- und Zuname, wenn nötig mit Titel und Funktionen) und durch Zitate dieser Macher. Bevorzugen Sie dabei »Hochkaräter«: Je höher der Status des Absenders einer Kommunikation desto größer erscheint die Bedeutsamkeit einer PR-Botschaft. Auch Namen sind Nachrichten. Ihre Darstellung muss aber immer sachlich und glaubwürdig bleiben.

Für die Wahl der Sprache gilt: Fassen Sie den Text allgemeinverständlich ab. Erklären Sie Fachausdrücke und Abkürzungen – soweit sie nicht Allgemeingut sind wie CD-ROM. Vermeiden Sie werbliche Formulierungen, und verfallen Sie nicht in Lobhudelei. Was guten Stil angeht, können Sie sich auch hier an den Tipps orientieren aus Kapitel »Basics der Kommunikationsgestaltung: AIDA, die magische 7 und mehr«.

... fürs Eigenmarketing

Wenn Sie bei Ihrem Chef punkten möchten, binden Sie ihn als »Kompetenzgeber« in Ihre Pressemitteilung ein. Zum Beispiel, indem er ein »knackiges« Zitat (das Sie, um ihm die Arbeit zu erleichtern, vorformuliert haben) beiträgt. So wird Ihre Pressemitteilung aufgewertet, und Ihr Chef auch, was er Ihnen danken wird.

Vergessen Sie nicht: Der Text soll nicht Sie oder Ihre Kunden ansprechen. Er soll bei der Zielgruppe, den Presseleuten, etwas bewirken. Damit dies funktioniert, müssen Sie einige Regeln bei Aufbau und Gestaltung einer Pressemitteilung beachten.

Regeln für das äußere Gesicht

Die Blätter im Format DIN A 4 werden nur einseitig beschrieben, am besten auf einem speziellen Bogen für Pressemitteilungen. Schreiben Sie je Zeile etwa 60 Anschläge, wobei der Textteil zweizeilig angelegt ist. Links kann der Seitenrand normal breit sein, rechts sollte er etwas breiter sein, um Platz für Anmerkungen zu bieten.

Als Extraservice geben Sie die Gesamtanschlagszahl an, damit der Journalist schnell erkennt, wie viel Platz der Text in seinem Layout einnimmt. Der Text sollte möglichst nicht länger als zwei Seiten sein.

▶ Absender: Der Absender (das Logo) der Pressemitteilung steht deutlich sichtbar oben.

▶ Adresse: Die Adresse des Absenders mit Kontaktdaten und Namen der Ansprechpartner müssen ebenfalls deutlich sichtbar sein. Dazu können sie entweder beim Logo oder an einem anderen festen Platz zum Beispiel in der Fußzeile stehen.

▶ Pressemitteilung: Eine Pressemitteilung muss immer als solche gekennzeichnet sein. Bevor der eigentliche Text beginnt sollte also das Wort »Pressemitteilung«, »Presseinfo« oder Ähnliches abgedruckt sein.

▶ Headline und Subline: Der aktuelle Anlass der Pressemitteilung muss sofort ins Auge springen. Dabei dienen die Headline und die Subline (Unterzeile) als Übermittler. In unserem Indiasan-Beispiel macht »Wellness« den Nachrichtenwert aus. Der wichtigste Nachrichtenfaktor gehört unbedingt in die Headline, die anderen sollten in der Subline auftauchen. Je mehr Nachrichtenfaktoren in Headline und Subline abgedeckt werden, desto höher ist deren Informationswert.

▶ Lead: Bereits im Einstieg in den Text müssen Sie alle W-Fragen beantworten. Denn die Headline ist nur der Eyecatcher. Alle Fakten aus Headline und Subline sollten im Lead noch einmal auftauchen – sogar der identische Wortlaut ist hier gestattet.

▶ Fließtext: Anschließend werden die Zusatzinformationen ausgebreitet. Dazu haben Sie im Wesentlichen zwei Möglichkeiten. Entweder Sie schreiben einen durchgängigen Text, in dem Sie die Detailfragen beantworten: Warum? Wie genau? Seit wann? In welchem Zusammenhang? Was sagen die anderen? Oder Sie gliedern diese Informationen in kleine Abschnitte mit passenden Zwischentiteln.

► Hinweis zu weiterer Information: Hier können etwa Internet-Links aufgeführt werden.

► Informationen über das Unternehmen: Zur Orientierung für den Journalisten sollte immer ein Absatz zum Unternehmen angefügt werden. Er wird zwar meist überlesen, falls der Journalist diese Infos aber braucht, muss er so nicht extra bei Ihrer Presseabteilung anrufen. Eine kleine Arbeitserleichterung als Extra-Service also.

Briefing für Pressemeldung für ein neues Produkt

Die folgende Checkliste hilft Ihnen, alle wichtigen Informationen für eine Pressemitteilung zu sammeln:

► Wie heißt das neue Produkt?

► Was kann das Produkt?

► Was macht es einzigartig?

► Was unterscheidet es von seinen Wettbewerbern?

► Wer kann dieses Produkt einsetzen? Wer ist die Zielgruppe?

► Was wollen Sie erreichen oder bewirken?

► Wie viel kostet es?

► Wann wird es verfügbar sein?

► Sind besondere Events geplant? Wo? Wann?

► Gibt es ein Statement der Geschäftsleitung?

► Gibt es ein Statement eines Kunden zum Produkt, zum Unternehmensporträt und zur Unternehmenszielsetzung?

► Welche Personen müssen oder dürfen nicht genannt werden?

► Welche allgemeinen Daten zum Unternehmen wie Mitarbeiterzahlen, Produktlinien und andere interessante wirtschaftliche Faktoren können die Pressemitteilung abschließen?

► Gibt es ein aussagefähiges Foto, das die Aufmerksamkeit erhöht oder komplexe Zusammenhänge erklärt? (Fotos sollten Sie aber nur verwenden, wenn Sie wirklich zusätzliche Informationen bieten, sonst landen Sie sofort im Papierkorb der Redaktion.)

Wenn der Texter Schwierigkeiten hat, bitten Sie ihn, ein Re-Briefing zu erstellen. Es enthält die Aufgabenstellung sowie Überschrift und Textstruktur mit Inhaltsangabe. So sehen Sie meist sehr schnell, wo Sie aneinander vorbeigeredet haben.

Für Indiasan könnte eine Pressemitteilung folgendermaßen aussehen:

**B
E
I
S
P
I
E
L**

Wulf AG Hamburg

Pressemitteilung

Indiasan: neue bahnbrechende Wellness-Lotion mit Zweifach-Wirkung für sportlich aktive Männer und Frauen

Neuer Trend: Wirkstoffkombination auf Basis der indischen Büschelbeere nach ayurvedischen Grundsätzen hergestellt; leicht einziehende Wirkstoffe mit Zweifachwirkung für Muskulatur und Haut.

Hamburg, 1. April 2003. »Indiasan – und du fühlst dich wiedergeboren« – mit diesem Slogan hat die Wulf AG Hamburg, führender Hersteller für Kosmetikprodukte, heute ihre neue Körperlotion Indiasan für sportlich aktive Männer und Frauen vorgestellt. Das auf Basis der indischen Büschelbeere entwickelte Produkt bietet Sportbegeisterten eine praktische Zweifach-Wirkung: Indiasan fördert die Durchblutung, sodass sich beanspruchte Muskulatur schneller regeneriert. Zum anderen pflegt und strafft es die Haut mit schonenden Wirkstoffen und erhält so jugendliches Aussehen. Bei Frauen wird dadurch die Rückbildung von Cellulite in den Problemzonen aktiv unterstützt. Außerdem konnte auf zusätzliche, oft schädigende Duftstoffe verzichtet werden, weil die Büschelbeere in ihrer natürlichen Zusammensetzung eine belebende Substanz enthält, die einen angenehmen Duft ausströmt. Die schnelle und nachhaltige Wirkung von Indiasan wurde am Kölner Institut für Dermatologie und Detonisierung von Professor Dr. Dr. Mayer bestätigt: »Die Lotion hat an über 96 Prozent der Probanden einen spürbaren Effekt gezeigt.« Indiasan wird in praktischen Spenderflaschen ausgeliefert, die ab sofort zu einem Preis von 19,90 Euro in Fitness-Studios, Wellness-

Hotels sowie ausgesuchten Sportabteilungen von Warenhäusern und in Supermärkten angeboten werden.

Gut aussehen heißt sich wohl fühlen. Und wer sich wohl fühlt, sieht auch besser aus. Sportliche Aktivität trägt zu diesem Wohlbefinden und damit zu frischerem Aussehen entscheidend bei. Besonders nach aktiver Bewegung mit Schwitzen und anschließendem Duschen braucht die beanspruchte Muskulatur viel Aufmerksamkeit. Damit Probleme wie Muskelkater, Verspannungen oder gar Muskelschmerzen die Freude am Sport nicht trüben, bietet die Wulf AG Hamburg ihre Wellness-Lotion Indiasan an. Die besondere Zusammensetzung dieses Intensiv-Pflegeproduktes sorgt dafür, dass die Wirkstoffe leicht in die Haut einziehen und dort schnell wirken, wo sie nach dem Sport benötigt werden: in den Muskeln.

Zweifach-Wirkung: entspannte Muskulatur, Anti-Aging-Effekt und dazu angenehmer Duft

Namensgeber von Indiasan waren zum einen die Essenzen der indischen Büschelbeere, zentraler Wirkstoff der Lotion, sowie die Herstellungsart nach ayurvedischen Grundsätzen, einer altindischen Gesundheitslehre, deren Regeln in der Kosmetikindustrie zunehmend an Bedeutung gewinnen.

Indiasan bietet aktiven Männern und Frauen eine Komplettpflege nach dem Sport: Die Muskulatur kann sich schneller von der Belastung erholen. Im Gegensatz zu anderen Pflegeprodukten mit ätherischen Ölen spendet Indiasan der Haut die Feuchtigkeit, die sie beim Schwitzen und Duschen verloren hat. Dieser Anti-Aging-Effekt wird durch den dezenten Duft komplettiert, den die Lotion entfaltet, obwohl sie ohne chemische Duftzusätze auskommt. So verleiht Indiasan Sportlern beiden Geschlechts das sichere Gefühl, sich ohne viel Aufwand richtig gepflegt zu haben.

Weitere Informationen zu Indiasan mit Tipps zur Anwendung erhalten Sie unter *www.wulf-ag-hamburg.de/indiasan*.

Über die Wulf AG Hamburg

Die Wulf AG Hamburg ist führendes Unternehmen für Kosmetikprodukte mit Sitz in Hamburg. Seit der Gründung 1928 liegen die Schwerpunkte seiner breiten Produktpalette für Männer und Frauen auf den Bereichen Sport, Fitness, Wellness und Gesundheit. Auf Basis alt überlieferter Lehren wie Ayurveda entwickelt die Wulf AG Hamburg moderne Pflegeprodukte, die gleichsam zu besserer Gesundheit und nachhaltigem Wohlbefinden beitragen. Seit 1993 gehört die Wulf AG Hamburg zur Great Benefit Group mit Hauptsitz in Boston (USA). Informationen zum Unternehmen und seinen Produkten finden sich unter *www.wulf-ag-hamburg.de*.

Anschläge insgesamt: 3.937.

Ideen für die innerbetriebliche Kommunikation

Zum Abschluss dieses Kapitels werfen wir einen Blick auf PR-Maßnahmen, die Sie und Ihr Team innerbetrieblich nutzen können, um Ihre Ideen, Ihre Projekte sowie sich selbst bekannt zu machen. So können Sie Unterstützung für Ihre Arbeit gewinnen oder das Selbstverständnis Ihrer Abteilung für die neuen Aufgaben weiterentwickeln.

Zielgruppen hierfür sind unter anderem Führungskräfte anderer Abteilungen, andere Abteilungen insgesamt, Fachbereiche und Regionen sowie die Außenwelt, zum Beispiel Geschäftspartner. Dabei gilt es, die Zielgruppen und deren Bedürfnisse zu bestimmen, zum Beispiel:

▶ Einfluss gewinnen,
▶ soziale Kontakte pflegen,
▶ die Zugehörigkeit zu einem angesehen und erfolgreichen Team dokumentieren,
▶ Offenheit signalisieren,
▶ Orientierung geben,
▶ Führungsanspruch vermitteln,
▶ positive Verstärkung geben,
▶ Kollegen und andere Abteilungen positiv erwähnen und so eine Win-win-Situation schaffen.

Beispielhafte Projekte im Stenogramm

Bei allen Projekten der innerbetrieblichen Kommunikation sollten Sie beachten, dass einige Faktoren zum Teil bereits durch die Firmenkultur vorgeschrieben sind, zum Beispiel durch Vorgaben zur Gestaltung von Geschäftsunterlagen.

Intranetauftritt

Zielgruppe(n): alle.
Ziel: Informationen an eine Vielzahl von Zielgruppen über die konzernweite technische Plattform bereitstellen.
Zeitangabe: möglichst regelmäßig aktualisieren, mindestens monatlich.

Nutzen:
► Präsenz der Abteilung wird demonstriert.
► Befriedigt bei Zielgruppen das Bedürfnis nach Orientierung.
► Ermöglicht einen einheitlichen und kontrollierbaren Einstiegspunkt für Arbeitsmittel der Abteilung (Vorlagen, wichtige Links, gemeinsame Bearbeitung von Dokumenten).

Mitarbeiter- und Kundenzeitschrift

Zielgruppe(n): alle.
Ziel: Eigene Arbeit im redaktionellen Umfeld anderen vorstellen.
Zeitangabe: je nach Nachrichtenlage.

Nutzen:
► Präsenz und Leistungsfähigkeit der Abteilung wird demonstriert.

TIPP **... fürs Eigenmarketing**
Wann immer über Ihre Abteilung und Ihr Produkt in der Mitarbeiterzeitschrift berichtet werden soll, helfen Sie dem Redakteur, indem Sie ihn mit gut strukturierten Informtionen versorgen. Orientieren Sie sich dabei an den Leitlinien, die wir für die Pressemitteilung ent-

wickelt haben. Und wenn Sie ihn mit Bildmaterial versorgen, sollten Sie darauf achten, mit auf einem Foto zu sein.

CI für Abteilung (Logo, Standardfoliensatz und anderes)

Zielgruppe(n): alle.
Ziel: Gruppensymbol (Logo), einheitliches Layout von Dokumenten und Präsentationsvorlagen entwickeln.
Zeitangabe: einmalig.

Nutzen:

► Unterstützt Orientierung bei Prozesspartnern.
► Unterstützt Erinnerungswirkung,
► Jeder Mitarbeiter kann kompetent mit attraktiven Folien die Ziele und Aufgaben der Abteilung in Projektmeetings oder bei ähnlichen Gelegenheiten darstellen.
► Zugehörigkeit zu einer angesehenen Gruppe kann demonstriert werden.

News

Zielgruppe(n): alle.
Ziel: Regelmäßig Informationspakete mehr oder weniger zielgruppenspezifisch versenden.
Zeitangabe: quartalsweise.

Nutzen:

► Demonstrieren, dass etwas geschieht.
► Anlass für Folgekommunikation.
► Befriedigt bei Zielgruppen das Bedürfnis nach Orientierung.

Problem:

► Nachschub von wirklich wichtigen und interessanten neuen Informationen in regelmäßigem Abstand (mindestens vierteljährlich), die auch dann noch gültig bleiben, wenn sie nicht tagesaktuell verschickt werden.

Umsetzung

Arbeit mit Werbe- und PR-Agenturen

Das lesen Sie in diesem Kapitel

- ► Keine Angst vor Kreativen!
- ► Berufe in der Agentur
- ► Agenturtypen
- ► Mit Agenturen arbeiten
- ► Kommunikation testen

>»Die Hälfte aller Werbeausgaben ist für die Katz.
Aber welche Hälfte?«
John Rodman Wanamaker

Keine Angst vor Kreativen!

Finden Sie sich geistreich? Und witzig? Und mutig?

Deutsche Werber beklagen, dass unsere Werbung zu langweilig ist. Mag sein, dass dieser Vorwurf allzu oft zutrifft. Doch auf der anderen Seite ist dies noch lange kein Grund, Werbung nur um ihrer selbst willen zu machen. Denn genau dies tun Kreative viel zu oft.

Doch Werbung ist keine Kunstform, sondern eher ein Kunsthandwerk oder Handwerk, das Produkte verkaufen helfen soll. Viele Agenturen leben in ihrer eigenen Welt und beschäftigen sich lieber mit ihren Ideen als mit dem Leben und Wünschen der Verbraucher. Leider lautet das oberste Ziel eines Kreativen allzu oft der Gewinn eines ADC-Preises, des deutschen »Werbe-Oskars«. Vergessen Sie aber nie: Ihr Köder, Ihre Werbung, muss dem Fisch schmecken, nicht Ihnen oder den Kreativen.

Was ist nun gute Werbung? Ein Beispiel: Sie sehen im Fernsehen oder im Kino einen tollen, witzigen Spot. Doch von wem war er eigentlich? Und um welches Produkt ging es? Sie merken schon: Toll ist nicht gleich gut, denn Werbung soll schließlich Ihr Produkt nach vorne bringen. Keine Sorge, Werbemaßnahmen zu beurteilen, ist gar nicht so schwierig. In diesem Kapitel finden Sie dazu Anregungen sowie eine erprobte Checkliste.

Früher hieß die Devise für Marketingleute: Sie haben 30 Sekunden; nutzen Sie sie, um Ihr Produkt zu verkaufen, also zu zeigen. Heute gilt bei vielen Agenturen eher das Prinzip: Nutze 27 Sekunden, um eine witzige, tolle Geschichte zu erzählen, die verbleibenden drei Sekunden werden schon für das Produkt reichen.

Genauso wichtig ist die Frage des Timings, das heißt: Wie lange sollte eine Kampagne laufen, und wann ist es Zeit, sich neue Konzepte auszudenken. Die Erfahrung zeigt: Ist zum Beispiel ein Spot erst einmal über die Sender gelaufen, empfehlen Kreative recht schnell, sich an die Arbeit für einen neuen Spot zu setzen. Kreative sind nach intensiver Arbeit an Kampagnen schnell vom eigenen Werk gelangweilt. Die Verbraucher hingegen haben ihn vielleicht erst zwei, drei Mal gesehen. Und sie brauchen mindestens sechs Mal, um sich überhaupt daran zu erinnern. Wenn die Werbung jedoch zu penetrant ist, kommt es zum so genannten Abnutzungseffekt, der das Gegenteil bewirkt.

Um zu klären, wann ein Wechsel angesagt ist, sollten Sie also nie sich selbst oder Ihre Werbeagentur als Maßstab nehmen. Denn wenn Sie und Ihre Kreativen meinen, sie können die Werbung nicht mehr sehen, ist das für Ihre Zielgruppe meist noch lange nicht der Fall, da sie leider viel weniger mit der Werbung konfrontiert wird, als Sie sich das wünschen. Im Zweifelsfall hilft ein Markttest. Im Laufe dieses Kapitels finden Sie dazu Anregungen im Abschnitt »Kommunikation testen«. Zunächst jedoch ein Blick in die Agenturen, damit Sie die Arbeit der Kreativen besser verstehen und effizienter mit ihnen zusammenarbeiten können.

Berufe in der Agentur

Werbung wird entweder von firmeneigenen Werbeabteilungen oder von externen Werbeagenturen geplant und umgesetzt. Im Folgenden erhalten Sie vorab zum besseren Verständnis einen kleinen Überblick über die Berufe Ihrer Ansprechpartner in klassischen Werbeagenturen. Als Ergänzung stellen wir Ihnen auch den PR-Berater als wichtigste Kontaktperson in PR-Agenturen vor.

Kontakter

In der Regel ist der Kontakter oder Berater Ihr Hauptansprechpartner in der Werbeagentur. Sie können ihn sich als Vermittler zwischen den Kreativen in der Agentur und Ihnen, also dem Auftraggeber, vorstellen. Ihnen gegenüber ist er der beratende Verkäufer, der Sie von den Leistungen der Agentur, insbesondere der kreativen Umsetzung der Werbekampagne, überzeugen muss. Genauso ist er aber für die von ihm betreute Marke verantwortlich und muss sicherstellen, dass diese innerhalb seiner Agentur bestmöglich betreut wird. Meist hat der Kontakter eine betriebswirtschaftliche Ausbildung mit Schwerpunkt Marketing durchlaufen.

PR-Berater

Der PR-Berater bildet im Bereich PR und Kommunikation die entscheidende Schnittstelle zwischen Ihnen und allen internen Abteilungen der PR-Agentur. Er ist verantwortlich für:

▶ Konzeption, Umsetzung und Steuerung sämtlicher PR-Maßnahmen,
▶ strategische Aufgaben wie Positionierung, Sprachregelungen,
▶ Steuerung der internen Kommunikation,
▶ Kontaktpflege mit Journalisten und Multiplikatoren Ihrer Branche,
▶ Koordination aller PR-Aktivitäten,
▶ PR-Arbeit für Messe- und Kongressaktivitäten.

Etat-Direktor

Er ist verantwortlich für den ganzen Kunden-Etat und rangiert somit über dem Kontakter. Er ist für die strategische Beratung des Kunden zuständig und gleichzeitig der Verantwortliche für Ihr Unternehmen innerhalb der Agentur.

Planer

Seit einigen Jahren gehört Planning zumindest in größeren und internationalen Agenturen fest zum Leistungsangebot. Der Planer zeichnet dabei für die gesamte Analyse und die Erfassung und Beurteilung strategischer Optionen verantwortlich. In manchen Organisationen übernimmt er auch die Rolle des »Verbraucheranwalts«, indem er dafür sorgt, dass der Kunde und seine Bedürfnisse bei der Entwicklung von Kampagnen nie aus den Augen verloren werden. Der Planer hat oft ein Psychologie- oder Soziologiestudium absolviert und stammt aus dem Marktforschungsbereich.

Innenkontakter

Der Innenkontakter oder Traffic-Mitarbeiter ist – als rechte Hand des Kontakters – für die Prozesssteuerung innerhalb der Agentur zuständig. Er sorgt dafür, dass Termine eingehalten werden und alle Beteiligten immer auf dem Laufenden sind.

Kreativ-Direktor

Der Kreativ-Direktor, auch Creative Director oder CD genannt, ist für die Kampagnenentwicklung verantwortlich. Je nach Organisationsform gibt es in Agenturen entweder Kreativ-Direktoren, die eine oder mehrere kreative Teams führen, die aus Textern und Art-Direktoren bestehen, oder Kreativ-Direktoren, die reine Text- bzw. Grafik-Teams leiten. Im letzten Fall sind für jede Kampagne immer zwei Kreativ-Direktoren verantwortlich: für Text und für Grafik.

Texter

Texter und Art-Direktor bilden meist eine kreative Keimzelle. Das heißt, zusammen entwickeln sie unter Führung eines Kreativ-Direktors alle Konzeptionen, Ideen und Kampagnen. Natürlich schreibt der Texter auch die Headlines und Copys. Von der Ausbildung her kommen Texter aus allen nur denkbaren Bereichen – oft sind es Quereinsteiger.

Die Erfahrung zeigt, dass wirklich gute Texter selten sind, aber immer ein Garant für herausragende und effektive Werbung. Schließlich gilt in der Werbung wie beim Film: Ohne eine gute Grundidee, ein gutes Drehbuch, kann kein gutes Endprodukt entstehen. Und dafür sind meist die Texter verantwortlich.

TIPP | **... fürs Eigenmarketing**

Lernen Sie von der Struktur in Agenturen: Dort arbeiten in jedem Feld jeweils Experten. Doch entscheidend ist die Teamarbeit, in der jeder die anderen zum Erfolg braucht. Lernen Sie von den echten Profis auch, die Ideen anderer zu respektieren und in Ihre Projekte zu integrieren.

Art-Direktor

Der Partner des Texters ist für die grafische, bildbezogene Konzeption und Umsetzung verantwortlich. Der Art-Direktor (AD) hat meist ein Grafikstudium absolviert. Er brieft Grafiker, Photographen oder Illustratoren und leitet und überwacht deren Arbeit.

Grafiker

Er arbeitet unter dem Art-Direktor und setzt das Layout um.

FFF-Producer

Er berät das kreative Team bei der Entwicklung von Fernseh-, Kino- und Radiospots und ist für die Produktion dieser Spots verantwortlich. FFF steht für Film, Funk und Fernsehen.

Art-Buyer

Das Art-Buying ist für den Einkauf und die Verpflichtung von externen Spezialisten wie zum Beispiel Fotografen, Filmregisseuren, Illustratoren oder Modellen zuständig. Außerdem besorgt der Art-Buyer Bilder und Requisiten.

Produktioner

Dieser Fachmann hat die eigentliche Produktion von Werbemitteln im Griff, so ist er auch der Kontaktmann zu Druckern und anderen.

Junior, Senior & Co.

Agenturen sind auch bei den Titeln sehr kreativ. So gibt es Junioren, das heißt Einsteiger, Senioren, also Erfahrene, oder auch »Client-Service-Directors« mit welcher Aufgabe auch immer. Scheuen Sie sich nicht zu fragen, was diese eigentlich tun und wofür sie verantwortlich sind, um Missverständnisse zu vermeiden.

Agenturtypen

Wo arbeiten all diese Spezialisten? Es gibt unterschiedliche Agenturtypen, die Ihnen bei der Arbeit begegnen könnten. Welche für Sie die Richtige ist, hängt davon ab, wie groß Ihr Auftragsvolumen ist, welche Leistungen Sie benötigen und eventuell auch, mit welchen Agenturen Ihr Unternehmen per Rahmenvertrag zusammenarbeitet.

Klassische Werbeagenturen als Full-Service-Agentur

Sie liefert alle Dienste aus einer Hand: von der kreativen Entwicklung für klassische Werbung, VKF und Packungsdesign über Mediaplanung und -schaltung bis hin zum Eventmarketing. Es gibt große Agenturen, die oft in weltweiten Netzwerken agieren. Mittelgroße Agenturen mit einer bis mehreren Niederlassungen sind meist national ausgerichtet und inhabergeführt. Kleine Agenturen sind oft regional ausgerichtet und werden ebenfalls von ihren Inhabern geführt. Darüber hinaus gibt es Kleinstagenturen mit sehr wenigen Mitarbeitern, die Freelancer oder andere Agenturen für spezielle Tätigkeiten einsetzen.

PR-Agenturen

Sie bieten Ihnen die Mitarbeit bei der Entwicklung von Kommunikationskonzepten und -strategien und unterstützen Ihr Unternehmen bei der Kontaktaufnahme und -pflege zu Meinungsbildnern in Presse, Politik und Wirtschaft. Die Mitarbeiter von PR-Agenturen konzipieren, gestalten und produzieren Pressemitteilungen, Imagebroschüren und andere Publikationen. Zudem planen und betreuen sie Pressekonferenzen und Journalistenseminare. Oft be-

gleiten sie auch Sponsoraktivitäten, Kongresse, Ausstellungen und Messebe-
teiligungen. Abgerundet wird das Angebot von PR-Agenturen durch um-
fangreiche Dokumentationsarbeiten und Wirkungs- und Erfolgskontrollen.

Mediaagenturen

Diese Agenturen haben sich auf die Planung und Schaltung spezialisiert –
meist in klassischen Medien (Funk, Fernsehen, Plakat) sowie Sonderformen
wie Außenwerbung (Hauswand, Baukran oder Großbildleinwände), Kino
oder Verkehrsmittelwerbung.

Internet-Agenturen

Sie haben sich auf alles spezialisiert, was mit dem Internet zu tun hat – vom
Webdesign über die Bannergestaltung bis zur Steuerung und Auswertung
(Wirkungsanalyse) der diversen Möglichkeiten im Internet.

Event- oder Promotion-Agenturen

Sie sind die Spezialisten für die Entwicklung und Durchführung von Veranstaltungen aller Art. Teilweise gibt es hier auch weitere Spezialisierungen etwa
in die Bereiche Sport oder Kultur.

VKF-Agenturen

Diese Agenturen entwickeln Aktionen, die sich an Außendienst, Handel und
Endverbraucher am Point-of-Sale wenden. Dazu zählen Außendienst-Wett-
bewerbe, Kundenveranstaltungen, Informationsveranstaltungen, Firmenjubiläen, Preisausschreiben, Promotion-Touren, Probieraktionen und vieles andere mehr.

Personal-Agenturen

Sie stellen Personal für VKF-Aktionen, zum Beispiel Promotion-Teams, die Zigaretten in Kneipen verteilen. Bei diesen Agenturen können Sie vom Zauberer bis zum Weihnachtsmann alles buchen.

Freelancer

In der Medienbranche gibt es eine große Schar an Freiberuflern, die von Agenturen wie Kunden gleichermaßen gebucht werden. Ihr Vorteil: Sie verfügen oft über langjährige Erfahrung in Top-Agenturen, sind aber ohne deren Verwaltungsapparat entsprechend günstiger. Einen guten Überblick über den Markt gibt die entsprechende Rubrik unter *www.horizont.de*. Eine weitere Anlaufstelle ist die Redbox: Der Almanach für Marketingprofis vermittelt auf 1.200 Seiten mit rund 40.000 Adressen aus dem In- und Ausland Daten von allen wichtigen Akteuren im internationalen Werbegeschäft, wie Agenturen, Fotografen, Studios, Filmproduktionen, Grafiker, Schauspieler und Stylisten (*www.redbox.de*).

Welcher Agenturtyp ist der richtige?

Bevor Sie sich für eine Zusammenarbeit mit einer Agentur entscheiden, gilt es einige Fragen zu klären:

- ▶ Welche Dienstleistungen deckt die Agentur ab?
- ▶ Hat die Agentur schon vergleichbare Aufgaben gelöst?
- ▶ Welche Kunden werden momentan betreut?
- ▶ Wie sieht das betreuende Kundenteam aus?
- ▶ Ist Termintreue garantiert?
- ▶ Ist der zu betreuende Etat aus Sicht der Agentur eher groß oder klein?
- ▶ Stimmt die Philosophie der Agentur mit der Ihres Hauses überein?
- ▶ Wie lange währt die Zusammenarbeit mit den derzeit betreuten Kunden?

Weiterhin müssen Sie die Frage beantworten, welcher Agenturtyp die beste Wahl für Ihre konkreten Aufgaben ist. Dabei können folgende Eckpunkte als Orientierung für die Wahl einer Agentur dienen:

- ▶ Eine große Full-Service-Agentur ist richtig, wenn es bei Ihnen um große Markenartikel geht, um internationale Kundenbeziehungen, um den Einsatz klassischer Medien und um vielfältige Aktivitäten. Die Agenturkosten sind hier unter anderem wegen teurer Kreativer und dem gesamten Verwaltungsapparat relativ hoch.
- ▶ Mittlere Agenturen sind ideal für nationale Marken oder Marken, die auch in Anrainerstaaten vertrieben werden. In solch einer Agentur sind Sie als Kunde noch wichtig, was in Großagenturen nicht unbedingt der Fall ist. Sie sind preiswerter, aber immer noch ist ein erheblicher finanzieller Einsatz für die Vollbetreuung notwendig.
- ▶ Kleine und Kleinstagenturen sollten Sie wählen, wenn Kreativität weniger wichtig ist, es aber auf das Handwerkliche ankommt, wenn zum Beispiel Informationsbroschüren Ihre wichtigsten Vermarktungsmittel sind.
- ▶ Mediaagenturen sollten Sie nutzen, wenn der Einsatz in klassischen Medien hoch ist. Durch ihre geballte Einkaufmacht kann eine große Mediaagentur zum Teil günstigere Schaltpreise bzw. Freischaltungen verhandeln.
- ▶ VKF-, Event- oder Personal-Agenturen werden gezielt und temporär eingesetzt, da es sich bei den Aktionen zumeist um zeitlich begrenzte Projekte handelt.
- ▶ Internet-Agenturen sollten Sie in jedem Fall nutzen, wenn das Instrument Internet in Ihrer Vertriebstrategie eine wichtige Funktion spielt. Die Wirkung Ihrer Internet-Werbung lässt sich gut messen und damit permanent optimieren.
- ▶ Freelancer können für kleine Projekte wie etwa die Entwicklung eines firmeninternen Logos genutzt werden.

Mit Agenturen arbeiten

Um die kreative Umsetzung der Copy-Strategie in einer Werbekampagne optimal zu fördern, ist zwischen Ihnen und den Werbeagenturen eine Zusammenarbeit erforderlich, basierend auf folgenden drei Grundprinzipien:

- ▶ partnerschaftliches Verhältnis,
- ▶ klare Zieldefinition,
- ▶ gleicher Informationsstand.

Natürlich gelten die meisten Prinzipien auch für die Zusammenarbeit mit anderen Agenturen.

Partnerschaftliches Verhältnis

Die Beziehungen zwischen Ihrem Unternehmen und Ihren Agenturen sollten immer auf einem Partnerschaftsverhältnis beruhen und nicht auf einem Lieferantenverhältnis. Die jeweils zuständigen Instanzen erteilen und empfangen keine Befehle, sondern versuchen, einander von ihren Auffassungen zu überzeugen. Genauso lassen alle Beteiligten Argumente der anderen Seite gelten und respektieren einander. Dies bedeutet auch, dass Sie Ihren Agenturen keine »Freitag-Nachmittag-Briefings« zumuten: »Das klappt doch bis Montag früh, oder?« Der Kontakter wird Ihnen eine Zusage geben; die Kreativen, denen Sie so das Wochenende stehlen, sind genervt und verständlicherweise kaum motiviert.

Schon aus Gründen der Qualitätsverbesserung sollten Sie sich als Produktmanager darauf konzentrieren, die Agentur-Mitarbeiter zu motivieren, zu führen und zu kontrollieren. Lassen Sie sich von Ihren Agenturen beraten, aber lassen Sie sich nie das Heft aus der Hand nehmen. Diesen Fehler begehen Unternehmen oft und delegieren ihr Chaos an die Agentur.

Klare Zieldefinition

Bevor Sie mit der Agentur in Verbindung treten, müssen Sie Ihre Ziele klar definieren. Erst dann können Sie die Ergebnisse der Agentur danach beurteilen, ob sie die vorgegebenen Ziele erfüllen. Fakten zählen, nicht jedoch Meinungen oder Vermutungen.

Gleicher Informationsstand

Die Agentur muss von Ihnen regelmäßig alle Informationen erhalten, die sie für die Lösung der Aufgaben benötigt. Ebenso sollte die Agentur die Ergebnisse eigener Forschungsvorhaben an Sie weitergeben. Ziel ist immer der gleiche Wissensstand bei allen Partnern.

Bestehen Sie darauf, dass in den wichtigen Meetings nicht nur die Kontakter anwesend sind, sondern auch die Kreativen wie Texter und Art-Direktor. Sie müssen schließlich Ihre Ideen umsetzen. Das können sie zielgerichteter, wenn sie Sie und Ihre Wünsche besser verstehen und nicht auf die mittelbaren Erklärungen des Kontakters angewiesen sind.

Guideline

Ein wichtiger Tipp aus langjährigen Erfahrungen: Wenn Ihre Agentur Ihnen Werbeideen vorstellt, sollten Sie Ihre Copy-Strategie vorab groß ausdrucken und auf eine Pappe kleben, mindestens im Format DIN A 2. Diese sollte bei allen präsentierten Ideen immer deutlich sichtbar sein. Kreative arbeiten gerne frei und beschränken sich auf die Beachtung der Tonality. Die anderen Punkte wie Reason-why werden aber vernachlässigt. Eine Diskussion darüber endet meist in einer fruchtlosen Geschmacksdebatte. Die »Pappe« hilft zu disziplinieren.

Zum besseren Verständnis: ein Drehbuch

Um die Arbeitsweise einer Agentur, insbesondere Werbeagentur, besser zu verstehen, hier einige Stichworte und Stationen aus dem Agenturalltag:

Pitch

Unter dem Begriff Pitch versteht man die Wettbewerbspräsentation einer Agentur im Kampf um einen Etat. Beim Pitch geht es der Agentur um ein Neu-Geschäft. Sie möchte einem potenziellen Kunden, um dessen Auftrag sie mit anderen Agenturen »pitcht«, zeigen, was sie konzeptionell und kreativ zu bieten hat.

Briefing

Am Beginn der Arbeit an einem Kreativprojekt steht das Briefing, die schriftliche Fixierung der Aufgabenstellung. Damit wird sichergestellt, dass die Agentur die Produkt- und Marketingkonzeption versteht und alle relevanten Informationen erhält, um die Konzeption in eine Werbekampagne umzusetzen.

Das Briefing sollte in klarer und knapper Form folgende Hauptpositionen enthalten:

▶ Verteiler,
▶ Marktsituation,
▶ Produkt,
▶ Marketingziele,
▶ Marketingstrategie,
▶ Aufgabenstellung,
▶ Vorgaben,
▶ Werbemittel,
▶ Termine,
▶ Ansprechpartner und Zuständigkeiten.

Grundlage ist der Marketing-Plan. Welche Positionen davon detaillierter zu behandeln sind, hängt von Produkt und Aufgabenstellung ab. In jedem Fall sind beim Punkt Produkt die Eigenschaften und Leistungen sowie Vor- und Nachteile des eigenen Produktes im Vergleich zu den wichtigsten Konkurrenzmarken aufzuzeigen.

Kommunikationsstrategie

In der nächsten Phase wird die Copy-Strategie entwickelt. Darin wird das Produktversprechen festgehalten, das in der Werbung den Verbrauchern kommuniziert werden soll. Die Copy-Strategie enthält folgende Positionen:

► Zielgruppe,
► Produktnutzen (Consumer-Benefit),
► Reason-why,
► Art der Ansprache (Tonalität).

Die Copy-Strategie muss von Ihnen und der Agentur gemeinsam erstellt werden. Sie wird ergänzt um die rationale Begründung, warum diese Werbeplattform gewählt wurde. Die Copy-Strategie und ihre Begründung sind schriftlich zu fixieren. Erst dann kann die kreative Arbeit beginnen.

Arbeitsgespräche

Während der einzelnen Phasen, vor allem in der kreativen Phase, sollten Sie regelmäßig mit der Agentur Arbeitsgespräche führen. So lassen sich Missverständnisse und Fehlinterpretationen vermeiden.

Alle Arbeitsgespräche sollten von der Agentur protokolliert werden. Das Protokoll hält das Ergebnis des Meetings fest und macht Angaben über Fortführung und Terminierung der einzelnen Projekte für beide Seiten verbindlich. Spätestens drei Tage nach Gesprächstermin sollte Ihnen das Protokoll vorliegen.

Re-Briefing

Ein erneutes Briefing ist immer dann nötig, wenn die Agentur mit ihren ersten Entwürfen nicht auf den Punkt kam. Darüber hinaus können Sie es nutzen, um sicherzustellen, dass alles richtig verstanden wurde.

... fürs Eigenmarketing
Wenn ein Re-Briefing nötig ist, sollten Sie dies als willkommene Gelegenheit zur Selbstkritik ansehen: Nicht immer sind die anderen die Dummen, vielleicht waren Sie in einigen Punkten noch nicht präzise genug.

Schulterblick

Dieser inoffizielle Termin bietet Ihnen die Chance, Ihrer Agentur vor der eigentlichen Präsentation ein Feedback zu geben, ob sie auf dem richtigen Weg ist. Sie sehen dabei zwar keine fertigen Arbeiten, aber Scribbles, das heißt erste, noch ungenaue Entwürfe, und Grundideen, etwa welches Werbeformat gewählt wurde. Sie sollten diese Gelegenheit auf jeden Fall nutzen, schließlich soll bei der endgültigen Präsentation – auch vor Ihren Chefs – alles glatt laufen.

Präsentation

Die Stunde der Wahrheit: Die Agentur stellt dem Auftraggeber Entwürfe und Konzepte vor.

Leistungskontrollen

Die Arbeit der Agentur muss laufend überwacht werden. Ihr oberstes Kriterium dabei lautet: Erfüllen die präsentierten Ergebnisse Ihre vorgegebenen Ziele – und zwar im vorgegebenen Budgetrahmen?

Darüber hinaus empfehlen sich von Fall zu Fall größere Leistungskontrollen. Damit sind Agenturbeurteilungen gemeint, die durch alle Mitarbeiter in Ihrem Haus erfolgen, die mit der Agentur zusammenarbeiten. Diese Agenturbeurteilungen sind notwendig, um außerhalb des Tagesgeschäfts festzustellen, wo die Stärken und die Schwächen in der Zusammenarbeit liegen.

Recht und Geld

Auch für die juristische Absicherung der Werbekampagne hat meist der Produktmanager zu sorgen, das heißt, er muss eine juristische Prüfung veranlassen. So klopfen spezialisierte Anwälte zum Beispiel Kampagnen hinsichtlich Verletzungen des Wettbewerbsrechts ab.

Darüber hinaus sind Sie für die Kostenüberwachung verantwortlich. Zum Ende des Budgetjahres sind zudem mit den Agenturen Gespräche über die Geschäftssituation zu führen. Agenturen sollten über die Geschäftsentwicklung informiert sein – auch um sie zumindest emotional in die Verantwortung mit einzubeziehen. Insbesondere wenn die Kommunikation nachweislich mit zur schlechten Geschäftssituation beigetragen hat, muss dies Konsequenzen für die weitere Zusammenarbeit haben.

Kommunikation testen

Die Kommunikationsstrategie soll den Vorteil eines Produkts für den Verbraucher nachhaltig und eindringlich erlebbar machen, das heißt, sie muss ein positives Markenimage aufbauen. Um festzustellen, ob Ihnen das gelingt können Sie professionelle Tests, Hausfrauentests oder eigene Kriterien heranziehen.

Wenn Sie eine genauere Untersuchung Ihrer Kommunikation benötigen, müssen Sie auf professionelle Tests zurückgreifen, die sich an den Verfahren aus dem Kapitel »Kunde: Wie Sie ihn verstehen, um ihn zu gewinnen« orientieren.

Phase 1: Kommunikationsentwicklung

Während der Kommunikationsentwicklung kann man grundsätzlich keine Entscheidung über verschiedene Gestaltungslinien einer Idee treffen. Tests mit einer derartigen Fragestellung liefern keine aussagekräftigen Ergebnisse, da die Testpersonen meist nicht in der Lage sind, sich die Kommunikationsmittel im fertig gestalteten Zustand vorzustellen.

Liegen mehrere Kommunikationsideen vor, bieten sich folgende Entscheidungshilfen an:

▶ Kommunikationsideen-Test (Gruppendiskussionen): Als Testmaterial dienen verbale Beschreibungen der Kommunikationsideen (Konzepte) ohne jegliche bildliche Umsetzung. Bewährt hat sich die Gliederung Problem, Problemlösung (Produkt), Reason-why. Jede Idee sollte in mindestens zwei Gruppen diskutiert werden. Sie und die Agenturmitarbeiter sollten in einem geeigneten Nebenraum zuhören.

▶ Focus-Test (Gruppendiskussionen): Dazu werden die verbale und bildliche Umsetzung der zentralen Idee in Layout-Form eingesetzt, was in der Regel eine bessere Diskussionsgrundlage liefert als der bloße Text beim Kommunikationsideen-Test. Auch hier wird jede Idee in mindestens zwei Gruppen diskutiert. Wiederum sollten Sie und Agenturmitarbeiter in einem geeigneten Nebenraum zuhören.

▶ Storyboard-Test (qualitative Einzelinterviews): Wenn es bei einem Spot noch Unsicherheit gibt, Sie sich fragen, ob die Handlung verständlich ist oder Argumentationssprünge aufweist, können Sie als zusätzliche Hilfe einen Storyboard-Test durchführen. Er zeigt Ihnen, wie die Dramaturgie des Spots noch verbessert werden kann. Sofern keine speziellen optischen oder akustischen Effekte zentraler Bestandteil der Kommunikationsidee sind, empfiehlt sich eine in einzelnen Bildern gezeichnete Darstellung. Sie ist bewegten Formen wie einem gefilmtes Storyboard, einer Tonbildschau oder einem Videotape vorzuziehen.

All diese Tests arbeiten mit Konzepten und halbfertigen Gestaltungen und können deshalb keine Kommunikationsuntersuchung ersetzen. Auch ermöglichen sie keine Entscheidung über verschiedene Gestaltungslinien eines Konzeptes.

Phase 2: Kommunikationsuntersuchung

Ziel der Kommunikationsuntersuchung ist es festzustellen, ob die Kommunikation

▶ der Zielgruppe den Produktnutzen, der in der Copy-Strategie definiert wurde, eindeutig, verständlich und glaubhaft vermittelt,

▶ Aufmerksamkeit erregt,

▶ keine produktbezogene Antipathie erzeugt.

Ein Werbemittel sollte erst dann eingesetzt werden, wenn in allen drei Prüf-punkten positive Ergebnisse erzielt wurden. Dabei können gute Ergebnisse in einem der Prüfpunkte keinesfalls schlechte in einem anderen Prüfpunkt aus-gleichen.

Die Technik des Kommunikationstests ist das psychologische Einzelinter-view. Es basiert auf fertig gestalteten Spots, Anzeigen oder Plakaten. Darüber hinaus wird dabei die Packung auf ihre Stimmigkeit mit der Kommunikation hin überprüft. Wichtig ist, dass jede Versuchsperson zu allen getesteten Wer-bemitteln befragt wird.

Die Untersuchung ist dreistufig angelegt. Die eingesetzten Werbemittel werden dabei wie folgt getestet:

▶ In neutraler Einbettung (zum Beispiel in einem simulierten Werbe-block). Sofern die technischen Voraussetzungen verfügbar sind, wird dabei die Aufmerksamkeitswirkung etwa durch Aufzeichnung des Hautwiderstandes (Lügendetektor) gemessen. Dabei macht man sich – vereinfacht ausgedrückt – unser Stressverhalten zunutze: Wer auf-geregt ist, schwitzt vermehrt. Und mit der Zunahme der Feuchtig-keitsmenge nimmt der Stromfluss auf der Haut zu, der wiederum gemessen wird. Falls Sie einmal Gelegenheit haben, an solch einem Test teilzunehmen, nutzen Sie sie! Sie werden überrascht sein, wie weit eventuell Ihre rationale Einstellung von Ihren emotionalen Reaktionen abweichen kann.

▶ In Einzelvorlage des jeweiligen Werbemittels.

▶ Im Wettbewerbsvergleich der Hauptwettbewerber und, falls notwendig, im internen Vergleich mit Alternativen.

Die Stichprobe sollte mindestens fünfzig Personen umfassen.

Phase 3: Werbeerinnerungstest

Zur Prüfung der Kommunikationsleistung in der realen Wahrnehmungssitu-ation sollten Sie ergänzend zur Kommunikationsuntersuchung einen Werbe-erinnerungstest durchführen.

Bei Fernsehspots wird der Werbeerinnerungstest vor der ersten offiziellen Schaltung, dem Kampagnenstart, durchgeführt. Er misst, wie ein Zuschauer in einer natürlicher Sehsituation einen Spot wahrnimmt, der nur einmal gesendet wurde – sowohl insgesamt (Spoterinnerung, allgemeine Aufmerksamkeit) als auch hinsichtlich wesentlicher Details und Inhalte (richtiger, spezifischer Recall). Außerdem wird damit die Verständlichkeit und Eindeutigkeit des Handlungsablaufs und der Werbebotschaft überprüft. Bei Funkspots ist ein Same-Day-Recall-Test möglich, der nach zweifacher Ausstrahlung innerhalb einer Stunde am Morgen in entsprechender Weise am gleichen Tag stattfindet.

Bei Printmedien finden Recall-Tests in modifizierter Form statt: Die Erinnerung an eine Anzeige (Produkt, Gestaltung, Bild oder Text) kann zum einen ungestützt ermittelt werden, das heißt ohne Vorlage der Anzeige (»unaided recall«). Zum anderen kann die Erinnerung an eine Anzeige gestützt ermittelt werden, also unter Vorlage der Anzeige (»aided recall«). Man spricht dann auch von einem Recognition-Test.

Die Beurteilung der Recall-Werte erfolgt durch einen Vergleich mit entsprechenden Durchschnittswerten. Sie müssen über dem Durchschnitt liegen. In der Regel ermitteln Marktforschungsinstitute jeweils eigene Durchschnittswerte als Bezugsgröße, sodass allgemeingültige Werte nicht existieren. Große Unternehmen legen sogar für Ihre Produkte eigene Werte fest. Diese variieren zum Beispiel je nach Spotlänge und Kategorie.

Wie bewerten Sie die Arbeit einer Werbeagentur?

Nicht immer wird Ihnen ein eigener Etat für professionelle Tests zur Verfügung stehen. Aber Sie haben in diesem Buch genug Kriterien und Techniken kennen gelernt, um sich selbst ein Bild zu machen. Die Fragen der folgenden Checkliste können Sie zum Teil selbst oder im Team klären.

> ▶ Basiert die Gestaltung auf einer starken Konzeption und erregt sie Aufmerksamkeit?
> ▶ Wird die Problemlösung eindeutig sichtbar und ist der wesentliche und Erfolg versprechende Punkt dramatisiert?
> ▶ Wird das gewünschte Interesse geweckt?

► Ist die Idee wettbewerbsbezogen und versucht sie eine gewisse Einmaligkeit gegenüber dem Wettbewerb herauszustellen? Hat sie Biss?

► Findet eine aktive Auseinandersetzung mit der Kommunikation statt?

► Werden die beabsichtigten Wunschvorstellungen geweckt? Ist sie verbrauchergerecht, oder spiegelt sie nur Produzentenstolz?

► Ist die Kommunikation glaubwürdig?

► Wird die Kommunikation richtig interpretiert?

► Wird die gewünschte Art der Identifikation erreicht?

► Ist die Kommunikation erinnerungsfähig? Ist die Idee aufmerksamkeitsstark, interessant, originell und mit einer gewissen Intelligenz aufbereitet? Oder ist sie nur normal, richtig und mittelmäßig?

► Was wird tatsächlich über das Produkt vermittelt? Kann man die Aussage noch stärker komprimieren (think big!)? Was alles kann man noch weglassen?

► Ist der Text gut lesbar und kommuniziert auch formal glaubwürdig den Inhalt? Oder gibt es Schnörkel, die die Lesbarkeit beeinträchtigen?

T I P P

... fürs Eigenmarketing

Diese Checkliste sollten Sie auch für eigene Kreationen verwenden, etwa Präsentationen.

Bevor Sie eine große und kostspielige Marktforschung starten, können Sie auch bei der Überprüfung Ihrer Kommunikation auf den Hausfrauentest setzen. Er ist kostengünstig und gibt Ihnen einen schnellen ersten Eindruck, ob Sie auf dem richtigen Weg sind.

Zum Abschluss ein gutes Beispiel

Damit Sie sich ein Bild machen können, wie Werbung gleichzeitig gut und unterhaltsam sein kann, lassen wir im Folgenden einen kleinen – virtuellen – Film ablaufen:

Video	Audio
Wir sehen einen Hund, der bei einem Haus steht und bellt.	Wir hören das wütende Bellen des Hundes und einen Wagen, der mit hoher Geschwindigkeit vorbei fährt.
Schnitt in das Haus. Die Bewohnerin guckt dem Wagen nach und schüttelt genervt den Kopf.	(Frau, genervt:) »Mika!«
Schnitt auf das Fahrzeug, eine C-Klasse. Sie fährt immer noch mit hoher Geschwindigkeit.	Motor- und Reifengeräusche. (Schnitt)
Die Straße führt jetzt durch einen Wald.	
Schnitt auf zwei Waldarbeiter. Der eine macht seinen Kollegen auf den Mercedes aufmerksam.	(Waldarbeiter:) »Mika!«
Schnitt. Der Wagen fährt immer noch mit hoher Geschwindigkeit.	
Schnitt in einen Bus. Eine ganze Schulklasse stürzt zum Fenster und guckt den überholenden Wagen an.	(Schüler, aufgeregt:) »Mika!«
Die C-Klasse überholt den Bus.	
Schnitt auf den Busfahrer. Er denkt sich seinen Teil.	
Schnitt auf zwei Mädchen an einer Bushaltestelle. Sie halten den Daumen heraus, aber der Wagen rauscht an ihnen vorbei.	
Schnitt. Der Wagen fährt über eine kleine Brücke.	Laute Reifengeräusche.
Schnitt auf einen Angler unterhalb der Brücke. Er verheddert sich mit seiner Angelschnur.	(Angler, ärgerlich:) »Mika!«
Die C-Klasse fährt die Einfahrt zu einem Haus entlang. Auf dem Balkon steht Mika Häkkinnen mit Sohn Hugo.	
Schnitt auf den Wagen. Erja Häkkinnen steigt aus dem Wagen und winkt beiden zu.	
Vater und Sohn schütteln den Kopf.	(Mika Häkkinnen:) »Mama!«
(Textchart:) Fahren wie noch nie. Die C-Klasse jetzt mit Allradantrieb 4MATIC.	
Schnitt auf Mika. Er spritzt den Wagen mit einem Schlauch ab.	
(Logo/Claim:) Mercedes-Benz. Die Zukunft des Automobils.	

Agentur: Springer & Jakobi, TV-Spot: »Typisch Mika, 35«.

Wenn Sie diesen Spot einmal gesehen haben, wissen Sie, worum es geht: Er verbindet Intelligenz mit Charme, erzählt mit nur zwei Worten (Mika und Mama) eine »richtige« Geschichte, zeigt aber auch das Produkt, und zwar von Anfang an.

Ein paar Worte zum Schluss

»Es ist nicht genug zu wissen: man muss auch anwenden;
es ist nicht genug zu wollen: man muss auch tun.«
JOHANN WOLFGANG VON GOETHE

Damit sind wir fast am Ende dieses Buchs angelangt. Sie haben einen Schnell-
kurs in Sachen Marketing, Werbung und PR hinter sich. Dabei haben Sie die
Grundzüge der Marketing-Denke kennen gelernt und ein Gefühl dafür bekommen, wie Sie diese praktisch anwenden können – für Ihre Projekte und
für Ihre Karriere.

Und wie geht es weiter? Folgen Sie Goethes Rat, denn auf das Tun, auf die
Anwendung Ihres Wissens kommt es letztlich an: Gute Ideen und das beste
Know-how allein reichen nicht. Erfolg im Marketing hängt ganz entscheidend
von unternehmerischem Handeln und von vielen eigenen Erfahrungen ab.
Also: Setzen Sie Ihr Marketing-Know-how immer wieder ein. Testen Sie die
vorgestellten Konzepte und Techniken in Ihrem Alltag. Schärfen Sie Ihre Marketing-Denke an immer neuen Herausforderungen. Wahrscheinlich haben Sie
längst die eine oder andere Idee für Ihre Arbeit und Ihre Karriere ausprobiert.
Bleiben Sie dran!

Verlieren Sie dabei nie die Kernelemente und Ihren Markt aus den Augen.
Denn letztlich lässt sich alles Marketing auf einige wenige Aspekte reduzieren. Wer sie kennt und versteht, ist auf dem richtigen Weg:

▶ Produkt und Dienstleistung: Was zeichnet sie aus, was müssen sie
  bieten?
▶ Kommunikation: Wie bringe ich meine Botschaft in die Zielgruppe?
▶ Preise: Wie teuer muss und darf mein Angebot sein?
▶ Distribution: Wie bringe ich mein Angebot zum Kunden?

Vergessen Sie vor allem nie, dass Marketing kein Selbstzweck ist. Letztlich
dreht sich alles um Ihre Zielgruppe, also Menschen, seien es Kunden oder Geschäftspartner, Vorgesetzte oder Kollegen. Ihren Markt müssen Sie stets genau
beobachten: Was macht der Wettbewerb? Welche neuen Entwicklungen gibt
es?

Um den Markt im Auge zu behalten, benötigen Sie keinesfalls immer eine
kostspielige Marktforschung. Schulen Sie – insbesondere im Umgang mit
wichtigen Geschäftspartnern, Vorgesetzten und Kollegen – Ihren Blick für die

grundlegenden menschlichen Typen und Lebensstile. Das tiefere Verständnis der verschiedenen Charaktere, die Sie in diesem Buch kennen gelernt haben, hilft Ihnen, Ihre Zielpersonen besser einzuschätzen und anzusprechen. Entwickeln Sie diese Fähigkeiten ständig weiter.

So wird Ihnen Marketing-Denke ganz nebenbei auch helfen, andere Menschen so zu akzeptieren, wie sie sind. Denn im Marketing gilt: Versuchen Sie nie, Menschen zu ändern; Sie schaffen es ohnehin nicht. Wenn Sie deren Eigenheiten, Bedürfnisse und Sichtweisen akzeptieren, haben Sie den entscheidenden Schritt zum erfolgreichen Marketing getan. Denn gutes Marketing hat nichts mit dem Manipulieren von Menschen, sondern mit einem respektvollen Umgang mit anderen zu tun.

Wir wünschen Ihnen viel Erfolg bei Ihren ersten Gehversuchen und Erfolgen rund um Marketing und Kommunikation.

Wenn Sie Anregungen und Fragen haben, schreiben Sie uns einfach:

▶ Manfred Schwarz (ms@koko-net.de),
▶ Jürgen Wulfestieg (jw@koko-net.de).

Wir freuen uns auf Ihr Feedback!

Lexikon

Begriffe aus der Marketing- und Kommunikationspraxis

»In der Werbebranche sprechen viele englischer
als sie deutsch können.«

KURT BINDER

Nicht nur in der Werbebranche ist das so: Auch PR- und Internet-Profis haben ein Faible für englische Begriffe. Damit Sie – vor allem gegenüber Agenturen und anderen Werbe-, PR- und Web-Profis – mitreden können oder zumindest verstehen, wovon die Rede ist, erklärt dieses Kapitel eine Vielzahl praxisnaher Fachbegriffe. Die Auswahl ist subjektiv und erhebt keinerlei Anspruch auf Vollständigkeit. Vor allem: Sie finden darin keine Begriffe, die im Buch an anderer Stelle erklärt werden.

18/1 Großplakate, die aus 18 einzeln gedruckten Teilen zusammengeklebt werden.

4c Farbiges Druckerzeugnis (Anzeige, Plakat), das aus den vier Grundfarben (rot, blau, gelb, schwarz) aufgebaut ist, im Gegensatz zu s/w (schwarz/weiß). Siehe auch CMYK.

Above the line Die klassischen Kommunikationswege wie Werbung und Öffentlichkeitsarbeit (Public Relations). Der Gegensatz heißt Below the line.

Abribus City-Light-Poster: von innen beleuchtete Plakate an Bushaltestellen.

ADC Der Art Directors Club für Deutschland ist die selbst ernannte »Kreativelite der Nation«. Er vergibt unter Werbern sehr begehrte Medaillen für herausragende Arbeiten.

Ad-Click Ad-Clicks beschreiben im Internet die Anzahl der erfolgten Weiterleitungen über Werbe-Links wie Banner, die Nutzer durch Anklicken auslösen.

Ad-Click-Rate Das prozentuale Verhältnis zwischen Page-Views und Ad-Clicks des jeweiligen Werbetreibenden auf einer HTML-Seite.

Added Value In der Werbung jede Leistung, die ein Verlag oder Medienbetreiber dem Werbungtreibenden über das klassische Angebot in der Anzeigenpreisliste hinaus gewährt, zum Beispiel Serviceleistungen auf CD-ROM oder Auftritte im Internet.

Ad-Impression   Die Zahl der Werbemittelkontakte im Internet. Sie dient als Abrechnungsgröße zwischen Werbeträgern und Werbungtreibenden.

Adobe Acrobat   Populäre Software von Adobe, die es ermöglicht, Dokumente unabhängig von der Anwendung, mit der sie erzeugt wurden, zu lesen. Die Dokumente sind komprimiert im Dateiformat PDF und lassen sich auf allen gängigen Computer-Betriebssystemen nutzen.

Advertising Pretest   Vor dem eigentlichen Marktforschungstest durchgeführte, kostengünstige Bewertungserhebung.

Advertising Recall   Erinnerung an eine Werbung.

Ad-Views   Kontakte mit einer werbeführenden Internet-Seite, die durch die Anzahl der Page-Views abzüglich der Nutzer ermittelt werden, die das Internet ohne grafikfähige Browser oder der Anzeige von Grafiken (einstellbare Option im Browser) nutzen.

Ad-View-Time   Der Zeitraum, in dem ein bestimmter Werbeinhalt für eine bestimmte Zeit von Internet-Nutzern sichtbar war.

Affiche   Großplakat in der Außenwerbung.

Aktionswerbung   Werbung mit besonderen Aktionen, die etwa anlässlich von Geschäftseröffnungen oder Firmenjubiläen, Neuprodukt-Vorstellungen und Tagen der offenen Tür durchgeführt werden, sowie Werbung durch die Teilnahme an Messen.

Allonge   ▶ Auch Talon oder Abriss. Ein Werbewirkungsverstärker auf der Antwortkarte, der diese auf das Versandformat Lang-DIN verlängert und durch Abtrennen (per Perforation) wiederum auf Postkartenformat verkleinert. Zu Werbezwecken können Vorteile des beworbenen Produkts, Garantien, Angaben des Kaufvertrags oder ein Testimonial genannt werden.
▶ Händlernennung in der Funkwerbung. Im unmittelbaren Anschnitt an einen in sich geschlossenen Werbespot werden die Bezugsquellen genannt. Erfolgt die Allonge nicht im unmittelbaren Anschnitt an den Basisspot, spricht man von einem Tandemteil.

Altarfalz   Siehe Falzarten.

Andruck   Vorabdruck eines Werbemittels (zum Beispiel einer Anzeige) auf Kunstdruck- oder besser noch auf Originalpapier, den der Auftraggeber vor dem endgültigen Druck zur Kontrolle von Text, Gestaltung und Farbigkeit erhält. Bei farbigen Werbemitteln dient der Andruck auch als Farbvorlage für den Drucker.

Angeschnittene Anzeige   Eine Anzeige, die über den Satzspiegel hinausgeht und unter voller Ausnutzung des Seitenformates gestaltet werden kann.

Animated GIF   GIF-Format, das mehrere Einzelbilder wie bei einer Animation abspielt und somit eine Art Daumenkino darstellt.

Animatic   Trickfilmaufzeichnung, meist zur Darstellung einer nicht in der Realität sichtbaren Produktwirkung.

Anmutung   Die erste Phase der individuellen Wahrnehmung, in der sich Gefühle und Stimmungen gegenüber dem wahrgenommenen Objekt bilden.

Anrufbeantworter   Anrufbeantworter sind telefonische Ansagen, etwa Mitteilungen über die regulären Öffnungszeiten einer Firma oder auch Aufforderungen, an einem Gewinnspiel teilzunehmen. Der Anrufbeantworter besteht höchstens aus drei kurzen Textpassagen: Informationsteil, Störfalltext für den Fall eines technischen Fehlers des Anrufbeantworters, Endabsage.

Antwort-Coupon   Teil einer Anzeige, den der Leser ausfüllen, ausschneiden und an das werbende Unternehmen schicken kann, um weitere Informationen oder ein Produkt anzufordern.

Applet   Ein kleines Programm, das über das Internet übertragen wird und auf dem Computer des Empfängers ausgeführt wird.

Artwork   Der grafische Teil beziehungsweise die Bildelemente eines Kommunikationsmittels.

Attention   Aufmerksamkeit für eine Werbebotschaft.

Auflage   Die Auflage einer Zeitschrift oder Zeitung ist die Anzahl der verbreiteten oder verkauften Exemplare pro Ausgabe. Die Druckauflage ist die Anzahl der gedruckten Exemplare pro Ausgabe abzüglich Makulatur. Die verbreitete Auflage ist die Summe aller verkauften Stücke und der Freistücke, ohne Rest-, Archiv- und Belegexemplare. Die verkaufte Auflage ist die Summe aller Abonnentenexemplare und der für den Einzelverkauf gelieferten Stücke abzüglich Remittenden plus zum Beispiel die Exemplare für Lesezirkel.

Auflösung   Die mit einem Bildschirm oder Drucker bei der Ausgabe eines Bildes erreichbare Feinzeichnung von Details. Die Auflösung von Druckern, die Zeichen aus kleinen, eng beieinander liegenden Punkten bilden, wird in Punkten pro Zoll oder dpi (dots per inch) gemessen und beträgt ungefähr 600 dpi bei Laser- oder Tintenstrahldruckern. Häufig verwendet man den Begriff Auflösung auch zur Angabe der auf einem Bildschirm in horizontaler und vertikaler Richtung darstellbaren Gesamtzahl von Bildpunkten (Pixel).

Aufmacher   Besonders auffallendes Bild oder aufregende Headline.

Aufspenden   Das Aufkleben etwa von Tip-on-Cards auf eine Anzeige oder in eine Broschüre.

Ausrichtung   Beim Ausrichten des Textes haben Sie die Wahl zwischen links-, rechtsbündiger (Flatter- oder Rausatz) oder zentrierter Anordnung oder Blocksatz.

Außenwerbung   Sammelbegriff für Werbeeinrichtungen, die äußerlich sichtbar an Gebäuden, an Fahrzeugen oder im Freien angebracht oder aufgestellt sind. Die wichtigsten Arten sind: Plakatwerbung, Leuchtwerbung, Verkehrsmittelwerbung und Schilderwerbung (Daueranschlag).

Awareness   Bekanntheitsgrad einer Marke oder eines Anbieters beim Verbraucher.

Banner-Werbung   Standardformate im Internet sind immer noch Banner und Buttons. Ein Button kann interaktiv mit der Internetseite des Werbetreibenden verbunden sein, sodass der Nutzer durch Anklicken der Werbefläche auf eine bestimmte Seite des Internet-Angebots des Werbetreibenden gelangt. Die Unterscheidung zwischen Button und Banner ist von der Größe und Form der Werbefläche abhängig. Danach bezeichnen Banner eher längliche, schmale Werbeflächen, die häufig über die ganze Breite einer Internet-Seite gehen, Buttons hingegen sind eher quadratisch und ihre Fläche ist kleiner.

Bartering   Eine Form der Werbung im Fernsehen, bei der ein Werbungtreibender einem Sender Programme zur Verfügung stellt und im Gegenzug innerhalb des Programms Werbezeit in einem Unterbrecher-Block erhält.

Baseline   Schlusszeile einer Copy.

Beihefter   Beihefter sind fest in eine Zeitschrift eingeheftete oder eingeklebte Drucksachen oder Prospekte mit einem Mindestumfang von zwei Seiten. Beihefter müssen in jedem Fall als Anzeige erkenntlich sein.

Beikleber   Beikleber sind Werbemittel, die auf eine Träger-Anzeige so aufgeklebt werden, dass sie mühelos abgelöst werden können, zum Beispiel Postkarten und Warenproben.

Beilage   Ein gedrucktes Werbemittel, das einer Zeitung oder Zeitschrift lose beigelegt wird.

Below the line   Das Below-the-line-Marketing ist das so genannte nicht-klassische Marketing. Dazu zählen Marketing-Instrumente wie Verkaufsförderung, Direktmarketing, Product-Placement oder Sponsoring.

Billings   Eine Verrechnungseinheit für die von einer Werbeagentur erzielten Umsätze: Von den Honoraren eines Zeitraums (Gross-Income) wird der Bruttoumsatz der Agentur hochgerechnet.

Bindungsarten   Man unterscheidet Drahtheftung, Fadenheftung, Klebebindung sowie Sonderformen wie Spiral-, Ring- oder Schraubenheftung.

Bitmap   Dieses Dateiformat mit der Dateinamenerweiterung BMP speichert Bilder ohne Datenkompression Pixel für Pixel.

Blocksatz   Hier laufen die Zeilen über die volle Spaltenbreite.

Blow-up   Vergrößerung des Formats von Fotos oder Filmen (etwa von 16 auf 35 mm).

Body-Copy   Mehrzeiliger Text unterhalb der Headline (zum Beispiel einer Anzeige), in dem die Vorteile des Angebots für den potenziellen Nutzer erklärt werden; auch Fließtext genannt.

Booklet   Kopien der Entwürfe, die bei der Präsentation vorgestellt werden. Die Booklets sind für die Entscheider auf Kundenseite eine Unterlage, um sich einen Überblick zu verschaffen und Veränderungen einfügen zu können.

Brand   Marke.

Branded Areas   Themenbereiche von Internetseiten, die von Werbungtreibenden komplett gestaltet werden.

Branding   ▶ Kennzeichnung eines Produktes oder einer Dienstleistung als Marke durch Bild, Wort- und Namenszeichen, Markenzeichen, Warenzeichen und Gütezeichen.
▶ Maß dafür, wie stark die Marke in der Werbung auftritt.

Bundling   Das Zusammenführen von Einzelleistungen zu einem Leistungspaket (Preisbündelung, Produktbündelung).

Burst   Siehe Flight.

Cannes-Rolle   Bei den Filmfestspielen in Cannes ausgezeichnete Werbefilme.

Caption   Erklärender Text zu Illustrationen und Abbildungen.

Case-Study   Fallstudie, die den erfolgreichen Einsatz eines Produkts oder einer Dienstleistung zeigt.

Casting   Das Aussuchen von Schauspielern oder Sprechern für Werbefilme oder Funkspots.

CD   ► Corporate Design.
  ► Creative Director.

CI   Corporate Identity.

City-Light-Poster   Beleuchtetes, transparentes Plakat in der Innenstadt; auch Abribus genannt.

Claim   Werbeslogan zu einem Produkt oder einer Dienstleistung mit hohem Wiedererkennungswert. Meist wird auch noch der Anspruch des Produkts in dem Slogan umgesetzt oder der USP in kurzen Worten umgesetzt.

Clickrate   Die Anzahl der im Internet angeklickten Werbung.

Click-through-Rate   Das Verhältnis zwischen Ad-Impressions und Nutzeraktionen durch Klick auf einen Banner.

Clip   Filmstreifen mit Bewegtbildsequenzen. Der Gegensatz ist das Still.

Clipping   Methode der Erfolgskontrolle von PR-Maßnahmen, bei der die Pressebeiträge oder Erwähnungen des Unternehmens in den Medien gezählt werden.

CMYK   Aufbau des Vierfarbdrucks (4c) aus Cyan, Magenta, Gelb und Schwarz.

Co-Branding   Beim Co-Branding werden (Einzel-)Marken mit ähnlicher Marktpositionierung (Images) miteinander verknüpft.

Commercial Werbespot.

Content Der redaktionelle Inhalt einer Internetseite.

Content-Sponsoring Etwa Sportartikelhersteller als Sponsor des Themas Fußball-WM auf einem Internet-Portal.

Copy ► In der Agentursprache der Anzeigen-, Werbe- oder PR-Text.
► Manuskript oder Exemplar etwa einer Zeitschrift.

Copyright Recht zur Vervielfältigung, das heißt Verwertung.

Copytest Er wird in der Marktforschung eingesetzt, um Umfang und Intensität der Nutzung einer Zeitung oder Zeitschrift zu testen. Dazu liest eine Testperson ein Originalheft einer zu testenden Ausgabe und blättert diese anschließend gemeinsam mit einem Interviewer durch. Dabei muss die Testperson für jeden Beitrag angeben, ob sie ihn überhaupt beachtet hat und in welchem Umfang sie ihn betrachtet oder gelesen hat. Damit wird auch die Beachtung von Anzeigen getestet.

Core-Values Die wichtigsten Eigenschaften, die einen Kunden an eine Marke binden.

Corporate Culture Kultur eines Unternehmens, einer Organisation oder Institution, das heißt der Rahmen grundlegender Anschauungen und Einstellungen, die kulturellen Vorstellungen und das darauf abgestimmte Verhalten. Dazu gehören Führungsstil, Mitarbeiterverhalten, Motivation, Wertvorstellungen und vieles mehr.

Corporate Design (CD) Alle Elemente des externen und internen visuellen Erscheinungsbildes (Schrift-, Zeichen- und Farbgebung) eines Unternehmens, einer Organisation oder Institution, die konsequent in jedem Einsatzbereich verwirklicht werden: Publikationen, Schilder, Fahnen, Mitarbeiterkleidung oder Architektur.

Corporate Identity (CI) Selbstverständnis eines Unternehmens, einer Organisation oder Institution, dessen theoretische Elemente (Leitlinien, Philosophie, Mission-Statement) strategisch geplant sind und operativ sowohl intern in der Mitarbeiterkommunikation als auch extern gegenüber der Öffentlichkeit und ihren Zielgruppen zum Beispiel im Corporate Design umgesetzt werden.

Corporate Image Das Bild des Unternehmens in der Öffentlichkeit. Corporate-Image-Kampagnen formen die kommunikative Innen- und Außenwirkung eines Unternehmens.

Coupon   Ein Abschnitt etwa aus der Zeitung für eine Probe oder einen verbilligten Kauf des Produktes.

Couponanzeige   Sie enthält die Aufforderung, einen in die Anzeige eingefügten Coupon auszuschneiden und an eine angegebene Adresse zu schicken. Neben dem direkten Kontakt zu den Interessenten bietet die so genannte Coupon-Rücklaufquote eine Möglichkeit, die Werbewirkung von Zeitungen oder Zeitschriften zu vergleichen.

Cover   ▶ Titelseite.
▶ Umschlag.

Cross-Media-Konzept   Dieses Konzept erlaubt nach einer einmaligen digitalen Datenerfassung deren Nutzung in verschiedenen Medien wie CD-ROM, Fax on Demand, Internet, WAP und Print.

Cross-Selling   Dabei versucht ein Anbieter, seinen angestammten Kunden bisher nicht gekaufte Leistungen zu verkaufen.

Crowner   Aufsteckbares Plakat an einem Verkaufsdisplay.

Desktop-Publishing   Das Zusammenfügen von Text und Bild sowie das Gestalten am Bildschirm, kurz DTP.

DHTML   Dynamic Hypertext Markup Language, eine Verbindung aus unter anderem HTML und JavaScript, um eine Internet-Seite dynamischer und effektiver zu gestalten.

DHTML-Banner   Internet-Lösungen, die Elemente dynamisch ändern können.

DIN-Formate

	Papier		Umschläge
A 0	841 × 1189 mm	B 4	250 × 353 mm
A 1	594 × 841 mm	B 5	176 × 250 mm
A 2	420 × 594 mm	B 6	125 × 176 mm
A 3	297 × 420 mm	C 3	324 × 458 mm

	Papier			Umschläge
A 4	210 × 297 mm		C 4	229 × 324 mm
A 5	148 × 210 mm		C 5	162 × 229 mm
A 6	105 × 148 mm		C 6	114 × 162 mm
A 7	74 × 105 mm		Lang	110 × 220 mm
A 8	52 × 74 mm			
A 9	37 × 52 mm			

dpi Maß für Auflösung von Druckern und Bildschirmen (dots per inch).

Dispenser Behälter, in dem Werbebroschüren und Teilnahmekarten präsentiert werden.

Display Zum Beispiel ein Aufsteller oder Regalstopper zur hervorgehobenen Präsentation von Produkten.

Draft Entwurf.

Dreißigsekünder Werbefilm von 30 Sekunden Länge.

Druckabnahme Der letzte Kontrollgang an der Druckmaschine, nach dem die Druckproduktion gestartet wird.

Dummy Nachgebautes Modell eines in einem Werbefilm aufzunehmenden Gegenstandes, etwa die Skyline von New York, ein Flugzeug oder ein Modell des Produkts.

Duplexdruck Dabei wird ein Schwarzweißbild zusammen mit einer zweiten Farbe gedruckt. So kann zum Beispiel ein Bild künstlich gealtert werden, indem braun und schwarz übereinander gedruckt werden.

Durchseher (DS) Personen, die mindestens 90 Prozent einer TV-Sendung gesehen haben.

Early Adaptor Ein Verbraucher, der Produkte oder Dienstleistungen möglichst als erster direkt nach deren Markteinführung nutzt.

Early Bird Ein Direktmarketingangebot, das die schnelle Reaktion einer begrenzten Anzahl von Kunden mit einem kleinen Geschenk belohnt.

Eckfeldanzeige   Anzeige in der Zeitung, meist oben rechts.

Einschaltquote   Sie gibt an, wie hoch der Anteil der Personen, die eine bestimmte Fernsehsendung, einen Werbeblock oder einen Werbespot gesehen haben, an der höchstmöglichen Zahl von Zuschauern ist. Einschaltquoten (Ratings) beim Fernsehen werden in der Bundesrepublik Deutschland mit dem GfK-Meter ermittelt.

Endorsement   Empfehlungsaktionen von Unternehmen mit sich ergänzenden Produkten.

EPS   Das EPS-Format (Encapsulated Postscript) ist ein Dateiformat zur Beschreibung von Bildern oder Grafiken, die ganz auf der Seitenbeschreibungssprache PostScript beruhen und deshalb neben Bitmaps auch die Einbindung von Vektorgrafiken und Texten erlaubt.

E-Spot oder E-Mercial   Ein ins Internet übersetzter Fernsehspot: Durch die Verbindung von Animation, Sound, Film und Text entsteht ein Werbefilm, der auf der gesamten Bildschirmfläche zu sehen ist. Ein E-Mercial ist bisher als einzige Werbeform nicht klickbar und zielt daher ausschließlich auf die Werbeerinnerung beim Internet-Nutzer ab.

Euro-Skala   Norm für die Farben des Vierfarbdrucks.

Event   Eine erlebnisorientierte Veranstaltung zur Inszenierung von Produkten und Unternehmen.

Expanding Ad   Eine Internet-Anzeige im herkömmlichen Bannerformat, bei der eine zuvor unsichtbare Ebene unterhalb des Banners sichtbar wird, sobald die Maus (»mouseover«) darüber bewegt wird.

Eye-Catcher   Blickfang, der spontan die Aufmerksamkeit des Betrachters erregen soll.

Fachartikel   Von der PR-Abteilung redaktionell aufbereitete Artikel, die auch ohne Überarbeitung in der Presse übernommen werden können.

Fahne   Im Bleisatz ein Abzug (Fahnenabzug) des Rohsatzes vor dem Umbruch, also noch ohne Seiteneinteilung, zur Überprüfung der sprachlichen Richtigkeit.

Falzarten   Art der Falzung eines Druckbogens. Man unterscheidet zwischen Kreuzbruch- und Parallelfalzarten. Beim Kreuzbruch wird mindestens ein Falz über

Kreuz ausgeführt. Beim Parallelfalz verlaufen die einzelnen Brüche parallel zueinander. Beispiele sind:

▶ Zickzack- oder Leporellofalz: Das Papier wird parallel in wechselnde Richtungen gefalzt.

▶ Wickelfalz: Die Falzbrüche liegen parallel und werden aufgewickelt.

▶ Altar- oder Fensterfalz: Sechs oder acht Seiten werden von außen nach innen geklappt.

▶ Gemischtfalzung: Eine Kombination von Kreuzbruch- und Parallelfalzung, die maschinell ausgeführt wird.

▶ Handfalzung: Diese wird nur noch für spezielle Ausführungen in Kleinstauflagen angewendet.

Faxmarketing Beim Fax-Polling oder Fax-on-Demand werden dem Interessenten per Werbung (Plakate, Anzeigen, Spots oder Mailings) Abrufnummern kommuniziert, über die er sich Informationen zufaxen lassen kann.

Fehlstreuung Anteil an der Verbreitung, der nicht die gewünschte Zielgruppe erreicht.

Fensterfalz Siehe Falzarten.

FFF-Medien FFF-Medien ist eine Abkürzung für die Mediengruppe Film, Funk und Fernsehen.

Flash-Film Ein Film, der mit dem Programm Flash erstellt wurde. Zum Betrachten dieses Filmes muss im Internet-Browser ein Flash-Player installiert sein.

Flattersatz Links- oder rechtsbündigen Satz mit unregelmäßigen Zeilenenden oder -anfängen und ohne Trennungen.

Flight Der zeitliche Ablauf einer Werbekampagne. Zwei Flights im Jahr können zum Beispiel bedeuten: ein Durchgang im Frühjahr, einer im Herbst. Will man in sehr kurzer Zeit eine hohe Werbewirkung erzielen, indem man die verfügbaren Mittel konzentriert einsetzt, spricht man von einem Burst.

Floating Ad Bei dieser Werbeform wird eine transparente Flash-Animation über den Werbeträger gelegt. Durch die individuelle Farb- und Formgestaltung der Floating Ads lassen sich sehr hohe Branding- und Imageeffekte erzielen. Allerdings ist diese Werbeform nicht in allen Browsertypen sichtbar und dadurch auf Alternativen wie animierte GIF-Banner angewiesen.

Flyer Bezeichnung für einen Handzettel oder einen kleinformatigen Prospekt.

Folder   Bezeichnung für einen Faltprospekt.

Follow-up   Bezieht sich auf die Zweistufigkeit von Direktmarketingaktionen. Zuerst wird durch adressierte oder nicht adressierte Werbeanstöße ein Kontakt (Interessent, Lead) produziert. Um das Werbeziel, also die Annahme des Kaufangebotes, zu erreichen, werden diese Kontakte durch Nachfassaktionen oder Folgemaßnahmen (Follow-up) vertieft.

Font   Schriftart.

Formatanzeige   Sie ist das Standardangebot in Zeitschriften. Ihre Größe wird in Satzspiegel-Anteilen ausgedrückt und gegebenenfalls zusätzlich mit der Lage im Satzspiegel gekennzeichnet. Zum Beispiel 2/1-Seite (auch Doppelseite genannt), 1/1-Seite, 1/2-Seite, 1/4-Seite hoch, 1/4-Seite quer.

Freeby   Kostenlos verteilte Kundenzeitschriften einer Filialkette.

Freistellen   Herausstellen eines werblich darzustellenden Gegenstandes auf einer Anzeige aus seinem bildlichen Umfeld.

Fulfillment   Das komplette System der Auftragsabwicklung: Lagern, Verpacken, Versenden, Fakturieren, Abrechnung, Debitorenbuchhaltung, Mahnung. Dieser Service wird von vielen Direktwerbefirmen als Komplettpaket angeboten.

Gatekeeper   »Pförtner« ist eine Bezeichnung für Medienvertreter, die in einer Redaktion entscheiden, welche Nachrichten sie passieren lassen oder nicht und dadurch einen entscheidenden Einfluss auf die Nachrichtenselektion haben.

Gegenüber-Text   Platzierungsvorschrift einer Anzeige, die gegenüber einer Textseite erscheinen soll.

Gesperrt   Ausdruck für einen Text, der zur Hervorhebung mit vergrößertem Zeichenabstand geschrieben ist.

GfK-Meter   Es wird von der Gesellschaft für Konsumforschung (GfK) in Nürnberg als Instrument zur Ermittlung der Fernsehnutzung betrieben. Seine Ergebnisse werden der Arbeitsgemeinschaft Fernsehforschung (AGF) zur Verfügung gestellt. Es registriert in ausgesuchten Fernseh-Haushalten (Haushalts-Stichprobe) mittels einer technischen Einrichtung, welches Haushaltsmitglied zu welcher Zeit und wie lange einen bestimmten Fernsehsender sieht. Dabei müssen die betreffenden Haushaltsmitglieder die Registrierung ihrer Anwesenheit vor dem Fernsehgerät selbst aktivieren. Da die GfK-Daten personenbezogen sind, können sie zur Auswahl von Zielgruppen bei der Fernseh- und Werbeplanung herangezogen werden.

GIF-Format Ein komprimiertes Dateiformat (Graphic Interchange Format) für Bilder und Grafiken, das bevorzugt im Internet verwendet wird.

Gimmick Zugabe als Anreiz zum Kauf.

Give-away Geringwertiges Werbegeschenk, das häufig in Werbebriefen als kostenloses Dankeschön für eine Testbestellung ausgelobt wird, um die Attraktivität des Angebots und damit den Rücklauf der Aktion zu erhöhen.

Großflächen Säulen oder Tafeln, die dem Anschlag (im Format 18/1) jeweils nur eines Werbungstreibenden vorbehalten sind.

Groteskschriften Schriften ohne Serifen.

Guerilla-Marketing Mit diesem Begriff verbinden sich zwei theoretische Ansätze:
► Der erste Ansatz zielt insbesondere in gesättigten Märkten darauf ab, einen Wettbewerber zu schwächen, indem regelmäßig Aktionen zu dessen Lasten durchgeführt werden, zum Beispiel durch andauernde Angriffe auf juristischer Ebene.
► Der zweite, eher konstruktive Ansatz sieht kleine oder mittlere Unternehmen im Wettbewerb mit Großunternehmen als Hauptakteure im Guerilla-Marketing. Dabei gelten im Wesentlichen vier Prinzipien: Man muss eine Marktnische finden, die klein genug ist, um sie auch gegen ressourcenstarke Wettbewerber verteidigen zu können. Um Kosten zu sparen und schnell auf den Markt reagieren zu können, muss die Organisationsstruktur eines Guerilla-Unternehmens sehr schlank sein. Das Unternehmen braucht eine hohe Flexibilität, um Ressourcen schnell auf neue chancenreiche Aktivitäten konzentrieren zu können. Und schließlich sollten die kreativen Umsetzungen klein, ungewöhnlich und preiswert sein.

Haptik Die Lehre vom Tastsinn.

Herzaufsteller Herzförmiger Aufstellmechanismus auf der Rückseite von Plakaten aus Pappe.

HKS Farbskala, die nach einem Druckfarbenhersteller benannt ist. System zur Identifizierung von Farben aus einem Fächer von 88 Farben, unterteilt nach den unterschiedlichen Oberflächen: Kunstdruckpapier (K), Naturpapier (N), Zeitungspapier (Z) und Endlospapier (E).

Honorar Honorare setzen sich in Werbung und PR aus Kreativhonorar und Verwertungshonorar zusammen. Das Kreativhonorar stellt hierbei die Arbeitsleistung dar. Das Verwertungshonorar entlohnt etwa Fotografen und Sprecher für die Verwertung ihrer Leistung in einem genau definierten Medium (Funk, Fernsehen, Kino, Telefon), in einem genau definierten Zeitrahmen (etwa für ein Jahr) und in einem genau definierten Raum (lokal, regional, national, nur im Supermarkt).

HTML Hypertext Markup Language, die Beschreibungssprache für das Erstellen von Seiten im Internet.

HTML-Banner Sie zeichnen sich durch ein sehr hohes Interaktionspotenzial aus, denn sie bestehen nicht nur aus einer einzelnen Grafikdatei, sondern ermöglichen auch den Einsatz von interaktiven Elementen wie Pull-down-Menüs und Auswahlboxen.

Hurenkind Eine einzelne Schlusszeile eines Absatzes am Anfang einer neuen Spalte oder Seite.

Impact Ein Begriff der Werbewirkungsforschung, der die Wirkungsstärke einer Werbemaßnahme bezeichnet. Dem Impact liegt die Beschreibung einer Anzeige durch den Befragten zugrunde, und zwar nach Produkt, Farbe, Abbildung, Headline und Text. Der Anteil der Personen unter den Befragten, die mindestens drei Merkmale richtig beschreiben können, bildet den geprüften Impact-Wert in Prozent. Der Impact wird ähnlich wie der aktive Bekanntheitsgrad einer Marke ungestützt ermittelt, das heißt ohne Vorlage der Anzeige.

Incentive Ein Anreiz (Beteiligungen, Prämien und Reisen), mit dessen Hilfe die individuelle Motivation verstärkt werden soll.

Industriefilme Unter diesen Begriff fallen Imagefilme, Produktpräsentationen, Lehr- und Sachfilme, technische Filme oder Schulungsvideos.

Infoline oder Talkline Im Gegensatz zum Anrufbeantworter handelt es sich bei einer Infoline oder Talkline um ein umfangreiches interaktives und ausführliches Telefonvertriebs- und Marketinginstrument. Die oft verschachtelten Parts sollen den Anrufer veranlassen, möglichst lange am Hörer zu bleiben.

Insel-Anzeige   Anzeige, die von redaktionellem Text umrahmt ist.

Insetting-Anzeige   Eine satzspiegelgenau in eine Zeitungsseite eingepasste farbige Anzeige.

Interstitial   Unterbrecherwerbung, die beim Aufruf einer Internetseite eingeblendet wird.

Involvement   Die gefühlsmäßige Nähe zu einem Produkt oder Angebot.

Java   Eine plattformneutrale Programmiersprache, die oft für das Programmieren von Internet-Anwendungen genutzt wird.

JavaScript   Computersprache, die in Verbindung mit HTML verwendet wird.

Jingle   Kurze, charakteristische und einprägsame Melodie eines Spots.

Johnson-Box   Betreffzeile.

JPEG   Grafikformat (Joint Photographic Expert Group) zum komprimierten Abspeichern von Bildern und Grafiken, das oft im Internet eingesetzt wird.

Kandelaberwerbung   Bezeichnung für Dauerplakate an Lichtmasten.

Kapitälchen   Buchstaben, bei denen auch die so genannten Gemeinen, also die Kleinbuchstaben, die Form der entsprechenden Versalien haben. Sie sind entsprechend kleiner als die Großbuchstaben.

Kaschierung   Das Aufbringen einer Folie, um Druckerzeugnisse vor Schmutz oder Abrieb zu schützen.

Key-visual   Schlüsselbild: wichtigstes Bild in der Werbung.

Keyword-Buchungen   Buchung von Begriffen bei Suchmaschinen. Wird der Begriff abgefragt, erscheint ein Banner und/oder Texteineintrag.

Konfektionierung   Vorbereitung einer Direktwerbesendung (Mailing) für den Versand.

Konsultationsgröße   Texte in 5 bis 8 Punkt, die man nur kurz konsultiert, etwa im Lexikon oder auf einer Visitenkarte.

Kontakt Die »Berührung« einer Person mit einem Werbeträger oder -mittel (Werbemedium). Die wichtigste Kontaktmaßzahl ist die Reichweite.

Ladenfunk Ladendurchsagen sind kleine Werbespots, die nur und ausschließlich etwa in Kaufhäusern, Drogeriemärkten, Baumärkten und Discountern direkt für die anwesenden Kunden ausgestrahlt werden.

Launch Die Einführung einer neuen Marke, eines neuen Produkts, aber auch einer neuen Werbekampagne oder eines Internetauftritts.

Lead ▶ Einstieg in einen Text.
      ▶ Kontaktadresse.

Lead-User Ein Lead-User ist ein erfahrener vertrauenswürdiger Schlüsselkunde, mit dem ein Anbieter schon bei der Entwicklung neuer Produkte zusammenarbeitet.

Leaflet Einmal gefaltete Produktinformation (wie ein Heft ohne Seiten).

Leporellofalz Siehe Falzarten.

Lesegröße Die Schriftgrade zwischen 9 bis 12 Punkt für große Textmengen, mit denen sich das Auge lange beschäftigt, etwa in Büchern.

Leser-Blatt-Bindung Sie drückt die Bindung eines Lesers an eine Zeitschrift oder Zeitung aus. In diese Messzahl fließen Kriterien ein wie Bezugsart, Regelmäßigkeit der Nutzung oder Bewertung des redaktionellen Inhaltes. Bei der Mediaplanung geht man davon aus, dass eine hohe Leser-Blatt-Bindung die Qualität der Werbemittel-Kontakte, also die Beachtung von Anzeigen, positiv beeinflusst.

Lettershop Dienstleister, der Mailings oder deren Bestandteile in großen Auflagen adressieren, personalisieren, bekleben, schneiden, falzen, kuvertieren, frankieren und versandfertig machen kann.

Line-Extension Erweiterung eines Sortimentes durch Produkte, die ähnliche Funktionen wie die bisherigen erfüllen, von derselben Zielgruppe gekauft und über die gleichen Absatzkanäle verteilt werden.

Literatur VKF-Werbemittel wie Broschüren für erklärungsbedürftige Produkte wie Automobile.

Lobbying   Strategien, die weniger auf Informationsaustausch beruhen, sondern versuchen, politische Entscheidungsprozesse zu beeinflussen, zum Beispiel unternehmensrelevante Gesetzesvorhaben.

Location   Ort, an dem Außenaufnahmen für Werbespots gedreht oder Fotos gemacht werden.

Mailing   Aussendung per Post; man unterscheidet zwischen Angebots-, Nachfass-, Entschuldigungs-, Einladungs- oder Mahn-Mailings.

Mailing-Package   Bezeichnung für eine (adressierte) Werbesendung mit allen Bestandteilen wie Kuvert, Anschreiben, Prospekt, Extra-Zettel (Flyer oder Stuffer), Antwortelement und Antwortkuvert.

Maling   Eine gemalte Skizze.

MarkenProfile   Der Name einer regelmäßig von der Illustrierten *Stern* durchgeführten Markt-Media-Untersuchung über Marken und Verbraucher in für die Werbewirtschaft besonders wichtigen Branchen sowie über die Nutzung der wichtigsten Medien.

Member gets Member   Freundschafts- und Empfehlungswerbung: Gewinnung von Interessentenadressen durch Kunden, Verwandte und andere.

Message   Bezeichnung für die zentrale Werbebotschaft.

Microsite   Eine Internetseite, die zwischen dem Banner und der Homepage eines Werbenden geschaltet wird. Die Microsite (Aktionsseite) greift die Banneraussage auf und dient als Instrument, um die Banner-Kampagne optisch und inhaltlich aufzulösen. Durch sie entsteht eine geschlossene Kommunikationskette.

Mondpreis   Ein überhöht angesetzter Preis beziehungsweise eine überhöhte Preisempfehlung, um bei Preisvergleichen, beispielsweise Aktionen, den aktuellen Preis als günstig erscheinen zu lassen.

Monitoring   Die gezielte Informationsrecherche und -aufbereitung zu einem bestimmten Thema.

Mood   Zur Illustration eines umzusetzenden Fotostils werden in der Layoutphase Beispiele etwa aus Zeitschriften gewählt, um die zu erzielende Stimmung aufzuzeigen.

Mouse-Move-Banner   Wenn ein User eine Internetseite mit dieser Werbeform besucht, erscheint direkt neben der Maus ein Werbebanner. Es reagiert auf die individuellen vom Benutzer ausgelösten Mausbewegungen und bewegt sich synchron mit diesen.

Nachfass-Aktion   Maßnahme, die im Anschluss an eine Werbeaktion durchgeführt wird und die Beworbenen, die nicht darauf reagiert haben, an das Angebot erinnern soll.

Nachfassbrief   Zweiter Werbebrief an ausgesuchte potenzielle Kunden.

Narrative   Um die Idee für eine kostspielige Filmaufnahme vorab zu testen, wird ein gemalter Szenenablauf des späteren Spots mit einer Stimme unterlegt, die alle nötigen Details erklärt. Wie eine Erzählung schildert der Sprecher ausführlich die Abfolge und die Inhalte aller Szenen. Diese Collage aus Bildern und Sprache wird Verbrauchern vorgeführt. Die Ergebnisse des Tests bestimmen dann, ob der Werbespot gedreht wird oder nicht.

Nasenschild   Werbemittel der Außenwerbung, das im rechten Winkel zur Hauswand angebracht ist.

NDA   Non Disclosure Agreement: eine Vertraulichkeitsvereinbarung, in der sich beispielsweise die Agentur verpflichtet, keine vertraulichen Informationen des Auftraggebers an Dritte weiterzugeben.

Nielsengebiete   Wirtschaftsregionen der Bundesrepublik Deutschland, die von der Nielsen-Company, einer internationalen Gesellschaft mit Schwerpunkt auf Handelsforschung, abgegrenzt und bezeichnet wurden.

Nielsen 1	Schleswig-Holstein, Hamburg, Bremen, Niedersachsen
Nielsen 2	Nordrhein-Westfalen
Nielsen 3a	Hessen, Rheinland-Pfalz, Saarland
Nielsen 3b	Baden-Württemberg
Nielsen 4	Bayern
Nielsen 5a	Berlin-West
Nielsen 5b	Berlin-Ost
Nielsen 6	Mecklenburg-Vorpommern, Brandenburg, Sachsen-Anhalt
Nielsen 7	Sachsen, Thüringen.

Night-Time　Fernseh-Sendezeit ab 23 Uhr.

On-air　Davon spricht man, wenn eine Werbung gerade in Radio oder Fernsehen gesendet wird.

Online-TKP　Der Preis, der für tausend Page-Views der werbeführenden Seite im Internet bezahlt wird. Er berechnet sich ähnlich wie der TKP (Tausender-Kontakt-Preis) bei Anzeigen. Das heißt: Preis für den Werbebutton dividiert durch die Summe der Page-Views für einen Monat der werbeführenden Seite multipliziert mit 1.000.

On-Strategy　Davon spricht man, wenn alles der angestrebten Strategie entspricht.

Opinion-Leader　Meinungsbildner, die durch Position und Status innerhalb einer Zielgruppe besonderes Vertrauen genießen und im Kommunikationsprozess eine Schlüsselposition einnehmen. PR-Fachleute versuchen sie gezielt in den Informationsaustausch einzubeziehen, da die Kommunikation zwischen Opinion-Leader und Zielgruppe als besonders effektiv angesehen wird.

Opt-in-E-Mail　Registrierte Nutzer einer Internetseite melden sich für Werbemails via Opt-in an. Über Opt-out kann man sich wieder abmelden.

OTC-Produkte　Rezeptfreie Arzneimittel (Over-the-Counter-Produkte).

Packshot　Im Werbespot die alleinige Darstellung des Produktes.

Page-Impressions　Sie liefern ein Maß für die Nutzung einzelner Seiten eines Angebotes. Setzt sich eine Bildschirmseite aus mehreren Frames zusammen, so gilt jeweils nur der Inhalt eines Frames als Bezugspunkt. Der Erstabruf eines solchen Framesets zählt daher nur als eine Page-Impression, ebenso wie jede weitere Nutzeraktion nur als eine Page-Impression zählt.

Page-Views　Die Summe aller Page-Views gibt Aufschluss über die Attraktivität des Angebots. Sind im Layout Werbeanteil und Inhalt (Content) technisch voneinander getrennt, zählt jeder Sichtkontakt mit einer Inhaltsseite zusätzlich als Page-View für den zugehörigen Werbeanteil.

Paginierung　Fortlaufende Nummerierung der Seiten.

Panorama-Anzeige　Anzeige in Zeitung oder Zeitschrift, die über den Bundsteg verläuft – bis hin zu einer vollen Doppelseite.

Pantone   Farbskala zur Identifizierung von Farben, vergleichbar zu HKS.

Papiergewicht   Das Gewicht des Papiers wird in Gramm pro Quadratmeter ausgedrückt, um die Papiersorten unabhängig von den verschiedenen Bogenfor-
maten vergleichen zu können:

Gewicht	Papiersorte
6–15 g/m²	Kondensatorenpapier
15–20 g/m²	Zigarettenpapier
10–35 g/m²	Flugpostpapier
15–30 g/m²	Seidenpapier
25–35 g/m²	Durchschlagpapier
25–50 g/m²	Dünndruckpapier
40–100 g/m²	Schreibmaschinenpapier
28–50 g/m²	Zeitungsdruckpapier
50–120 g/m²	Tiefdruckrotation
50–180 g/m²	Schreibpapier
70–100 g/m²	Werkdruck
120 g/m²	Einzahlungsscheinpapier
180–300 g/m²	Bristolkarton

Parallelfalz   Siehe Falzarten.

Passkreuze   Druckkreuze auf dem zu druckenden Papier zur Fixierung der Druckbö-
gen an den Druckmaschinen.

Patronatssendung   Sie wird von einem Werbungtreibenden (Patron) mitfinanziert,
aber inhaltlich nicht beeinflusst. Dafür wird der Patron am Anfang oder am
Ende der Sendung genannt, zum Beispiel bei den Wetternachrichten.

Pay-for-Performance (PfP)   Damit können bei Betreibern von Suchmaschinen Spitzen-
positionen in deren Trefferlisten gebucht werden. Ein Beispiel: Gibt ein Surfer
als Suchbegriff »Auto« ein, dann würde der Arbeiter, der am meisten gezahlt
hat, ganz oben auf der Trefferliste erscheinen.

PDF   Das Format von Acrobat-Dateien (Portable Document Format).

Peer-Group Eine soziale Gruppe gleichaltriger Jugendlicher mit klarem Ausdruck einer bestimmten Subkultur, das heißt demonstrativer Konsum von Produkten, die im Trend liegen, im engen Kontext eigener Einstellungen, Normen und Verhaltensweisen.

People-Fotografie Zum Beispiel Modeaufnahmen mit Menschen im Mittelpunkt.

Personalisierung Bei Mailings die individuelle Ansprache des Adressaten nicht nur auf dem Umschlag, sondern beispielsweise auch im Anschreiben.

PI Presseinformation.

Pixel Ein Pixel ist die kleinste darstellbare Einheit auf einem Computerbildschirm (Bildpunkt).

PK Presskonferenz.

Platzierung Die gezielte Schaltung einer Anzeige an einer bestimmten Stelle in einer Zeitschriften- oder Zeitungsausgabe. Dabei wird versucht, dass redaktionelle Umfeld (Heftteil vorne, in der Mitte oder hinten) oder den Stand auf einer Doppelseite (links oder rechts) zu nutzen, um die Beachtungschance einer Anzeige zu steigern. Langzeituntersuchungen legen jedoch den Schluss nahe, dass die Platzierung eine relativ geringe Auswirkung auf die Beachtung hat.

PM Pressemitteilung.

Pop-under-Fenster Eine spezielle Variante des Pop-ups, das unter dem aktuell geöffneten Browserfenster liegt und erst sichtbar wird, wenn der Internet-Nutzer das aktuelle Fenster schließt, also die Internetseite verlässt. Damit belästigt es den Internet-Nutzer weniger als ein Pop-up.

Pop-up-Fenster Ein Fenster, das sich über die eigentliche Inhaltsseite im Internet legt, etwa für Werbeeinblendungen.

Prägung Auf Papier fühlbar erhobener Druck.

Pressemappe oder Press-Kit Spiralordner oder Schnellhefter, der Pressevertretern im Anschluss an eine Pressekonferenz ausgehändigt wird. Sie sollte eine Zusammenfassung der wichtigsten Inhalte der Konferenz, ein Pressefoto und zusätzliche Informationen (zum Beispiel Broschüren) über das Unternehmen beinhalten.

Pressemeldung Erwähnung eines Unternehmens, einer Person oder eines Ereignisses in der Presse.

Presseverteiler Liste mit Adressen von Redaktionen und Journalisten, an die Pressemitteilungen geschickt werden und zu denen ein langfristiger Kontakt aufgebaut wird.

Prime-Time Die Hauptsendezeit im Fernsehen. Bezogen auf Werbung kann man von Prime-Time nur bei den privaten Sendern mit ganztägiger Werbung sprechen. Gemeint ist die Sendezeit zwischen 19 und 23 Uhr, in der die Einschaltquoten normalerweise am höchsten sind. Dementsprechend sind innerhalb eines normalen Sendetages auch die Einschaltpreise während der Prime-Time am höchsten.

Product-Placement Sonderwerbeform, bei der Konsumgüter in den Massenmedien (Filme, Game-Shows) redaktionell integriert, also platziert, werden oder deren Markenname genannt wird. Auf diese Weise wird die Positionierung des Produktes im bezahlten Anzeigenraum, dem Werbeblock umgangen. Als Entgelt wird in den meisten Fällen ein Produktionskostenzuschuss gezahlt.

Proof Andruck.

Punkt Typografische Maßeinheit, 12 Punkt sind 1 Cicero oder 4,5 mm.

Quick-and-dirty Abschätzige Bezeichnung für Aufträge an Agenturen, die in extrem kurzer Zeit erledigt werden müssen und deshalb oft nicht sauber umgesetzt werden können.

Rating Einschaltquote.

Rausatz Werden die Wörter beim Flattersatz am Zeilenende getrennt, nennt man das Rausatz.

Recognition Erinnerung an eine Werbung in der Marktforschung.

Recognition-Test Siehe Recall-Test.

Rectangles (Midpage-Ads) Die Internet-Variante der Textteilanzeigen.

Redaktionsbesuch Eine PR-Maßnahme, bei der gezielt die Redaktionen besucht werden, die für das Unternehmen oder das Produkt von Bedeutung sind.

Relaunch Neueinführung eines bestehenden Produktes mit wesentlichen Änderungen einzelner Marketingfaktoren (Produkt, Packung, Name, Kommunikation). Ein Relaunch ist immer dann nötig, wenn sich ein Produkt in der Sättigungs- oder Degenerationsphase befindet oder wenn es veränderten Marktanforderungen angepasst werden muss. Eine nur punktuelle Änderung des Produktes, der Verpackung oder der Kommunikation nennt man Aktualisierung.

Release Pressemitteilung.

Reminder Technik, um bei Werbemaßnahmen die Erinnerungsleistung zu erhöhen. So kann etwa im Fernsehen die gekürzte Fassung eines Spots nach dem eigentlichen Spot innerhalb eines Werbeblocks mehrmals zu sehen sein. In den Printmedien gibt es Reminder als Doppelanzeigen auf mehreren aufeinander folgenden Seiten.

Response ▶ Zahl der Reagierer bei einer Direktwerbe-Aktion, das heißt der Rücklauf.
▶ Erinnerungswert in der Marktforschung an bestimmte Werbeinhalte.

Response-Element Teil einer Anzeige oder eines Werbebriefs, den der Leser ausfüllen, ausschneiden und per Fax oder Post an das werbende Unternehmen schicken kann, um weitere Informationen oder ein Produkt anzufordern.

Rezensionsexemplar Ein Exemplar eines Produktes zum Test oder zur Beurteilung und zur anschließenden Berichterstattung in den Medien. Auch NFR (not for resale) genannt.

Rich-Media-Banner Multimedialer Banner, in den sich Funktionen wie Spiele oder Feedback-Formulare und sogar Video und Audio integrieren lassen.

Robinson-Liste Menschen, die keine Direktwerbung erhalten wollen, können sich hier eintragen lassen. Sie bekommen dann von Firmen, die die Regeln der Robinson-Liste akzeptieren, keine Mailings mehr.

Rough Rohskizze eines Entwurfs.

Sales-Folder Faltprospekt mit Verkaufsargumenten.

Sample Warenmuster.

Sampling Sampling ist die Verteilung kostenloser Warenproben, oft im Rahmen der Verkaufsförderung.

Sandwich-Man Person, die vorne und hinten ein Werbeplakat trägt.

Satzspiegel Bedruckte Fläche auf der Seite eines Druckwerks.

Schaltung Anzahl der Werbeauftritte in Funk, Fernsehen, Kino oder Print.

Scharnier-Block Ein Werbeblock, der zwischen zwei Programmen gesendet wird.

Schaugröße Auch Display-Größe genannt: Schriftgrade von mehr als 12 Punkt, die für Headline-Satz, Anzeigen oder Plakate benutzt werden.

Schmuckfarben Spezialfarben wie Lack, die zusätzlich zu den vier CMYK-Farben gedruckt werden.

Schnellschuss Abschätzige Bezeichnung für eine äußerst schnell umzusetzende Werbemaßnahme.

Schriftfamilie Alle Varianten, die zu einer Schriftart gehören, zum Beispiel fett, halbfett oder kursiv.

Schusterjunge Anfangszeile eines neuen Abschnitts, die als einzelne letzte Zeile auf der vorherigen Seite oder Spalte erscheint.

Schweinebauchanzeige Werbung in Tageszeitungen, die meist mit wöchentlichen Sonderangeboten verbunden sind, zum Beispiel: »Schweinenacken zum Preis von …, solange der Vorrat reicht.«

Scout Er spürt unter anderem Locations für Fotoaufnahmen auf.

Screendesign Das Layout einer Internetseite.

Screening Ideenauswahl beziehungsweise Grob- und Vorauswahl von Produktideen durch Methoden der Produktbewertung. Gegenstand sind nicht die Produkte, sondern deren Ansätze.

Screenshot Foto eines Bildschirminhalts.

Serife Kurze, meist waagerechte Querstriche (»Füßchen«) an den Ober- und Unterkanten von Buchstaben.

Serifenschriften Schriften mit Serifen.

Set Drehort.

Setcard Präsentationskarte von Models mit allen wichtigen Angaben sowie Beispielfotos.

Shooting Aufnahme der Werbung beim Fotografen oder beim Film.

Skyscraper Internet-Werbeflächen, die rechts neben dem Content einer Seite eingebunden werden; auch Billboard genannt.

Spam Die in großen Mengen und unverlangt von einer Organisation, dem »Spammer«, versandten E-Mails.

Sperrfrist Für PR-Zwecke an die Presse herausgegebene Auflage, die zugehörigen Informationen nicht vor einem bestimmten Zeitpunkt zu veröffentlichen.

Sponsored Link Im Internet bei Suchmaschinen wie Google oder Yahoo gekaufte oder ersteigerte Position, die noch vor den eigentlichen Suchergebnissen erscheinen.

Sticky Ad Dabei handelt es sich um einen Button, der in einer leeren Spalte am rechten Rand eines Werbeträgers im Internet so eingebaut ist, dass er auf der Stelle stehen bleibt. Dieses Werbemittel bleibt immer im Blickpunkt des Nutzers, auch wenn dieser im Inhalt der Internetseite nach unten rollt. Deshalb nennt man dieses Format auch Freeze-Screenposition-Banner.

Still Foto von unbewegten Gegenständen.

Stock-Material Bildmaterial von Bilddatenbanken, das gegen Gebühr benutzt werden kann. Stock-Material ist eine Alternative zur Produktion eigener Fotos.

Störer Ein Element in Anzeige oder auf Plakat, das das eigentliche Bild stört und eine wichtige Information enthält. Ziel ist, der Information mehr Aufmerksamkeit zu geben.

Stylisten Spezialisten, die sich etwa beim Fotoshooting um das Arrangement aller Bildinhalte kümmern.

Subhead Schlagzeile unterhalb der Headline mit nachrangiger Bedeutung.

Subline Unter der Hauptüberschrift befindliche zweite Unterzeile in kleineren Buchstaben mit ergänzenden Informationen.

Success-Story   Siehe Case-Study.

Super   Im Werbespot größer werdende Ausschnitte, meist vom Produkt (Packshot).

Superstitial   »Mega-Pop-ups« zum Beispiel für detaillierte Produktpräsentationen.

Supplement   Ein geschlossenes redaktionelles Produkt mit eigenem Titel, das einer Zeitung oder Zeitschrift, dem Trägerobjekt, beigelegt wird. Es erscheint periodisch entweder im Erscheinungsrhythmus des Trägertitels (zum Beispiel die Fernsehbeilage des *Stern*), wie Programm-Supplements der Tageszeitungen nur am Wochenende (zum Beispiel *rtv*) oder mit einer anderen Regelmäßigkeit.

Tailormade Promotion   Handelsindividuelle Verkaufsförderungsaktion.

Tandemteil   Wird neben dem Hauptspot noch ein kleiner Werbespot im selben Werbeblock nachgeschoben, so liegt ein so genanntes Tandemteil vor. Auch Nachhaker genannt. Siehe auch Reminder.

Teaser   ▶ Ankündigung, etwa ein kurzer Text auf dem Umschlag eines Werbebriefs, um den Empfänger neugierig auf den Inhalt zu machen.
▶ Anmacher bei Radiospots in Form einer vorgeschalteten Nennung des Produkts.

Telefonmarketing   Dabei werden zwei Mechanismen unterschieden: Outbound- oder aktives Telefonmarketing sowie Inbound- oder passives Telefonmarketing. Beim Outbound-Verfahren wird der Gesprächspartner aktiv von einem Telefonkontakter angerufen. Beim Inbound-Verfahren werden Anrufe passiv entgegengenommen.

Textteilanzeige   Anzeige, die an drei Seiten von redaktionellem Text umgeben ist und an keine andere Werbung grenzt.

Thumbnail   Daumengroße Miniatur eines Bildes.

TIFF   TIFF (Tagged Image File Format) ist neben EPS das wichtigste Bildformat im DTP-Bereich.

Tip-on-Postcard   Postkarte, die in eine Anzeige geklebt wird, um den Response zu erhöhen.

Titelkopfanzeige   Anzeige, die neben dem Titel einer Zeitung eingesetzt wird.

Titelpatronat   Als eine Form des Sponsorings wird beispielsweise ein Logo oder eine Marke in den Titel eines Fernsehprogramms integriert.

Trailer   Der Begriff ist vor allem in der Funkwerbung gebräuchlich und steht für einen Teaser.

Transactive-Banner   Diese Werbeform zeichnet sich durch ihre hohe Interaktivität aus. Ein Transactive-Banner enthält alle relevanten Produktinformationen, ohne dass der Nutzer die Internetseite verlassen muss. Der Kunde geht in diesem Fall nicht mehr zum Unternehmen, sondern das Unternehmen kommt zum Kunden. So gibt es beispielsweise die Möglichkeit, einen Rückrufservice direkt im Banner zu starten oder ein Auftragsformular direkt aus dem Banner zu laden.

Treatment   Handlungsentwurf eines Films oder Spots in erzählender Form.

Trendscout   Er macht als Szenegänger neue Märkte und neue Marktleistungen ausfindig.

Tryout   Probeexemplar.

Typographie   Alle gestalterischen Fragen rund um Schriften.

UMP   Unique Marketing Proposition: eine eigenständige Marketingkonzeption, die einem Produkt eine einzigartige Stellung verschafft.

Uniqueness   Einzigartigkeit eines Produkts oder einer Werbekonzeption.

Unique Visitors   Anzahl der Einzelpersonen, die ein Internet-Angebot innerhalb eines bestimmten Zeitraumes zumindest einmal besucht haben. Dieses Nettopublikum kann nur dann ausgewiesen werden, wenn eine individuelle Identifikation des Users erfolgt.

Unterbrecher-Block   Ein Werbeblock, der innerhalb eines laufenden Programms gesendet wird.

User   Nutzer eines Produktes oder einer Internetseite.

User-Story   Zeigt eine typische Geschichte der Nutzung eines Produktes in der Werbung oder PR-Arbeit. Siehe auch Case-Study.

Vampireffekt   Der unerwünschte Effekt der Ablenkung von der tragenden Werbebotschaft durch bestimmte Gestaltungselemente wie Humor oder nackte Körperteile.

Versalien   Großbuchstaben.

Verstärker   Besonders im Direktmarketing eingesetztes Mittel, die Reaktionshemmschwelle zu senken oder die Reaktion zu unterstützen, zum Beispiel Testimonials, Gewinnspiele, Zugaben oder Early Birds.

Verwertung   Mit der Bezahlung des Verwertungshonorars erhält der Auftraggeber das Recht, die jeweiligen Arbeit für eine festgelegte Frist zu verbreiten, und zwar innerhalb des vereinbarten Gebiets mittels des vereinbarten Mediums. Ein Auftraggeber erwirbt also nie die Urheberrechte, sondern nur das Recht, die Arbeiten des Urhebers zu verwerten.

Vierfarbdruck   Siehe 4c.

Viewtime   Begriff aus der Online-Reichweiten-Analyse. Gemeint ist die Zeit, in der ein werbeführender Teil während eines Nutzungsvorgangs sichtbar ist.

Visit   Ein zusammenhängender Besuch eines Internet-Angebots, der den Werbeträgerkontakt definiert. Als solch ein Nutzungsvorgang zählt ein Seitenzugriff eines Internet-Browsers auf das aktuelle Angebot, wenn er von außerhalb des Angebotes erfolgt und wenn mindestens eine Seite zum Benutzer übertragen wurde.

Visual   Bild.

Warenzeichen   Geschütztes Logo.

Werbe-Awareness   Ein Begriff aus der Werbewirkungsforschung, der die Bekanntheit einer Marke oder eines Dienstleistungsanbieters durch Werbung kennzeichnet. Elemente der Werbe-Awareness sind Impact, Recall und Recognition.

Werbeblock   Die Ausstrahlung mehrerer hintereinander geschalteter Werbespots.

Werbedruck   Die Intensität der Werbung für ein Produkt oder eine Dienstleistung gemessen in Werbeaufwendungen (Geld) oder in Werbeanstößen oder Kontakten.

Werbeuhren   Einzelne Fernsehspots vor Nachrichtensendungen mit eingeblendeter Zeit bis Sendebeginn.

White Paper PR-Medium zur detaillierten Darstellung von Produkteigenschaften.

Wickelfalz Siehe Falzarten.

WKZ Werbekostenzuschuss der Industrie an den Handel.

Wobbler Bewegliches Miniplakat für die Platzierung am Warenträger, das der Aufmerksamkeitssteigerung dienen soll.

Wording Der Textstil eines Werbemittels oder eines Unternehmens.

Workshop PR-Veranstaltung zur realitätsnahen Präsentation von Produkten.

Wort-Bild-Marke Logo, das immer im Zusammenhang mit einer Textaussage für das Unternehmen steht.

W-Fragen Die sechs journalistischen W-Fragen: Wer veranlasste oder erlitt was, wo, wie, wann, warum?

XML Erweiterte Sprachform (eXtensible Markup Language) von HTML.

Zickzackfalz Siehe Falzarten.

Zugabe Eine unentgeltliche Leistung, deren Gewährung vom entgeltlichen Erwerb einer Hauptleistung abhängt (Draufgabe, Dreingabe).

Noch mehr Informationen

Literaturhinweise und andere Tipps

Literatur

Brigitte Adriani, Ulrich Schwalb, Rainer Wetz: *Hurra, ein Problem! Kreative Lösungen im Team*. Wiesbaden 1995 (2. Auflage).

In vier Phasen (Problembeschreibung, Kreativitätstechniken, Bewertung der Ideen und Verabschiedung eines Maßnahmenplans) führen die Autoren anschaulich durch den Prozess der Problemlösung – auch ohne dass man auf den göttlichen Funken als Eingebung warten müsste.

Günter Bentele, Manfred Piwinger, Gregor Schönborn (Hg.): *Kommunikationsmanagement. Strategien, Wissen, Lösungen*. Neuwied/Kriftel 2001.

Diese zweibändige Loseblattsammlung bietet umfassende Informationen und Hilfen rund um Strategie, Planung, Methoden und Instrumente des Kommunikationsmanagements. Abgerundet wird das Angebot durch Fallstudien und ein Kapitel zur Kommunikation von Institutionen.

Mike Barowski: *Das professionelle 1 x 1: Textgestaltung*. Berlin 1997.

Wenn Sie Ihren Texten mehr Schliff und Prägnanz geben möchten, ist der Band ein guter Einstieg. Der Inhalt reicht von der Copy-Strategie über Textgestaltung bis hin zu Spezialfragen wie Coupons, Störer, Plakate sowie Radio und Fernsehen.

Jochen Becker: *Das Marketingkonzept. Zielstrebig zum Markterfolg!* München 2002 (2. Auflage).

Der Autor legt das Hauptgewicht auf das Konzeptionelle im Marketing, das er anhand vieler Beispiele Schritt für Schritt erläutert.

Hans Peter Brugger: *treffend werben*. Thun 1995.

»Worte, Schlagzeilen und Kampagnen, die verkaufen«, verspricht der Autor und bietet eine wahre Fundgrube erfolgreicher Beispiele gegliedert nach Werbeinhalten und Art der kreativen Umsetzung.

Manfred Bruhn, Christian Homburg (Hg.): *Gabler Marketing-Lexikon*. Wiesbaden 2001.

Ein umfassendes Nachschlagewerk mit über 4.200 Stichworten zu allen Aspekten des Marketings. Schwerpunktbeiträge geben Übersicht zu zentralen Begriffen wie Direktmarketing oder Preispolitik.

Claudia Cornelsen: *Das 1 x 1 der PR. So haben Sie mit Public Relations die Nase vorn.* Freiburg i. Br./Berlin 2002 (4. Auflage).

Der Band führt übersichtlich ein in die Grundlagen von Kommunikation und PR. Das Hauptaugenmerk liegt auf praxisbezogenen Fragen wie Gestaltung, sprachliche Kreativität, Pressekonferenzen, Live-Interviews, Krisen-PR, Sponsoring und PR im Internet.

Werner Correll: *Menschen durchschauen und richtig behandeln. Psychologie für Beruf und Familie.* München 1991 (11. Auflage).

Für alle, die mehr über die Motive der Menschen – und Kunden – erfahren möchten.

Hans Domizlaff: *Die Gewinnung des öffentlichen Vertrauens. Ein Lehrbuch der Markentechnik.* Hamburg 1992.

Hans Domizlaff (1892–1971) gilt als Deutschlands erster und wichtigster Marken-Papst. Sein Buch ist Pflichtlektüre für alle Markenartikler, denn es erläutert die wichtigsten Grundgesetze der »natürlichen« Markenbildung.

Hans-Peter Förster (Hg.): *Kommunikations- und Pressearbeit für Praktiker: KOM. Identity, Marketing, Presse.* Neuwied/Kriftel 2001.

Die Loseblattsammlung bietet in zwei dicken Bänden umfassendes Know-how zu allen Fragen rund um Kommunikation, Texter-Praxis, Redner-Praxis, Medien-Praxis, Multimedia-Praxis, Manager-Praxis sowie Recht, Pressefreiheit, Urheberrecht usw. Auf der beigefügten CD-ROM finden sich unter anderem 101 Musterbeispiele für den Betreff, 50 mustergültige Bitten und 110 Schluss-Sätze.

GWA-Media-Planer 2002. Frankfurt/Main 2002.

Die Broschüre im Taschenformat enthält – jährlich aktualisiert – wichtige Zahlen und Daten für die Werbung. Dargestellt werden neben allgemeinen statistischen Daten relevante Auflagen, Kosten und Reichweitenzahlen der klassischen Werbeträger.

Dieter Herbst: *Das professionelle 1 x 1: Interne Kommunikation.* Berlin 1999.

Wer innerhalb seines Unternehmen kommunizieren möchte, findet hier viele Tipps etwa zur Mitarbeiterbefragung, zur Mitarbeiterzeitschrift, zum Intranet oder zum Mitarbeiter-Fernsehen.

Jürgen Hesse, Hans Christian Schrader: *Marketing in eigener Sache. Ihr Erfolgsweg zum neuen Job.* Frankfurt a. M. 2002.

Viele Hilfen, sich über eigene Stärken und berufliche Ziele klar zu werden. Als Orientierung helfen eine Potenzialanalyse und Fragen wie: Was für ein Mensch bin ich? Was kann ich? Was will ich? Was ist mein Ziel? Dazu kommen Tipps, wie man sich überzeugend präsentiert und vor allem in Bewerbungsverfahren vermarktet.

Philip Kotler, Dipak C. Jain, Suvit Maesincee: *Marketing der Zukunft. Mit Sense and Response zu mehr Wachstum und Gewinn.* Frankfurt a. M. 2002.

Nach Ansicht der Autoren übernehmen – als Folge der digitalen Wirtschaft – immer mehr die Kunden klassische Aufgaben des Marketings, indem sie zum

Beispiel Produkte selbst zusammenstellen oder selbst bestimmen, welche Werbebotschaft sie empfangen möchten und welche nicht.

Jay Conrad Levinson: *Die 100 besten Guerilla-Marketing-Ideen.* Frankfurt a. M. 2000. Der Autor ist Erfinder des »Guerilla-Marketing«, mit dem kleine und mittlere Unternehmen sich ein effektives Marketing auch ohne große Marketingabteilung leisten können.

Horst Löffler, Andreas Scherfke: *Praxishandbuch Direkt-Marketing. Instrumente, Ausführung und neue Konzepte.* Berlin 2000. Neben theoretischen Grundlagen erklären die Autoren Bereiche wie Adress-Management, Database-Marketing und 50-plus-Marketing sowie Instrumente des Direktmarketing wie Onlinemarketing, Kundenzeitschriften, Mailings, Haushaltswerbung, Kundenclubs und Kundenkarten.

Philipp Luidl: *desktop knigge. Setzerwissen für Desktop Publisher.* Augsburg 2000. Ein gut strukturierter, praxisorientierter Band für alle, die rund um Typographie und Graphikproduktion mitreden möchten. Themen sind unter anderem Anatomie und Physiognomie von Schriften, Falzarten, Gliederung von Prospekten oder Geschäftsaustattung.

Heribert Meffert: *Marketing. Grundlagen marktorientierter Unternehmensführung.* Wiesbaden 2000 (9. Auflage). Einer der Klassiker unter den grundlegenden Titeln zum Thema. Die aktualisierte Neuauflage deckt auf 1.472 Seiten alle Aspekte ab: Konzepte, Instrumente und Praxisbeispiele. Interessant ist die »Fallstudie Golf IV«, die auf 125 Seiten die Buchinhalte praxisnah nachvollzieht.

Robert Nieschlag, Erwin Dichtl, Hans Hörschgen: *Marketing.* Berlin 2002 (19. Auflage). Ein weiterer Klassiker. Der »NDH« führt auf 1.350 Seiten ins Marketing ein. Dabei wird unterteilt in strategische und operative Dimensionen des Handelns im Marketing. Detailliert geht das Werk unter anderem auf Fragen zur Forschung sowie zur Produkt- und Programm-, Preis-, Distributions- und Kommunikationspolitik ein. Dazu kommen ausführliche Kapitel zur Marketing-Kontrolle und -Organisation.

David Ogilvy: *Ogilvy on Advertising.* New York 1985. Ein guter und lesenswerter Einstieg in die Welt der Werbung, leider nur noch auf Englisch erhältlich.

Knut S. Pauli: *Leitfaden für die Pressearbeit. Anregungen – Beispiele – Checklisten.* München 1999 (2. Auflage). Nicht zuletzt die Checklisten und praxisnahen Tipps etwa zur Suche nach dem richtigen PR-Fachmann machen das Werk zu einer wertvollen Hilfe bei der täglichen Pressearbeit.

Mike Pickert: *Die Konzeption der Werbung. Determinanten, Strategien, Kommuniqués.* Heidelberg/Zürich 1994.

Der Titel verrät den eher theoretischen Ansatz des Bandes. Doch bei aller Gründlichkeit geht dank guter Beispiele die Anschaulichkeit nicht verloren. Und in vielen Kapiteln gibt es praktische Tipps und Checklisten.

Al Ries, Jack Trout: *Die 22 unumstößlichen Gebote des Marketing*. München 2001 (2. Auflage).

Die Autoren erzählen mehr, als sie dozieren. Sie schreiben mit viel Schwung und vielen Beispielen, obwohl sie nicht mehr ganz up-to-date sind. Konkrete Instrumente zeigen sie nicht auf, vermitteln aber einen gut lesbaren Einstieg in die Marketing-Denke.

Alfred Rudolph, Miriam Rudolph: *Das professionelle 1 x 1: Customer Relationship Marketing. Individuelle Kundenbeziehungen*. Berlin 2000.

Für alle, die ihr Marketing unter Einsatz von EDV noch individueller und kundenorientierter machen wollen. Themen sind unter anderem Database-Marketing, CRM-Datenbank, Data-Warehousing, aided Selling, Telemarketing und E-Business.

Wolf Schneider: *Deutsch für Profis*. München 1984

Nach wie vor ein empfehlenswerter Klassiker zum Thema Sprache und Stil. Auch wenn sich der Autor eher an Journalisten wendet, kann jeder von ihm lernen, wie man besser schreibt.

Joachim Seebohn: *Gabler Kompakt-Lexikon Werbepraxis*. Wiesbaden 2001 (2. Auflage).

Ein kompaktes Nachschlagwerk zu über 1.500 Stichworten.

Armin Seiler: *Marketing. BWL in der Praxis IV*. Zürich 2001 (6. Auflage).

Das dritte Grundlagenwerk in dieser Liste. Dem Autor geht es auf 636 Seiten in erster Linie um umfassendes und vor allem praxisrelevantes Know-how. Die Theorie beschränkt er auf ein Minimum. Neben Basics wie Marketingstrategien und -instrumente deckt er auch Spezialgebiete ab wie internationales Marketing oder Marketing und Ethik. Lesenswert macht das Buch auch die Vielzahl optisch abgesetzter Beispiele und Anekdoten, die das Thema lebendig machen – und nicht zuletzt als Small-Talk-Futter dienen können.

Fritz Unger, Rudolf Dögl: *Taschenbuch Werbepraxis*. Heidelberg 1995.

Eine straffe, aber umfassende Einführung unter anderem mit Kapiteln zu Mediaentscheidungen, Werbeträgerauswahl, Budgetierung, Werbewirkungsmessung und Zusammenarbeit mit Werbeagenturen.

Software

Haufe Marketing Office. Die professionelle Software für das Marketing. Freiburg i. Br. 2002.
Auf der CD-ROM finden sich Fachlexika zu Marketing, Wettbewerbsrecht und zu Fachbegriffen. Dazu Links und Arbeitshilfen (Analysetools, Checklisten und Präsentationsfolien).

Internet

www.dprg.de
   Das Onlineangebot der Deutschen Public Relations Gesellschaft e. V. (DPRG), dem Berufsverband Öffentlichkeitsarbeit, bietet aktuelle Nachrichten und Fakten aus der PR-Branche: Namen, Etats, Marktdaten und Trendstudien sowie die wichtigsten Fachbegriffe aus der PR-Welt.

www.gujmedia.de
   Der Fachbereich Anzeigen des Verlagshauses Gruner + Jahr bietet Zugang zu einem Medialexikon sowie diversen Markt- und Medieninformationen, zum Beispiel den »G+J-Branchenbildern« mit einem Überblick über die wichtigsten Konsumgüter- und Dienstleistungsbranchen. Der »Zielgruppenfinder« hilft bei der Suche nach Marktforschungsstudien.

www.horizont.de
   Der Internet-Ableger von *Horizont*, der Zeitung für Marketing, Werbung und Medien bietet ein breites Angebot unter anderem zu News aus Branchen und Agenturen und zu Werbeetats, mit Rankings, Lexikon und vielem mehr. Das »Kommunikationsbarometer« untersucht in monatlichem Abstand die Reaktion der Verbraucher auf Erscheinungsformen der Werbung.

www.luerzersarchive.net
   Das Online-Angebot von Lürzers Archiv mit mehr als 20.000 Anzeigen aus aller Welt. Eine Fundgrube für alle, die sich bei den Kreativen orientieren möchten und mitreden wollen.

www.medialine.de
   Dieses kostenlose Marketing-Nachschlagewerk zu rund 40.000 Stichwörtern in Deutsch und Englisch bietet Übersetzung und Definitionen.

www.wuv.de

Das Online-Angebot von *werben & verkaufen,* der Fachzeitschrift für Werbung, Kommunikation und Marketing, mit Nachrichten zu Leuten, Agenturen, Unternehmen und Medien. Dazu Daten und Fakten aus der Branche, Szene-News, ein »Agentursucher«,»Kreation des Tages« sowie »Wer? Wo? Was?« für die Suche nach einem passenden Lieferanten oder Dienstleister.